THE MEDIATED CONSTRUCTION OF REALITY

现实的中介化建构

[英]尼克·库尔德利　[德]安德烈亚斯·赫普 —— 著

刘泱育 —— 译

復旦大學出版社

作者简介

尼克·库尔德利(Nick Couldry)

主攻媒介与文化的社会学家,他将媒介视为实践的理论在全球产生很大影响。英国伦敦政治经济学院媒体与传播系教授、美国哈佛大学伯克曼·克莱因(Berkman Klein)互联网与社会研究中心兼职教授、麻省理工学院客座教授。主要著作有《媒介仪式》(2003)、《媒介、社会与世界》(2012)、《现实的中介化建构》(2017)、《连接的代价》(2019)、《媒介为什么重要》(2020)。

安德烈亚斯·赫普(Andreas Hepp)

深度媒介化理论奠基人,专攻媒介社会学和传播理论。德国不来梅大学媒介、传播与信息研究中心(ZeMKI)主任、教授。英国伦敦政治经济学院、法国巴黎第二大学、美国斯坦福大学等高校客座教授或访问学者。主要著作有《媒介化文化》(2013)、《现实的中介化建构》(2017)、《深度媒介化》(2020)。

译者简介

刘泱育

南京财经大学新闻学院副教授。南京师范大学新闻与传播学院博士，复旦大学新闻学院博士后，伦敦政治经济学院媒体与传播系访问学者。研究兴趣：新闻教育、政治传播、媒介社会学。主持国家社会科学基金项目2项、中国博士后科学基金特别资助项目1项，论文见于《新闻与传播研究》《国际新闻界》《新闻大学》《现代传播（中国传媒大学学报）》等期刊。

中文版序

这本专著试图全面思考社会生活和社会的本质如何因媒介的介入而发生变化。对此论题,本书并非开山之作。约翰·B.汤普森(John B. Thompson)、约书亚·梅洛维茨(Joshua Meyrowitz)、罗杰·西尔弗斯通(Roger Silverstone)等学者早有论及。但本书是第一部试图从理论上为社会生活和社会是如何变为中介化的这一问题提供总体性解释的著作。这种解释所面对的社会语境不仅是互联网时代,也是数字媒体平台和不间断的数据搜集与处理的时代。2016年书稿杀青,为我们"十年磨一剑"——致力于将传播理论与更广泛的社会理论相结合的工作——画上一个句号。

四年前,我们眼里的媒介与社会的相互影响,在动笔为本书中文版作序的这一刻"更上层楼"。社交媒体和其他数字平台正渗入日常生活的方方面面,既对政治文化和日常生活造成潜在的困扰,也为通过大数据和人工智能来实现人类知识的变革带来契机。我们使用(事实上是依赖)的数字媒介及其基础设施,正在"环球同此凉热"的意义上真正地将人类引向一个"敢问路在何方"的未来。这种充满不确定性的未来既令人兴奋,也潜藏着风险。

在本书中,我们使用"深度媒介化"这一概念来阐释人类的这种充满变数的处境。深度媒介化是一个宽泛的概念,试图理解的是一个既深刻又基本的事实:今天生活中的每个要素(社会生活和社会的纹理因之而得以建立)都涉及某种类型的媒介。社会现实的建构**本身**与数字媒介机构带来的全部权力关系及基础设施问题密不可分。这使得当今世界不只是一个媒介化的时代,还是一个**深度**媒介化的时代。深度媒介化意味着,若想对当代生活及社会的秩序进行条分缕析的思考,就无法绕开当代媒介的秩序问题。

这一过程的一个越来越重要的特征是,用于社会和经济生活的数字平台与基础设施的增长,以及这些平台跟踪用户并从跟踪所产生的数据中创造经济价值的习惯的增加。现在,不仅是平台,还有应用程序和众多遍布家庭内外的智能设备都在想方设法地从你我这里提取数据。随着社交机器人、工作机器人、人工伴侣和其他自动化沟通的交往机器人的普及,这种数据化的过程(把事物、人,甚至变动不居的生活都转化为数据)获得了新的助力。可以说,数据化是媒介化浪潮的最新进展。今天的深度媒介化正在被从生活领域采集、存储和处理数据的特定方式改变。这些领域曾经既没有媒介的在场,也没有存档的记忆,更没有"数据"可言。

中国的数据化进程日新月异,并且在许多方面已经达到先进水平。与西方不同的是,中国的数字平台(如阿里巴巴和腾讯)将社交空间、购物和经济交易空间,以及直接融资的空间融合在一起。据美国《华尔街日报》2019年11月22日报道,微信支付占2018年中国190万亿人民币在线支付中相当大的比例。与西方相比,中国有不止一家超大型数字平台在某种意义上建构了社会和经济秩序,而这在很大程度上是由国家推动的。

与此同时,中国政府致力于发展数字平台行业。其雄心壮志是,到2030年在人工智能方面成为全球领导者,并且采用数据化(深度媒介化的最新阶段或前沿进展)来治理反社会举动或失信行为以期国泰民安。无论此举成效如何,中国政府都毫无疑问面临人类有史以来最为复杂的组织方面的一些难题。虽然中国政府对于数字基础设施(连接的基础设施)如何有助于实现更好的社会秩序具有远见卓识,但难点在于如何界定"更好的社会秩序"中的"更好"。何种确当的数字基础设施有助于实现美好的生活?公司支配和政府管理在构建社会秩序中的分寸如何拿捏?我们到哪里去寻觅最能满足个体和集体需求的组织与安排的其他准则?深度媒介化发展至今,这些迫在眉睫的问题亟待解决。为了理解中国正在发生的历史,将传播理论、数据理论和社会理论结合起来至关重要。

在理论上解决此问题的办法并不是"别开天地,另创一家",而是采用我们相信中国同行也会认可的方式——**对已有的**最具解释力的社会理论进行创造性的改造,使之可以在"换了人间"的全新语境中"再度发言"。沿此思路,本书认为,历史社会学家诺伯特·埃利亚斯(Norbert Elias)最有助于我们理解数字时代的种种矛盾。他对于现代社会越来越文明化的躯体和心灵的分析表明,特定形式的文明化的国民与特定形式的社会密不可分。埃利亚斯反对将社会理解为静态的和给定的。按照他的思维方式,我们应该在多层面的动态过程中去把握社会。

为了分析社会形成及存续的过程,埃利亚斯引入**"型构"**(figuration)这一术语,作为概念工具来理解为数众多的人生活在一起所产生的复杂的相互依存问题。在埃利亚斯看来,某种意义上社会变迁总是离不开型构层面的变化。我们追踪今天**可能的**社会世界的中介化的技术过程的影响,所用的具体概念便是型构/互型①,以及更加复杂的互型之互型,乃至总体性的"互型秩序"之网。埃利亚斯跳出关于社会的个体化理论的束缚,致力于理解社会秩序的形成。这种社会秩序不以任何个体的意志为转移,尽管它离不开越来越复杂的**相互作用和相互关系**。这种分析进路虽然对于中文翻译过程不啻为一个巨大的挑战,但我们

---

① 本书英文版中使用的"figuration",有时为埃利亚斯的原义(型构),有时为作者发展的转义(互型)。关于"型构"与"互型"的联系和区别,详见刘泱育:《从"型构"到"互型":媒介化理论核心概念"figuration"来龙去脉》,《新闻与传播研究》2022年第3期。——译者注

认为，它对于理解今日中国之现实是极为确当的。

也正因此，对于本书能够被译成中文，我们非常激动。在此，感谢刘泱育老师为翻译拙作投入的大量精力和付出的艰辛劳动，包括选择来尼克执教、安德烈亚斯担任客座教授的伦敦政治经济学院媒体与传播系做为期一年的访问学者。由于西方较之以往对于中国似乎有了更多的了解，加之中国与西方相互依存的深化，本书的翻译可谓恰逢其时，甚至可以说是时代的迫切需要。

当年写作本书之时，中国就经常萦绕在我们心头。如今，由于刘泱育老师的翻译，本书以中文形式与读者见面的梦想成为现实。

我们希望拙作能给您带来智力上的享受，希望它能够激发中西学者之间更多的对话——深入思考媒介机构和数字平台在现在和未来组织、安排人们生活的作用。

尼克·库尔德利　安德烈亚斯·赫普
2020年2月

前言与致谢

本书的出版意味着我们两人长达十余年的合力求索暂时告一段落。

当我们于2003年相识并了解到彼此所做的研究时,立即意识到双方不但对于社会理论有着共同的兴趣,而且都对英国、德国和其他地方存在的社会理论与媒介理论之间的对话不足问题而感到不满。在长达十年的时间里,我们携起手来共同写作,但不得不面对各种原因的中断。直到2012年,安德烈亚斯于年中到伦敦大学金史密斯学院做访问学者,我们才开始雄心勃勃地构想:通过更新我们认为对于数字媒介时代所必需的社会理论,以合著一本书的方式来化解这种不满。我们在一定程度上受到现象学社会学传统的启发,也受到其他多种思想资源的启迪。现象学社会学传统的一个著名分支——伯格(Berger)和卢克曼(Luckmann)的名作**《现实的社会建构》**(*The Social Construction of Reality*)已经出版50年之久。它对媒介与传播的讨论存在明显不足,激发了我们的写作意愿。另一个至关重要的刺激源于2011年4月,我们在不来梅大学听了休伯特·诺布洛克(Hubert Knoblauch)在"媒介化世界学术会议"(Mediatized World Conference)上的一个主题演讲。休伯特提出了一个更优的方式来重新连接英国和德国社会学理论传统的构想,对我们启发很大。当尼克于2013年9月重返伦敦政治经济学院任教后①，为了专注地写作本书，安德烈亚斯于2015年和2016年两度到伦敦政治经济学院媒体与传播系担任高级访问学者。感谢伦敦政治经济学院和伦敦大学金史密斯学院对我们的帮助，感谢不来梅大学，尤其是安德烈亚斯在不来梅大学媒介、传播与信息研究中心（ZeMKI）的同事们。

本书是这样写成的：当我们其中一人写好一章的初稿后，两人便细致地讨论和打磨此稿，在此基础上继续增补，而后再次讨论并重新加工。通过这种方式，我们希望创制出贯穿全书的一致的分析进路。作为学者，我们受训于有着不同写作风格的知识传统。我们在写作过程中一直进行思想交锋，希望能够整合两种知识传统的精华。我们很高兴地看到，在每一章中，两人各具特色的写作风格都能够被识别出来，希望您也能够辨认得出。

在本书的研究和写作过程中，我们都不得不同时承担许多其他方面的责任。我们必须专此感谢一些人，没有他们的帮助，本书不可能在短期内完成。特别感谢安东尼·凯利（Anthony Kelly），在2013年11月至2015年10月担任尼克的研究助理期间，他为本书第5章、第6章和第8章的写作做了大量的文献检索工作，同时，他也为其他相关研究和项目提供了大量帮助。非常感谢米丽娅姆·拉哈利（Miriam Rahali），她从2015年11月起接任尼克的研究助理，在编排本书的参考文献和校阅最终提交的书稿方面提供了无价的帮助。在构思本书的第一年，尼克和纳塔莉·芬顿（Natalie Fenton）共同担任伦敦大学金史密斯学院媒体与传播系的联席系主任，对于纳塔莉·芬顿提供的支持，尼克表示感谢。本书第2章、第3章和第4章的写作有赖于不来梅大学的学生研究助理乌尔里克·格哈德（Ulrike Gerhard）的文献搜集工作

---

① 尼克·库尔德利教授于2001年至2006年执教于伦敦政治经济学院，2006年加盟伦敦大学金史密斯学院，2013年回到伦敦政治经济学院任教，故曰"重返"。——译者注

的支持。学生研究助理安娜·海涅曼(Anna Heinemann)和琳达·西格尔(Linda Siegel)承担了许多核实本书参考文献的任务。我们的所有工作都得到不来梅大学媒介、传播与信息研究中心海德·鲍里克(Heide Pawlik)和利夫·克兰普(Leif Kramp)代表研究中心的支持。

感谢诸多机构给予我们介绍本书中的思想的机会:2014年3月,瑞典斯德哥尔摩索德脱恩大学(Södertörn University)的"时间、记忆和表征研究小组",感谢汉斯·鲁因(Hans Ruin)和斯塔凡·埃里克森(Staffan Ericsson);芬兰赫尔辛基高等研究院,感谢约翰娜·苏米亚拉(Johanna Sumiala);2014年11月在德国柏林举办的"交往建构主义的视野学术研讨会",感谢休伯特·诺布洛克和乔·赖克尔茨(Jo Reichertz);2015年5月,我们在伦敦政治经济学院的一次共同讨论中发起的"媒介与社会理论研究兴趣小组";2015年4月,德国多特蒙德工业大学(Technical University Dortmund)的"自反性媒介化工作坊",感谢罗纳德·希茨勒(Ronald Hitzler)和迈克拉·普法登豪尔(Michaela Pfadenhauer);2015年5月,丹麦哥本哈根大学的"跨媒介的意义学术研讨会",感谢谢尔特尔·桑维克(Kjetil Sandvik);2015年7月,英国华威大学社会本体论中心在伦敦举办的"数字数据和数字技术的社会本体论学术研讨会",感谢马克·卡里根(Mark Carrigan);2015年8月,在德国不来梅大学举办的"欧洲传播研究与教育学会博士生暑期学校";2015年10月,在丹麦哥本哈根举办的"媒介化研究的新趋向工作坊",感谢施蒂格·夏瓦(Stig Hjarvard);2015年11月,亚历山大·冯·洪堡互联网与社会研究所在柏林举办的"在复杂性与简约性之间的媒介沟通学术研讨会"。

感谢在本书写作过程中提供助益和启发的以下人士:马克·安德烈杰维奇(Mark Andrejevic)、韦罗妮卡·贝拉西(Veronica Barassi)、安德烈亚斯·布赖特(Andreas Breiter)、肯齐·伯切尔(Kenzie Burchell)、克雷格·卡尔霍恩(Craig Calhoun)、塔尔顿·吉莱斯皮

(Tarleton Gillespie)、安东尼·吉登斯(Anthony Giddens)、尤韦·哈兹布林克(Uwe Hasebrink)、丹尼尔·纳普(Daniel Knapp)、休伯特·诺布洛克、弗里德里希·克罗茨(Friedrich Krotz)、里斯托·丘恩利厄斯(Risto Kunelius)、詹尼斯·考利内科斯(Jannis Kallinikos)、克努特·伦德比(Knut Lundby)、彼得·伦特(Peter Lunt)、索尼娅·利文斯通(Sonia Livingstone)、吉娜·内夫(Gina Neff)、托马斯·普尔(Thomas Poell)、艾莉森·鲍威尔(Alison Powell)、乔·赖克尔茨、迈克拉·普法登豪尔、尤韦·席曼克(Uwe Schimank)、金·施罗德(Kim Schrøder)、贾斯特斯·尤特马克(Justus Uitermark)、何塞·范·迪克(Jose van Dijck)。此外,安德烈亚斯写作本书时极大地受益于德国卓越计划资助的作为不来梅大学创意单元之一的"交往型构"(Communicative Figurations)研究团队的讨论,他感谢全体成员的积极合作。我们也对书稿的匿名评审专家表示感谢,他们促使我们在多个方面澄清本书的论证。感谢本书的技术编辑苏珊·比尔(Susan Beer),感谢米丽娅姆·拉哈利,她们的校对工作订正了我们的许多疏误。

尼克谨以此书缅怀深爱的岳父约翰·爱德华兹(John Edwards,1926—2015),安德烈亚斯愿将本书献给贝娅特·科勒(Beate Köhler)。

我们对各自的伴侣路易丝·爱德华兹(Louise Edwards)和贝娅特·科勒深表感谢。感谢她们的爱和宽容,感谢她们对我们多次无法陪伴左右的支持。特别感谢贝娅特为本书的封面设计提供照片①,感谢她为支持我们的工作而愿意多次于伦敦小住。

尼克·库尔德利　安德烈亚斯·赫普
2016 年 2 月

---

① 本书英文版封面源于贝娅特·科勒在海德公园(Hyde Park)拍摄的照片。——译者注

目录

1 绪论 / 001
   1.1 用唯物主义现象学解析社会世界 / 006
   1.2 我们的灵感 / 010
   1.3 本书的内容 / 015

第一部分
建构社会世界 / 017

2 交往建构的社会世界 / 019
   2.1 社会世界的理论含义 / 021
   2.2 现实与社会世界的建构 / 026
   2.3 媒介与社会世界的交往建构 / 034

3 媒介化浪潮的历史 / 043
   3.1 跨文化视野中的媒介化 / 044
   3.2 媒介化浪潮 / 048
   3.3 深度媒介化与媒介多样体 / 064

4 我们如何与媒介相处 / 070
    4.1 超越网络和装置 / 074
    4.2 人与媒介共生的互型 / 077
    4.3 互型的缩放与变革 / 087

第二部分
社会世界的维度 / 097

5 空间 / 099
    5.1 媒介和社会世界变化中的空间性 / 101
    5.2 交往实践与空间的关系 / 109
    5.3 软件与社会空间 / 119

6 时间 / 122
    6.1 媒介和社会世界的时间性 / 125
    6.2 失去时间和创造价值 / 133
    6.3 社会时间的紊乱与重整 / 140

7 数据 / 148
    7.1 数据与经典现象学社会学的前提 / 152
    7.2 新的"社会"知识制度 / 156
    7.3 我们如何在社会世界的数据中生存 / 167

第三部分
社会世界中的能动作用 / 175

8 自我 / 177
    8.1 社会化 / 182

8.2 自我的资源变化 / 192

8.3 自我的数字痕迹及相关基础设施 / 198

9 集体 / 206

9.1 群组、集体和深度媒介化 / 208

9.2 想象集体的政治方案 / 216

9.3 缺乏共同体化的集体 / 225

10 秩序 / 233

10.1 作为深度诠释学的唯物主义现象学 / 237

10.2 制度化的自我和集体 / 241

10.3 组织 / 246

10.4 政治和政府 / 251

11 结论 / 261

11.1 深度媒介化及其广泛影响 / 264

11.2 深度媒介化可能产生的规范性后果 / 269

11.3 尚待解决的规范性问题 / 271

参考文献 / 275

译者后记 / 316

1 绪 论

假如社会在本体意义上变为中介化的,情况将会怎样? 自19世纪晚期至今,这一问题(向尼采致歉①)一直回响于社会理论及对社会和公共世界的日常解释之中。虽然没有被忽视,但所获的答案或是谬见或是口号,少数严谨的回答则倾向于基于对至少25年前的社会基础设施的解读②。作为社会理论的专著之一,本书争取做得比前人更好一些。

从社会是由技术中介的传播过程和传播的基础设施建构的这一原则出发,换言之,从社会是由我们称之为"媒介"的东西建构的这一原则出发,我们应如何重新思考社会世界[包括"社会性"(sociality)、"社会化"(socialization)、"社会秩序"(social order)、"社会"(society)]的特征?生而为人,我们必须生活在一起的"现实"经由社会发展过程建构。如果

---

① 尼采在《善恶的彼岸》(*Beyond Good and Evil*)一书序言的开篇便说:"假如真理是个女人,那么会怎样呢?"(Nietzsche,1990[1987],p.32)在尼采所处的男权社会中,他认为,若要揭示哲学的核心概念"真理",没有比将它假设为"一个女人"更令人震惊的方式了。我们在一个完全不同的语境中对他的问题进行改写,以重审社会学的核心概念"社会"。
② 比如詹姆斯·R.贝尼格的《控制革命:信息社会的技术与经济起源》(1986)、安东尼·吉登斯的《现代性的后果》(1990)等。——译者注

社会本身**已经**因受媒介影响而变为"中介化"的，那么这对"现实"的影响是什么？正是基于这种问题意识，我们将书名定为《现实的**中介化**建构》。

关于这个问题的基本概念需要稍作讨论。"**社会**"（the social）这一概念近几十年来已经遭受多方攻击。众所周知，撒切尔夫人（Margaret Thatcher）的偏见是"并不存在所谓的'社会'（society）"。除了来自新自由主义的攻击之外，在社会科学中，社会作为**理论研究**对象的重要性已经日益被其他优先事项取代。例如，哲学和科学社会学家布鲁诺·拉图尔（Bruno Latour）试图解构，至少是重组"社会"，将之视为社会学家的虚构。他认为，"社会"通常掩盖了真实的物质组合，通过这些组合，各种实体——人类和非人类——以不同的目的和不同的规模连接在一起①。拉图尔重点批评的是涂尔干（Durkheim）的社会学。涂尔干②在19世纪末和20世纪初认为，社会是由人类的行为和想象构成的"事实"，这种事实恰如自然科学的"事实"一样。涂尔干对"社会"这一概念的观点主要是基于人们面对面交流的情感和认知的现实。他在有生之年并未思考：当"社会"在某种程度上通过技术的中介过程呈现给我们时（这无疑也是经济和政治力量导致的结果），如何去更新"社会"的概念。这显然是一个需要订正的疏漏。此外，其他学者同样注意到涂尔干强调社会**表征**在社会现实再生产方面所做的工作存在问题——但在别处寻找连接、摩擦和共鸣的形式，这些形式却完全绕过了"意义"③（Thrift，2008）。还有一些论者想将我们的注意力从人类的互动转移到"后人类"，从这个视角来看，"社会"一词似乎有些狭隘（Hayles，1999）。如果社会理论需要更新，那么我们至少要对"社会"这一术语做些修复工作。

---

① 参见 Latour(2005)。
② 比较 Durkheim(1995)[1912]。
③ 此处指人们对事物的情感方面的联系和张力存在于他们的感受中，却缺乏通过自己的思想来解释这些事物。——译者注

什么是"**媒介**"？认真思考媒介机构如何表征（也许会扭曲）社会，已经要求我们把某些版本的"社会"（"the social"或"society"）加上引号。在数字时代，当最有前景的新经济价值的来源似乎是所谓的"**社交媒体**"平台时，这一问题愈发严重了。正是"媒介"这个词掩盖了巨大的变化。在20世纪中后期，关于媒介对社会生活所依据的价值观和现实的可能影响的论争集中在电视与电影上[1]，即**特定**新闻框架或**典范**影像的后果[2]。在大众传媒时代，似乎只有广播**持续不断**地影响社会发展，尽管塔尔德（Tarde, 1901）关于新闻如何通过报纸进行传播从而产生持续影响的富于启发性的工作已经指向这个方向[3]。然而，从20世纪90年代起，通过万维网接入互联网的扩展，以及21世纪初智能手机设备的出现，既深刻地改变了社会理论需要回答的有关媒介的问题，也深刻地改变了媒介理论需要回答的有关社会的问题。尤其是随着21世纪前十年中社交媒体平台的引入，"媒介"现在远不止是以特定内容为中心的渠道，还包括平台。对许多人而言，这些平台实际上**是**人们通过传播来**实现**社会交往的空间。如果社会生活的基本构件本身现在已经潜在地被"媒介"（由机构维持的通信技术中衍生出来的内容和基础设施）形塑，那么社会理论就必须**重新思考**"媒介"对其基本术语"社会"的影响。通常所说的"数字革命"，其实涉及的远**不**止是数字化和互联网。正如安东尼·吉登斯（Anthony Giddens, 2015）所言，我们必须通过社会学思维的重大转型来对此做出回应。这种社会学思维的转型及其对媒介**和**社会基础设施的诸多关键变化的重新定位，正是本书的中心论题。

有鉴于此，我们的双重关注点是媒介**和**社会世界的整体意义上的

---

[1] 比较 Kracauer（1995）、Boorstin（1961）、Brunsdon and Morley（1978）、Hall（1980）、Meyrowitz（1985）。
[2] 具有特殊重要性的新闻报道和影像的特定模式（如电影、电视剧）。——译者注
[3] 比较 Scannell（1996）、Douglas（1987）。

相互转型,因而将不像一本专门聚焦媒介本身的书那样重视具体的媒介文本、表征方式和想象形式。同样,当我们在这本书中讨论"现实"时,指的并不是具体的媒介表征或现实的展演,如真人秀节目(reality TV),而是指媒介实践在最大程度上对社会世界的现实意义。在这方面,我们希望从对媒介与传播的细致研究入手,对媒介理论和社会理论作出实质性贡献。实际上,在我们看来,社会理论已经不再适用,除非它在某种程度上被媒介理论改造。

然而,一旦认识到我们现在称为"媒介"的制度化"型构/互型"的复杂性(我们稍后将回到"型构/互型"一词),并且解构不同权力集团对社会的各种表征,某些人可能会试图完全弃用"社会"(the social)一词。但那将是一个天大的失误。因为如果要理解我们感兴趣的复杂性,那么"社会"一词就不可或缺。"社会"这个词指向人类生活的一个基本特征,历史学家和社会理论家威廉·休厄尔(William Sewell)称之为:"各种中介(mediations)将人们置于彼此之间的'社会'关系中。"①实际上,"社会"一词所指的是一些根本性的东西,即使是最近的社会批评者也不会否认:我们人类共同生活的基础是相互依存的各种关系。这些关系始终包括**传播**关系,正如阿克塞尔·霍耐特(Axel Honneth)所说,"社会建构的过程只能……作为交往的过程来分析"(1995, p.58)。因此,社会本质上的**中介化**性质——我们作为人类所必需的中介化的相互依存——不是基于某种内在的心理现实,而是基于**物质**过程(对象、关联、基础设施、平台),传播和意义的建构经由这些过程才得以发生。这些中介化的过程在很大程度上构成了社会的**基础**。因此,休厄尔认为,社会总是具有双重性质,既包括意义形态,**也**包括建成环境②。然

---

① 比较 Sewell(2005, p.329)。
② 此处受到休厄尔(Sewell, 2005, pp.320-321)的启发。我们从他那里借用了第二个术语(建成环境),第一个术语(意义形态)是我们的,是从他使用的术语"语言游戏"中吸收过来的。源自维特根斯坦的这个术语所预设的哲学背景比我们在现阶段的论证中需要的更多。

而，如果我们弃用"社会"这个术语，转而去孤立地分析连接的意义或连接的技术，那么就无法理解社会的这种内在复杂性。同时，有助于构成社会的"媒介"的基础设施变得越来越复杂了。

我们的论述涉及新的概念方面和历史梳理的工作。例如，本书在第一部分引入传播的历史，这是我们的概念框架的基础。我们采用"媒介化"一词作为交往和社会发展过程的**所有**转型，以及由此产生的社会和实践形式的简称。这些转型源于我们越来越依赖基于技术和机构的中介化过程。很显然，这类转型是复杂的，意味着"媒介化"既不仅仅是一种事物，也不仅仅是一种做事的"逻辑"。事实上，我们最好将其理解为根本就不是什么"事物"或"逻辑"，而是通过不断的循环反馈来进一步改变和稳定媒介**可能**使社会秩序化的各种方式。

对于理解这些更加复杂的转型而言，作为中层概念的"型构"(figuration)一词尤为重要。这个概念来自20世纪七八十年代诺伯特·埃利亚斯(Norbert Elias)的晚年著述。我们发现，几十年前提出的这些概念直到今天才发挥其充分的分析力，这对于社会理论的长期项目来说是令人振奋的。现在，我们可以体会到它们对于规模巨大的过程的开放性，这种开放性在今天变得越来越重要。当社会的"基础"被基于数据的过程(这些过程大部分是自动化的且规模巨大)改变，这是当年提出这些概念时不可能预料的。正如我们稍后讨论的，关于当今社会互动的基础设施的许多情形似乎与大多数早期社会理论的想象格格不入。然而，这种社会性**在制度上**[①]日益相互依存的关系——自我和集体日益"制度化"(如本书第三部分考察的)——从根本上与格奥尔格·齐美尔(Georg Simmel)在现代媒介时代之初就已经具备的社会生活观几乎没有矛盾。在"社交性"(sociability)章节中，齐美尔洞察到中介化的社会生活自相矛盾的(当然也是复杂而递归的)本质。

[①] 指制度和制度网络中的资源的系统性组织。——译者注

> 社交性的世界……是一个人为的世界……如果我们现在会设想——我们是作为真正的"人"纯粹地参与社会交往之中,那是因为客观内容和物质需求已经使现代生活**不堪重负**。
> (1971,p.133)

这很好地捕捉到我们对"我们"是谁(以及我们的共同生活意味着什么)的变动不居的意识与相互联系的我们由技术支撑的生活的物质需求之间的张力。我们的社会生活越紧张,对于传播的技术性媒介的依赖性就越大;反之亦然。我们必须加深对这一悖论的理解,这就是本书的目的。

1.1 用唯物主义现象学解析社会世界

本书希望更好地理解作为社会世界一部分的日常现实的建构。我们同意科学哲学家伊恩·哈金(Ian Hacking)的观点,即"'建构'的概念已经过时,需要更新"(1999,p.49)。一种关于**社会**现实建构的理论至少必须关注当今社会生活建构中的一个关键要素,即中介化传播。这一简明的认识对社会理论产生了深远影响。

我们的目标是阐释一种**唯物主义现象学**,以此来解析媒介在其中理所当然地扮演着不可或缺的角色的社会世界。对此,容我们稍作展开。**唯物主义**一词采用的是"文化唯物主义"的路径,这与雷蒙德·威廉斯(Raymond Williams,1980)的著述紧密相连。威廉斯的一个主要观点是,在将文化作为一种"生活方式"进行分析时,既要包含日常实践的**物质**(material)层面,也要包括其**符号**(symbolic)层面。威廉斯(Williams,1990)本人在讨论电视既是(物质的)技术又是(符号的)文化形式时,证实了这一出发点的重要性。作为正确地分析媒介和传播对于建构社会世界的作用的组成部分,我们不能将物质与符号对立起来，而是要把握两者之间的相互关系。换言之，如果我们想要理解今天的社会世界是如何生成的，那么就需要在两个层面理解媒介，即作为技术（包括基础设施）的媒介**和**作为意义生产过程的媒介。我们使用"唯物主义"这一术语就是为了强调这种丰富的复杂性。

我们用**现象学**来研究社会世界，因为相信无论社会世界看起来多么复杂和不透明，它仍然是人类行动者能够解释和理解的东西。实际上，社会世界在某种意义上是**通过**这些解释和理解建立起来的一种构造。韦伯（Weber）将社会学定义为"对社会行动的**解释性**理解"（1947，p.88），其意义远不止于定义。因为正如保罗·利科（Paul Ricoeur，1980，p.219）所言，社会生活的"根基"在于"以体现着解释的指号（signs）代替事物"。然而，现象学在严谨地对待世界方面更进一步，因**其**从处于更广泛的相互依存关系中的社会行动者的角度着眼，是对特**定境遇中**的社会行动者的解释。我们完全站在现象学隐含的人文主义者的立场之上①。不过，考虑到这本书试图涵盖的范围，我们并不要求在本书的每个主张背后都进行详尽的现象学实证研究，不仅因为这是不可能的，而且因为那样做会忽略业已存在的关于中介化的社会世界如何呈现在社会行动者面前的出色研究。然而，我们的论述（即使是基于二手文献）自始至终都是从一种**可以实现的**面向实证研究的现象学立场发展而来。

彻底的**唯物主义**现象学，能够避开某些与现象学社会学的"经典"传统有关的权威且重要的反对意见。例如，米歇尔·福柯（Michel Foucault）坚决反对现象学给予"观察主体绝对的优先权"（1970，p.xiv），皮埃尔·布迪厄（Pierre Bourdieu）因将"权力关系简化为传播关系"而反对符号互动论（1991，p.167）。借助唯物主义现象学，我们希望能够避

---

① 比较人文主义方面的研究，例如已故英国哲学家伯纳德·威廉斯（Bernard Williams，1929—2003）的相关研究（Williams, 2006）。

开上述批评。如果像现象学所坚称的那样,社会世界在某种程度上是由解释和传播建立起来的,那么我们对这个世界的解释就必须密切关注今天进行传播所需要的物质基础设施——传播**通过**这些物质基础设施**并以之为基础**才得以可能。于是,现象学不能**仅仅**关注特定的社会行动者如何解释世界①。相反,我们需要全面反思数字时代日常现实的社会建构及其所有相互关联性。这意味着要重新审视与伯格和卢克曼的经典著作《现实的社会建构》相关的研究空间。该书恰好出版于半个世纪前,是20世纪六七十年代最受欢迎的社会学著作之一。但我们的目标**绝不是**对伯格和卢克曼的著作进行完善,甚至也不是对其进行重新阐释。相反,我们与他们的基本夙愿相似,目标是建立关于社会现实是如何建构的另一种不同的(但具有可比性的)解释,一种足以适用于数字时代的交往形式的解释。

伯格和卢克曼的书有许多值得钦敬之处,因为它在20世纪中叶将现象学社会学的传统发展成为一种令人满意的知识社会学。然而,这本书现在似乎离我们相当遥远。一个根本原因在于,伯格和卢克曼几乎只字未提以技术为基础的传播媒介。像下面这种段落(在讨论生活世界近与远的辩证法时隐晦地涉及媒介)屈指可数:

> 日常生活现实是围绕着我身体所处的"此地"(here)和我当下所在的"此时"(now)而被组织起来的……一般而言,我对较远领域的兴趣不会那么强烈,更没有那么迫切。我会对自己职业所涉及的一连串事物表现出强烈的兴趣……我可能也会对肯尼迪角,甚至是外太空的事情有兴趣,但这种兴趣是一

---

① 可以说,它从来就没有做到过,这就是为什么伊恩·哈金在他反对社会建构主义的论战中放过伯格和卢克曼1966年的著作《现实的社会建构》(本书在某种意义上正是在该书的基础上"接着说")。而矛盾的是,时至今日,拉图尔的作品在地位上远高于伯格和卢克曼的著作,然而,拉图尔早期的科学社会学却因其社会建构主义的立场而遭到哈金的严厉批评!

种私人的、闲暇时的选择,并不属于日常生活中的紧迫之事①。
(Berger and Luckmann,1966,p.36)

媒介的特性在此一带而过,只是作为一扇窗户,让我们看到一个遥远而迷人的世界,从而打发闲暇时光。伯格和卢克曼甚至没有考虑到以媒介为基础的叙事对于塑造我们日常现实意识的重要性。在20世纪60年代,这样做是不是情有可原呢?答案可能是否定的。早在20世纪90年代,当我们都成为研究者时,伯格和卢克曼的做法就已经毫无道理可言。此后,媒介在日常生活结构(fabric)中的融入极大地加强。因此,伯格和卢克曼的成果在国际跨学科的媒介和传播研究领域没有多少影响也就不足为奇了②。

无论如何,我们面临的挑战都与伯格和卢克曼曾经面对的截然不同,即建立一种彻底的唯物主义现象学。这种现象学不仅从数字媒介的事实出发,而且从新的数据驱动的基础设施和通信系统的事实出发——如今社交界面越来越依赖这些数据驱动的基础设施和通信系统。这意味着我们要理解的是**深度**媒介化时代的社会是如何建构的,而深度媒介化时代构成社会意识的**要素和构件本身**,正是基于以技术为基础的中介化过程而形成的。因此,我们以现象学来理解世界的方式必然会与作为传播基础设施的媒介所具有的约束性、可供性和权力关系等特征纠缠在一起。我们会在第3章进一步探讨"深度"媒介化的概念,但我们现在想表明,它涉及社会世界是如何建构的根本性转型,因而可以对之进行描述。提供这样一种阐释将包括尽可能多地回到伯格和卢克曼的老师阿尔弗雷德·舒茨(Alfred Schutz)。舒茨已经洞察

---

① 参见[美]彼得·L.伯格、托马斯·卢克曼:《现实的社会建构——知识社会学论纲》,吴肃然译,北京大学出版社2019年版,第30—31页,有改动。本书中关于伯格和卢克曼的论述,翻译多参考此中译本。——译者注
② 这方面为数不多的初步探索,参见Adoni and Mane(1984)。

到媒介技术对社会现实的影响,伯格和卢克曼却未能将其发扬光大。

我们重新研究伯格和卢克曼的精神遗产,会影响到《现实的中介化建构》在社会学史上的地位。我们逐步扩展伯格和卢克曼原来的论题"现实的社会建构"的范围,以便承认今天日常现实完全的中介化特性。虽然伯格和卢克曼开创性地勾勒了"知识社会学"(如该书的副标题"知识社会学论纲"所示),但在一个传播基础设施与伯格和卢克曼所知的完全不同的时代,我们转而发展了一种社会学的观点来解释媒介和传播如何融入日常生活,以之作为重新解释社会世界和社会现实是如何建构的基础①。这就是为什么我们将本书命名为《现实的**中介化**建构》。从这个意义上说,本书也可以被视为对知识社会学的一种贡献,尽管我们的论述绝不依赖于作出这样的声明。

1.2 我们的灵感

在我们开始分析之前,先来说明一下给本研究带来灵感的若干思想资源,并且请读者留意其他一些我们努力绕开的理论观点。

了不起的耶稣会神父和激进的教育家伊万·伊利奇(Ivan Illich)为我们重新诠释伯格和卢克曼的著作提供了令人称奇的灵感来源。他生前的最后一本书重新解释了12世纪欧洲生活世界的交往转变,这一转变发生在由印刷技术引发的那场有名的变革**之前**。伊利奇描述了从甲世界到乙世界的转变。在甲世界中,成文的手稿充当一个原封不动的(inert)知识库,在此知识库中,宗教传播中令人敬畏的文献被永久地储存起来,同时,通过口头朗诵(通常凭记忆的诵读)保持活力(另外比较 Ong,2002);在乙世界中,书写本身则成为**新意义**的发源地。在**任何一种语言中**,那时的书写不仅被用于"好记性不如烂笔头"意义上的存

---

① 比较近来对新的"媒介与传播社会学"的呼吁(Waisbord,2014)。

储,也被用于当时任意一种**语言文字**的表达中,包括"普通"文化程度者(如记笔记或写日记的人)的所思所想。伊利奇描述了人类如何通过存储技术来创造意义的全新定位:这种转变持续了半个多世纪,并且带来了一种新型的阅读、写作、言说和自我思考。伊利奇把这种变化的特点归结为"**观念空间的公理与社会现实**之间的关系的变化"①,因为这种中介化的相互关系是通过使用**文字**的技术来塑造的。

我们只需要将伊利奇的术语"公理"扩展到今天采用代码和超链接的技术,并且可以用一个简洁的短语来捕捉这种看似简单却激进的数字时代转型的本质。伊利奇的"公理"(axioms)一词源于希腊语"公理"(axioma),意思是"有价值的东西"。亚里士多德在数学中用这个词来指代知识等**有价值的**东西,以至于在建立论点或进行证明时,它可以作为无需论证的前提。数字时代,如果疑心在我们解释世界和改造世界的征途中,向来认为理所当然的东西(人们的"公理")**正在发生变化**,那么在伊利奇的启发下,此时不重新审视知识社会学,更待何时②?

社会理论为通过媒介来理解日常生活中公理的变革提供了多种途径,但每种途径都有其局限性。尼克拉斯·卢曼(Niklas Luhmann)的"系统理论"似乎提供了关于数字世界的洞见:只要数字世界可以简化为一套连锁系统的运作。但是,采用卢曼的系统理论所付出的理论代价是高昂的:不仅要假设日常体验与社会意义上的**生活**世界通常**是**系统性的和功能分化的(实际上,现实世界可能比这更为复杂和多元),而且从视野上遮蔽了高度目的性和制度化导向的**强加**(或强势地提出)系统性的企图③,而这正日益成为数字传播基础设施的一个重要特征④。

---

① 比较 Illich(1996,p.4),强调另加。
② 当前许多研究进展,如软件研究的增长,可以被解释为人文和社会科学中同样的"认知"转向的一部分。
③ 强加用于意义组织的常规性结构,例如通过微信等社交媒体平台的设计。——译者注
④ 无论如何,卢曼很少谈及媒介(尽管有一个例外,参见 Luhmann,1999)。曼塞尔(Mansell,2012,ch 5)和罗萨(Rosa,2013)提供了从系统理论中取其精华的方法,但也留下了局限性。

为了理解这些变革,我们必须另辟蹊径。

追踪技术构成和链接的延展模式①大有可为,这些模式是身处世界之中的我们如何组织自己外部行动的**基础**。就此而论,布鲁诺·拉图尔对于我们重新定位什么是社会学值得注意的问题产生了巨大影响。拉图尔对宽泛的概念"社会"("society"和 the"social")深表怀疑,他理由充分地坚信我们应该关注人与物之间相互联系的诸多方式。当我们所珍视的基本价值(日常生活的"公理")正在因为对新的数字基础设施的使用而扩展和改变时,这是一种很有前景的凸显实践创新的方式。但也并非没有代价,因为拉图尔(对于社会学关于秩序的阐释)所持的怀疑态度似乎与日常行动者在**理解**我们所置身的互动空间("社会")中仍然存在的利害关系"井水不犯河水"。"社会"不一定是一个有秩序的空间,但**秩序**对于这一空间而言**至关重要**:失序会造成严重的后果。现象学的一个关键贡献就是坚持认为,在我们设法于尘世间建立起某种关于这个世界的秩序中,作为人类的我们存在着一些根本的(并且是**自然的**)利害关系,这种秩序的规范力远远超出作为个体和集体的我们重组的特定安排。因此,如果我们要言说数字时代的人类困境——这种困境源于我们在越来越复杂的(也许是矛盾的)条件下持续不断地努力**维护**人类的能动作用和某种程度上令人满意的秩序,那么我们就必须牢牢把握"社会"中的利害关系②。

如果将"社会"视为一种与自然"相对立"的"人类"**独一无二**的某种建构,那么我们确实要像拉图尔一样抛弃这种现代的"社会"观念。拉

---

① 指跨空间的社交结构模式,这些模式由诸如微信、脸书和其他数字基础设施等数字平台提供。——译者注
② 伊恩·哈金直言不讳但并非毫无同情心地驳斥了拉图尔自己拒绝能动作用的行为,值得在这里回忆一下:"虽然拉图尔愿意这么说,当我的行为的可能性发生变化时,我就获得了一个新的能动性。但是,当我拿起一把枪时,我并没有增加新的能动性,因为枪与能动性无关。并不存在人枪混血儿……电子人有可能是混血儿,但这并不意味着一切都是混血儿。"(Hacking, review of Latour[1999], Times Literary Supplement, 10 September, p.13)

图尔并不是在这种现代的自然观、科学观和社会观中看到问题之所在的唯一学者①。实际上,两大主要的哲学传统——亚里士多德传统(近年来修订为新亚里士多德主义)和黑格尔传统——坚持认为,我们有必要将社会理解为一种作为人类在其中成长的"第二自然",而不是与"自然"相对立的东西②:一种虽然充满偶然的演变,但就其本身而言则自然而然地发展出使得共同生活得以维持的制度化安排。媒介和传播的基础设施已经成为这种第二自然的一部分,因此,可能正在以符合人类其他需求和目标的方式逐步发展,也可能不以这种方式演进。要找到一个词来形容这种演变中的第二自然并不容易,但重要的是,要理解意义的塑造是如何随着时间的推移呈现出累积和继承的形式,没有这些形式,人类便无法生活(McDowell,1994,p.95)。为此,我们提出"互型秩序"(figurational order)一词,它以我们稍后介绍的"型构/互型"(figuration)概念为基础③。这种互型秩序一直是由社会塑造的,但现在可能被新的矛盾的影响扰乱,这会对现有的生活方式和社会秩序形式的可持续性产生根本性影响。

因此,作为社会理论家的我们关心的根本问题在于,我们是如何融入一个世界中去的,这种融入给我们带来了道德和伦理方面的责任。如今以技术为基础的传播媒介是建构日常现实的基础,换言之,对于创建和再造我们所融入的世界至关重要,但其建构方式正在产生新的代价、张力和苦痛。正如20多年前安东尼·吉登斯所言,"在

---

① 比较分析哲学家 John McDowell(1994,Lecture IV)。
② 更广泛的亚里士多德传统,参见 Lovibond(2002)、McDowell(1994);黑格尔传统,参见 Pinkard(2012)和 Pippin(2008)。
③ 麦克道威尔(McDowell)是一位不同寻常地结合新亚里士多德主义和黑格尔传统的哲学家,他提议用德语中的"Bildung"(教化)一词,但这个词不仅因为与某些资产阶级精英知识的观念有着不幸的联系而受到质疑,而且往往被用在个人主义的意义上。而我们和麦克道威尔所指的都是演变中的秩序的一种形式,它在本质上是超越个体的,如维特根斯坦(Wittgenstein)所说,"是**我们的**自然历史的一部分"(McDowell,1994,p. 95,引自 Wittgenstein(1978)[1953],p.12,para.25,强调另加)。

现代性晚期的境况下,我们生活在一个不同于往昔的'世界中'"(Giddens,1994a,p.187)。现象学的任务在于追踪世界是如何"维系在一起"①的。对于我们(作为除依赖他人之外别无选择的人类行动者)而言,这正是理解在何塞·范·迪克(Dijck,2013)所称的"连接时代"(the age of connectivity)的诸多深刻变革中感受到的矛盾感的最佳路径。

对我们理解数字时代现象学意义上的矛盾影响最大的社会学家是诺伯特·埃利亚斯。他对现代社会日益"文明化"的身心的分析并没有将个体与社会割裂开来。埃利亚斯感兴趣的是某种形式文明的"国民"如何与某种形式的社会联系起来。这种思维方式在他后期的著作[如**《个体的社会》**(*The Society of Individuals*),尤其是**《什么是社会学?》**(*What is Sociology?*)]中变得愈发清晰。埃利亚斯理解的社会并不是静态的和给定的,而是一个动态的不断发展的过程。为了分析建立和维系社会的过程性,埃利亚斯引入"**型构**"一词,作为概念工具来理解众人在一起生活所产生的复杂的相互依存问题,以及这些问题如何得以化解。埃利亚斯认为,社会变化在某种意义上总是型构层面的变化。在我们看来,正是在特定型构(互型)及更复杂的互型之互型的具体情形中,以及由这些互型所构成的"互型秩序"的整体网络中,可以最大限度地发现中介化的技术过程对于社会世界**可能的**影响。

与往昔相比,今天社会生活的互型是否变得不那么确定,是否变得**更无序**了?如果是这样的话,我们可以运用什么样的**社会资源**来解决这个问题呢?如果到目前为止还没有相关的社会资源可用呢?本书致力于提出并至少开始寻找答案的正是这些令人忧虑的问题。

只有当提出这些令人忧虑的问题时,我们才会意识到,社会理论迄今在多大程度上忽视了这种新兴的媒介衍生的复杂性,而这种复杂性是它本来就应该进行理论化的:"社会"。如今,社会理论对于新兴的媒

---

① 比较 Boltanski(2011)、Schatzki(1996,p.202)。

介衍生的复杂性的忽视所造成的理论困境不再有情可原。因为社会**变为**中介化的,并且这种中介化日益受到传播技术多样体的**支持**。这里所说的"多样体"(manifold),不仅指当今媒介渠道和界面的多样性,而且指它们相互连接的本性,以及由此产生的、涵盖我们整个媒介环境的多维秩序①。

1.3 本书的内容

本书第一部分致力于在广泛的历史范围内揭示"社会"、"媒介"和"传播"之间各种层面的关系。我们在第 2 章中审思交往建构的社会世界。在此基础上,第 3 章对当前深度媒介化阶段所累积的各种媒介化浪潮进行历史分析。第 4 章进入日常生活的层面,分析我们如何与媒介化的社会世界的复杂互型共同度过。如此,本书第一部分便提供了在深度媒介化环境下社会世界如何建构的整体理解。

然后,我们在第二部分探讨社会的中介化对于作为日常体验构件的社会世界各个维度的影响。纵横于**空间**内外,社会才得以可能(第 5 章);穿行于**时间**之中,社会才得以存在(第 6 章)。为了理解社会如今表现出来的复杂性类型,可以说在日常交往的幕后运作的**基于数据**的过程的重要性与日俱增(第 7 章)。

这反过来又为第三部分考虑社会世界中的能动作用和建立在这种中介化社会之上的更大的组织形式提供了基础,正如我们在实践中作为"自我"(第 8 章)、作为"集体"(第 9 章),以及作为试图秩序化,甚至治理社会世界的机构/制度(institutions)②(第 10 章)所经历的那样。只有通过这些不同层面的分析,本书最后一章提出的更广泛的问题才

---

① 我们将在第 3 章阐释**媒介多样体**"的概念。
② 作者有时在宽泛的意义上使用"institutions"。例如,组织(organization)既是"机构",也体现着特定的"制度"。——译者注

能映入眼帘：我们越来越以技术为中介的共同生活是可持续的，还是至少与维持良好的相互依存关系相容？如果答案是否定的，那么如何着手补救呢？

贯穿上述论证的将是一条规范性的轨迹，它是这本书整体分析的基础：我们希望避免任何幼稚的批评（认为深度媒介化**本身**或是"好"或是"坏"）。我们始终都在思考一个问题，即某些形式的媒介化在多大程度上为某些人和机构/制度的互型提供了能动作用，在社会世界的建构中给予它们特殊的机会，同时却限制了其他能动作用。从这个意义上说，我们关心的是，在最高的复杂性水平上，今天的"互型秩序"总体上对人类共同生活有多大程度的负面影响或正面影响。本书第一部分为这种分析提供了基础。在第二部分和第三部分，我们从多个角度对深度媒介化时代的能动作用问题进行思考。在第 11 章中，本书将我们对数字时代的互型秩序如何符合人类有权对**任何**生活方式提出的规范性要求的理解整合在一起，从而得出结论。

第一部分

建构社会世界

2 交往建构的社会世界

本章将介绍我们的分析方法,以理解传播(特别是中介化传播)如何影响社会世界的建构。如果要解释当社会世界从根本上与媒介交织在一起时是如何**变化**的,那么这就是必不可少的起点。当我们所知的社会世界处于中介化传播中并通过中介化传播而得以建构,这意味着什么呢?要捕捉媒介在社会世界建构中的这种深层次的、持续的和自我强化的作用,一种进路是认为社会世界不仅是中介化(mediated)的,而且是**媒介化**(mediatized)的。换言之,媒介在社会世界的建构中持续(实际上是递归地)[1]发挥的作用**改变了**社会世界的动态和结构。

然而,这并不意味着社会世界完全被媒介"殖民化"(借用哈贝马斯的术语)(Habermas,1984[1981],p.117),也不是说其自始至终都受到像"媒介逻辑"这样简单的或直接的东西的影响(Altheide and Snow,1979)。我们也无意暗示媒介在建构社会世界中的突出作用在所有地方都是以同样的方式运作的:毫无疑问,媒介在社会世界中的植入**程度**

---

[1] 比较吉登斯关于社会结构"递归性地组织"社会实践的观点(Giddens,1984,p.25)。

因地而异，像"媒介"含义多变一样（Slater，2013，pp.29f.）。我们的意思**是说**，当社会世界的形态和模式在某种程度上经由媒介及其基础设施而得以维系时，社会世界就会变得更加复杂。即使在不直接使用媒介的情况下做事，我们实践的视域也是一个以媒介为基本参照点和资源的社会世界。正是在这种意义上，我们将社会世界视为"媒介化"的。

我们可以通过对传播进行概念上的更根本的审思来进一步解释"媒介化"一词。传播是建构社会世界所必需的过程，正如休伯特·诺布洛克所说，"交往行为是现实的社会建构的基本过程"（Knoblauch，2013b，p.297）。这并不意味着社会世界中的所有实践都具有交往性质（并非如此），而是意味着传播**不只是**我们在世界上的诸行之一（尽管是之一）。由于传播是一系列实践，我们通过这些实践来"理解"世界，并且创建各种（简单的或复杂的）约定以协调我们的行为，因此，我们实践的交往维度对于社会世界**是**如何建构的至关重要。某些社会建构论者——如伯格和卢克曼（Berger and Luckmann，1966）——在过分强调**"语言是行动的经验性工具"**的过程中，普遍忽视了**传播**（Knoblauch，2013b，p.298）。因此，他们的研究路数很难理解通过媒介进行的各种各样的交往实践。相反，伴随着深度媒介化（见第1章），当新的中介化传播形式越来越多地渗透到我们日常生活中的方方面面时，忽视传播作用的那种做法的不足之处就更加明显。

因此，我们的第一步是创建一种方法，将社会世界理解为**从根本上与媒介交织在一起**。我们在此已经与伯格和卢克曼当年的想法分道扬镳，并且确立了另一个关键的区别。虽然伯格和卢克曼将他们的著作视为以通行的方式界定的一种"知识社会学论纲"（该书的副标题），但是身处数字媒介时代，我们所理解的社会世界的建构在起点上却是截然不同的。**由于媒介极大地改变了人类实践的参照点，因此，现在显而易见的是，不仅社会世界是人类建构**的产物，而且只有将这些建构过程置于**历史的语境**中，我们才能理解它们。近年来的一个主要的历史性变化是，中介化传播技术的社会重要性与日俱增。在本章中,我们将概述这种历史性变化对于理解社会世界的影响。本书引入的术语——日常现实、社会世界领域、制度性事实、交往实践,这些我们用来建构有意义的社会世界的概念,将成为对社会中的能动作用进行批判性思考的基础。

我们无法凭借简单地区分"纯粹的"面对面交流和"通过"媒介对世界的单独呈现来分析社会世界。人们用来建构社会世界的许多交往实践都与媒介有关。我们的日常沟通不仅仅包括直接的面对面交流,通过电视、电话、网络平台、应用程序等进行的中介化沟通以多种方式与面对面交流交织在一起。我们面对面的互动不断地与媒介相关实践**相互交织在一起**:当与某人交谈时,我们可能会同时查看手机,收取短信,参阅各种媒体内容。索尼娅·利文斯通(Sonia Livingstone,2009)将此概括为"一切的中介化"。然而,社会世界不只是一系列彼此独立的事物的排列(一阶复杂性),而是在海量层级和规模上运作的**相互连接**的网络,"一切的中介化"自动生成新的复杂性,因为"一切"的每一部分本身都已中介化。这种巨大的**二阶复杂性**正是我们试图通过**"媒介化"**这个术语来充分展现的。"媒介化"源于在各个层面都对社会世界的建构产生影响的交往实践的中介化。如果想要理解交往建构的过程如何在各种不同的媒介中发生,那么我们的分析就必须进入一个比只着眼于"面对面"和"此时此地"更加复杂的维度。

为了将这种分析方法落到实处,我们的论证分为三步。第一,阐明我们对于"社会世界"的理解:这个术语意味着什么?第二,我们会概述社会世界及其日常现实是如何建构的。第三,我们将推进对媒介和传播在这一建构过程中所起作用的复杂性的理解。

2.1 社会世界的理论含义

在日常语言和社会科学中,"社会世界"一词或多或少都是一个被广泛使用的概念。有时不需要进一步解释它,指的是世界的"通常维度",即我们人类生活的"经验世界"。例如,赫伯特·布鲁默(Herbert Blumer)在他的名篇《社会理论出了什么问题?》(What is wrong with social theory?)中提到"经验性的社会世界"(Blumer,1954,p.4),就是在这个意义上使用"社会世界"一词。蒂姆·丹特(Tim Dant,1999)将"物质文化"描述为"社会世界"的一部分,也是在这种极为普遍的意义上使用这一术语。与这种通常的理解相比,在符号互动论中可以找到对"社会世界"的一种特定的理解,即所谓的"社会世界视角"(Clarke, 2011; Shibutani,1955; Strauss,1978)。由此出发,社会由各种有界的"社会世界"构成,比如足球运动的社会世界、学校的社会世界或家庭的社会世界。这当中的每一个社会世界,都被认为是由"主要活动"、活动发生的特定"场所"及涉及的"技术"和"组织"界定的(Strauss,1978, p.122)。

在我们看来,上述对社会世界的理解要么过于笼统(对人类共存的一种或多或少的隐喻),要么过于狭隘(将某些社会领域视为社会世界)①。我们对社会世界的定义既要具有开阔的视野,又要具有集中的焦点。最简单地说,社会世界是我们共同参与的社会建构(特别是交往建构)过程的总体结果。我们通过各种各样有意义的实践,从一开始就把社会世界作为我们"共有"之物来建构。正是在这种意义上,哲学家约翰·塞尔(John Searle,2011)将社会现实的建构称为"打造社会世界"。

对社会世界的上述阐释与现象学社会学的相关思考相呼应,但更具历史敏锐性。我们对社会世界的这种理解可以追溯到阿尔弗雷德·舒茨(Alfred Schutz,1967[1932])的《**社会世界的现象学**》(*The Phenomenology of the Social World*)一书。如果我们遵循他的观点,

---

① 关于后者,我们同意博尔坦斯基和塞维诺特(Boltanski and Thevenot)的观点:"我们必须放弃将世界与群体联系起来的想法。"(2006,p.216)

2 交往建构的社会世界

社会世界是一个主体间性的世界,即我们与其他人共享的世界(Schutz,1967,p.9),那么就产生了一种可能性,即社会世界"不仅对于生活在那个世界里的人们有意义,而且对于它的细致严谨的解释者们也有意义"(Schutz,1967,p.9)。舒茨试图重构社会世界的基础现象学,在他后来面世的作品中使用"生活世界"的概念来强调它植根于我们对日常现实的"不成问题的"和"自然的"体验之中(Schutz and Luckmann,1973)。伯格和卢克曼在对现实的社会建构的态度上继承了这一点。对他们而言,现实的社会建构也是以"日常生活"为基础的(Berger and Luckmann,1966,pp.31-62)。虽然我们会对这一现象学社会学经典传统中的某些局限性进行批判,但是可以从中汲取三个基本观点。

第一,社会世界是主体间性的。描述社会世界需要分析社会世界中不同行动者的各种主观视角,同时要兼顾社会世界存在于(独立于)个体之外。社会世界早在作为个体的我们生前就已经存在,并且当个体离世以后仍继续存在。各种媒介是实现社会世界主体间性特征的重要手段。媒介提供了跨越时间和空间进行交流的可能性,增进了对于社会世界的共识,并且为人们进一步思考和行动而表征社会世界。这里的媒介不仅包括大众媒介(长期以来,广播电视和纸媒构成社会世界中的大众媒介的主导性定义),还包括我们用来与朋友和同事沟通并体现这些社会关系的各种数字平台。今天社会世界的主体间性,是通过许多构造上相关联的媒介或我们稍后所称的互型的方式,在不同程度上接合出来的。

第二,日常现实是社会世界的基础。舒茨认为,日常现实是我们生活在社会世界中的**构成要素**。此话怎讲?正如舒茨和卢克曼所阐述的,日常生活"是人类(原文如此!)持续地以一种惯常的模式化方式参与其中的现实领域"(Schutz and Luckmann,1973,p.3)。正是在这个"现实领域"之内,我们既可以作为个体参与其中,也可以通过人体活动改变它。伯格和卢克曼更进一步,把这种日常现实描述为当之无愧的"至尊现实"(Berger and Luckmann,1966,p.35),它为社会世界的可能性奠定了基础。如果我们依据这种经典现象学的立场,那么在这里(在别处也一样)弄清楚我们是什么和我们不是什么至关重要。因为我们拥有身体,并且**只有**通过身体的机能才能在这个世界上活动,所以社会世界没有其他可能的基础,除了我们的具体活动。"日常生活"一词的意思因而很简单:我们每个人在这个世界上的**所作所为**——无论是单独行动抑或相互协作。但是,我们在这个世界上的所作所为与我们行动时采用的技术手段无法以某种方式截然分开或一刀两断。在伯格和卢克曼的著作中(其实这也是社会学长期以来普遍存在的问题),好像**首先**存在的是面对面的"日常生活",**然后**才轮到我们通过技术手段做的事情作为日常生活的调节和**补充**。而在人类有史以来的大部分时间里(至少自文字出现以来),这并非实情。时至今日,当超市结账读取带有我们个人信息的信用卡时,当我们的日常沟通在相当高的程度上依靠手机设备、网络平台和互动系统时,当孩子们通过联网的平板电脑学习玩耍时,我们更无法忽视日常生活现实是如何与媒介不可分割地联系在一起。在上述情况下,认为日常现实是"纯粹的体验",认为它可以与(在某种程度上被视为次要的)"中介化体验"形成对照,是毫无道理可言的。日常现实从一开始就在很多方面是中介化的,意味着由日常生活基础建构的复杂而又**相互关联**的社会世界是媒介化的。

  第三,社会世界内部分化成多个领域。社会世界并不是一个同质的东西,"它的内部是形形色色的,展现出一种多重形式的构造"(Schutz,1967,p.139)。社会世界的构造性力量①与我们大部分日常生活事实上是一致的。这种事实指生活在"人类活动的子领域"中(Luckmann,1970,p.580),生活在"各种各样的小'世界'"里(Luckmann,1970,

---

① 指社会世界以特定方式构造日常活动和观念的能力。——译者注

p.587),例如单一目的的各种社团或工作和休闲群组。这听起来可能像符号互动论的"社会世界观"(Clarke,2011;Shibutani,1955;Strauss,1978),但符号互动论的"社会世界观"的风险在于会忽略维持这些子世界**在结构上相关的**共有的联系和限制性力量①。我们因而更倾向于社会世界被划分为不同的领域。每一个社会领域都是由在该领域内活动的人们的共同实践取向界定的。这意味着,我们不能像传统的系统理论那样将这些领域理解为封闭的系统。实际上,各个领域的边界相当模糊,并且以多种方式彼此交错。但是在理论上,作为一个更大的社会世界的组成部分,它们彼此连接在一起。媒介在这些社会领域中起着双重作用:第一,它们通过提供丰富多样的符号资源来促进这些领域的**分化**;第二,它们通过维持跨领域的沟通来支撑这些领域的**交叉**。

总之,社会世界是我们人类体验的社会关系的主体间性领域。这些关系植根于日常现实,这一现实如今在某种程度上总是与媒介交织在一起。社会世界相应地分化成许多意义领域,尽管它也被相互依存和约束的多重关系联结在一起。

请注意,截至目前,我们谈论的是社会世界,而不是"社会"。可以肯定的是,我们无法不考虑我们在社会世界中的各种交叠的体验如何影响并融入各种形式的"社会秩序"(Wrong,1994),包括在"国别社会"(national societies)的层面。这些更广泛的秩序常常以激烈的方式影响我们对于一个社会世界可能的归属感;因为全球化,我们越来越多地生活在一个由多种多样的、部分重叠的和(在其影响下)相互矛盾的社会秩序塑造的社会世界中。但是,现象学社会学至关重要的主张认为,这些秩序不是首要的。没有它们,我们仍然**能够**创建和体验社会世界,因此,**它们的**复杂性和矛盾性与社会世界本身的可能性并不矛盾。这使

---

① 指隶属于"子世界"的人们之间的联系及其活动受到的限制。——译者注

我们能够既坚持对于社会世界的根本看法,同时避免任何"方法论国族主义"(methodological nationalism)的预设(Beck,2006;Couldry and Hepp,2012;Wimmer and Glick Schiller,2002):我们并不认为"国别社会"的边界是社会世界的"自然"界限,无论这些边界在现实中的重要性如何。我们也避免假设任何单一的"社会"(无论是地方性的、区域性的、国家性的还是全球性的)是(特定阶层行动者融入其中的)社会世界唯一的和排他性的"秩序"①。如今,媒介在日益复杂的社会**秩序化**中扮演关键角色,换言之,在塑造社会秩序的**可能性**方面发挥关键作用。我们将在第 10 章回到社会秩序问题的讨论中来,但讨论的范围是多层面的,不只是国家层面的社会秩序问题。随着深度媒介化,我们会发现,在社会秩序化的层面,我们的体验往往是**含混不清**的②。因而更加重要的是,我们要把整个社会世界(而不是任何特定的社会秩序)作为分析的出发点。

2.2 现实与社会世界的建构

社会世界并非事先给定的。人类**造就了它**。从这个意义上说,它是社会建构的产物。这是社会建构论的基本立场,它与反唯物主义或唯心主义的哲学陷阱无关(参见 Hacking,1999,pp.24-25;Ferreux,2006,p.50)。实际上,这涉及坚持认为社会**是**物质性的。这种物质性不是指将人塞入一个"预先给定的"阶层,而是指人类互动本身及其所有权力关系和不平等的产物。我们所说的唯物主义现象学的基本理念也许是不言自明的,但如果追问"建构"到底是什么意思,那么情况就会变得复杂起来。对于唯心主义的陷阱,我们的基本观点是,社会

---

① 换言之,一个社会世界及其秩序不只是由一个社会的秩序独自定义的。因为一个有秩序的社会包含许多社会世界,而每个社会世界的构造都是不同的。——译者注
② 换言之,无法确定我们的社会体验在多大程度上是有序的抑或是混乱的。——译者注

世界不是建立在思想之上,而是以**日常行动**为根基,换言之,是以**实践**为基础:我们人类行走在现实之中,并且通过互动来阐明这种现实。因此,唯物主义现象学所涉及的社会**建构**方法不应与唯心主义的观念相混淆,即认为世界只能通过我们对它的想象而存在。相反,我们坚持认为只存在一个具有确定特征的物质世界,人在其中过活,正如约翰·塞尔所说,"我们生活在同一个世界中,而不是生活在两个、三个或十几个世界中"(Searle,1995,p.xi)。

2.2.1 社会建构、物质世界与制度

关于物质世界的真相,我们可以在无数解释框架内提出自己的看法,所有这些框架都在某种程度上涉及可能不被普遍接受的价值观和取向。因此,既可能有成千上万的人相信地球绕着太阳转,也可能有为数不少的人相信太阳围着地球转,即使这些看法中只有一个是正确的。对于这些解释框架的共识程度要视历史条件而定。然而,只要存在共识,达成共识的人就可以采用共享的步骤对特定的事实达成一致,并且可以通过参照这些事实来创建其他解释框架,包括以特定方式建构日常现实的框架。换言之,虽然只有一个客观存在的世界,但有诸多可能的,甚至是相互冲突的建构这个世界的方式。

在思考世界的真相时,我们需要考虑社会事实的特殊状况。涂尔干在他早期的社会学论纲中,用"社会事实"这个概念来描述"任何一种行为方式……它在一个特定的社会中整体上是普遍存在的,同时又有其自身的特殊性存在,这种特殊性存在独立于社会事实的个别表现"(Durkheim,1982[1895],p.59)。涂尔干所说的"社会事实"非常接近哲学家约翰·塞尔所说的"制度性事实"(Searle,1995,p.2)[①],并且具有塞

[①] 不过,我们避免使用"社会事实"这一术语,因为它似乎与制度的社会学特性无关,但后来又回到制度化的基本特征上来。

尔指出的一些关键特征,这些特征将它们与自然的物理世界的事实区分开来。制度性事实由人们认可和接受某些共同的规则与职能构成,因此,**只有**在人们**持续**接受这些东西的情况下**才**存在。换言之,当人们继续遵照这些共同的规则与职能行事的**时候**,它们便存在;反之,它们不复存在(参见 Berger and Luckmann,1966,p.72)。

这就引出了界定制度的必要性。社会建构的过程远远超出我们日常视之为制度(公司、法院、学校、政府)的范围。伯格和卢克曼指出了更广泛的"制度化"过程的重要性。这一过程不仅涉及个体行动者层面的习惯,还暗含行动者们互相调整对彼此的期望的方式——伯格和卢克曼(继舒茨之后)称之为惯例化行为的交互类型化(Berger and Luckmann,1966,p.72)。从这个视角来看,即使是以("父亲"、"母亲"、"爱人"、"孩子"、"阿姨"等)行动者类型为代表的特定行为方式的家庭,也是制度化过程的一部分。我们的移动通信习惯也是如此,它维系了我们与家人、朋友和同事的日常互动空间。在这一点上,媒介对制度化过程的参与随着深度媒介化而增强,并且不再局限于大型媒介组织的作用及其对社会世界的动态建构的权威性。这也包括复杂性程度更高的制度,即"制度场域"(Friedland and Alford,1991),如教育、经济和政治。在这些场域中,相异的社会领域基于不同的意义关系[①]走到一起。这种分析方法以布迪厄(Bourdieu,1993)的场域理论为基础,强调每个社会场域及其不同类型资本的**制度化**特征。

许多制度性事实都有一个基本特征,这个特征源于它们在规则构成中的基础——"在语境 Z 中,X 被视为 Y"(Searle,1995,p.28),即它们与语境有关。此外,制度性事实通常按等级结构组织。例如,在国际象棋中,吃掉国王的一步棋被称为"将死",能结束游戏。这从属于一个事实:存在一种具有某种特性和规则的游戏,我们称之为"国际象棋";

[①] 指人与人之间特定的关系。——译者注

如果该游戏不再被承认为游戏,那么由其特定规则构成的制度性事实便自动消失。因为制度性事实的一个不寻常的特征是,它们由人们持续地接受它们而构成。换言之,它们**仅仅**存在于不断再生产的过程中。人们强烈地倾向于主张所有的日常现实都是这样的:只能通过人们在日用常行中对它进行周而复始地**再生产**的形式而存在。这就是"结构化理论"的路径。在结构化理论的倡导者安东尼·吉登斯看来,该理论的核心要义之一是,"在社会行动的生产和再生产中所**利用**的规则和资源同时也是社会系统再生产的手段"(Giddens, 1984, p.19, 强调另加)。这就是他所说的"结构的二重性"。但这种观点存在一定的问题,我们接下来会对此进行论述。

虽然从制度性事实的基本特征可以清楚地看出,日常现实的**某些**要素是随着时间和空间的"结构化"而存在的①(并非放之四海而皆准的抽象事实②),但是认为日常现实的**所有**要素都**仅仅**是通过行动不断地进行再生产的结果,则是不可信的。

"资源"在某种程度上无疑是由制度性事实构成的。因此,如果国王的王权被视为一种资源,那么它取决于人们认可这种王权并据此采取相应的行动,无论他们这样做的理由是什么(他们也可能毫无理由——想一下《皇帝的新装》)。然而,比如说,全球金融体系的资源肯定涉及许多并非制度性事实的要素,这些要素便是以高度有序的方式排列的物质对象(参见 Searle, 1995, p.121)。但是,"结构化理论"往往会混淆这一点。它主张社会是由规则(社会事实)和资源组成,并且同时依赖于(因人类的持续活动而实现再生产的)规则和资源,**两者缺一不可**。

与规则或制度性事实不同的是,资源的存在一般不受社会行动者

---

① 意即日常现实的某些部分(如购物实践)是通过再现此前的行为(如以前的购物实践)而存在的。——译者注
② 指并不是所有的日常现实都可以简化成"通过再现此前的行为而存在"。——译者注

的控制或影响,这不仅仅是因为这些资源的物质性分布。正如威廉·休厄尔(William Sewell)指出的,重要的是制度性事实与资源之间的**相互影响**(2005,p.137)。对于所有将社会现实视为"结构"的人来说,普遍存在的问题是,即使在高度模式化的资源分配中,他们能在**多大程度上**认识到其中行动者的**能动性**?这取决于我们讨论的是结构的哪个方面。因此,正如休厄尔所说,语言的结构非常持久,但对特定语言行为的制约程度很弱。而政治结构的持久性可能要差得多,却以高度具体的方式约束行为(Sewell,2005,pp.147f.)。事实上,结构的"强度"(具有约束力的效力)对于今天日益增长的信息基础设施来说非常重要:信息基础设施尽管具有多样性且经常处于快速变化之中,却是将社会世界紧密联系在一起的结构的一部分。

在某些时期和地方,会出现不同的结构(不同的制度性事实,以及作为其基础的各种规则和解释体系)适用**于相同情境**的可能性。这正是日常生活中的行为在某些功能可供性和约束条件下在网络平台上表现出来的情形,而在其他地方开展类似的活动时却要依据不同的约束条件①。这种冲突具有严重的破坏性,并且可能导致重要类别的制度性事实**消失**,因为它们不再被足够多的可能受其影响的人接受(Searle,1995,p.45,57)。随着深度媒介化,人类互动和社会化的主要新型基础设施已经在大约 20 年内建成,这意味着(无论我们承认与否)日常现实的建构**本身**已经受到新型的重大干扰和冲突的影响。

2.2.2 社会建构的极度不确定性

无论如何,在我们探讨那些更大的干扰之前,先详述一下**这类**建构

---

① 例如,同样的行为(如网上购物),根据使用的平台(如京东、淘宝)不同,由平台所界定的(购物)规程也存在着差别。——译者注

过程本身极为重要。截至目前,我们对社会世界及其建构进行了一般性的讨论,并且明确了建构这一术语所固有的偶然性程度(亦可称之为**构成的**不确定性)。这些不确定性似乎与一般物理事实的不确定性程度大不相同,例如地球绕着太阳转(尽管每个"事实"都只是在特定的参照系内显现,并且这种参照系在历史长河中并非一成不变)。不过,虽然制度性事实具有内在的偶然性,但它们在日常生活中一贯的地位通常会促使我们将其与**现实**本身等同起来。然而,重要的是在逻辑上不要做出这种特殊的推论。

法国社会学家卢克·博尔坦斯基(Luc Boltanski)近年来的相关论述对我们是有益的①。在他看来,"现实往往与看似维系在一起的东西[……(即)有序]相吻合"(2011,p.57)。其中有两点至关重要。第一,社会世界的"日常现实"并不是全部现实。这是因为**被建构**为现实的东西在一组更大的现实可能性中脱颖而出,而这些现实可能性构成了任何**可以被建构**为社会世界的"日常现实"的东西的背景世界②。第二,基于第一点,我们必须摒弃……那种隐含的(和执著的)一致性的想法。这种一致性在某种程度上常以不请自来的方式影响着社会生活。相反,我们应该"把**争议**及与之相关的带有**分歧色彩**的观点、解释和习惯用法放在社会联系(social bonds)的核心位置"(Boltanski,2011,p.61,强调另加)。如果我们同意博尔坦斯基的观点,就意味着与通常所理解的"社会建构论"极为不同。与"通常的"社会建构论**一样**,它突出了能动性,并且明确承认人类及其制度在现实建构中的持续能动性,即"现实"建构**的**社会学现实③。与"通常的"社会建构论**不同**,这种分析方法

---

① 博尔坦斯基(Boltanski,2011,p.51)通过明确提及阿尔弗雷德·舒茨的著述,来强调他的解释与现象学社会学之间的共同点,但同时对"制度"这个概念过于一致的解读而深表怀疑并提出批评(2011,pp.51-57)。
② 博尔坦斯基把这个更广阔的空间称为"世界",而不是(我们所认为的)"**现实**"。另见库尔德利的讨论(Couldry,2012,pp.61-62)。
③ 博尔坦斯基最初的用语是"现实中的现实"(Boltanski,2009,p.62)。

还强调社会建构的核心过程中不可化约的且冲突着的**不确定性**:关于社会本体论的无休止的冲突,或者用博尔坦斯基更具诗意的话来表达:"什么是什么……,什么是重要的,什么是有价值的,什么是值得尊重和备受关注的。"①(Boltanski,2011,p.56)

我们现在来更具体地讨论制度建构。唯物主义现象学的基本思想是,社会世界取决于人类建构它的物质过程,而并不依赖于对制度的阐释。但毋庸置疑,随着时间的推移,越来越复杂的社会生活需要制度范围内各种各样稳定的资源。这些制度已经与具体的实践类型联系在一起,包括以特定方式解释社会世界。从日常语言的层面来看,制度在建构现实和使特定现实在极其多变的背景下维系在一起成为可能方面发挥着重要作用(参见 Berger and Luckmann,1966,pp.53-67)。不仅如此,更重要的是,专门的制度(如法律)的独特之处在于,它们"被委派了陈述什么是什么的任务"(Boltanski,2011,p.75),即社会现实的概括性**表述**。这从另一个角度(试图使社会事实具有稳定性的制度的角度)印证了约翰·塞尔关于社会事实具有潜在偶然性的基本看法,但本书不接受任何功能主义的观点,即认为"社会建构"等同于一个连续的、完整的社会秩序,这种社会秩序不存在冲突、张力或制度性努力②。在整个历史进程中,致力于以一般形式和特定形式表征现实的制度一直在不断发展,在当前基于互联网的连接时代包括那些看起来远离日常生活的制度,例如搜索引擎中使用的算法(Halavais,2009)。但是,正如阿德里安·麦肯齐(Adrian MacKenzie)指出的,即使是实现这些过程的软件,也"与代码的读取方式、由谁读取、由什么(无论是由人还是由机器)

---

① 依照博尔坦斯基在《论批判》一书中的意思,这段话是从本体论(语义上的"semantic")和价值论(道义上的"deontic")两个层面来讲的。在译者看来,本体论是指可能被建构为社会现实的多种可能性;价值论则是人类依据自己的取舍标准,最终使其中的一种可能性"脱颖而出"成为日常现实的过程。——译者注

② 即社会建构论并不预设社会或社会世界存在着固有的无冲突的社会秩序。——译者注

2 交往建构的社会世界

来读取密切相关"(2006,p.6)。换言之,算法、软件和数据库也不是"现实",而是**建构的**现实。

社会世界及其日常现实在各个层面都不是一种形而上学的观念,而是一种与**行动**密不可分的概念。正如继承了维特根斯坦学术传统的伊恩·哈金所言,"我们……把自己可以用来干预世界以影响其他事物的东西,或者世界可以用来影响我们的东西,视为真实的存在"(Hacking,1983,p.146)。换言之,日常现实是行动者"涉入**生活的洪流**中"的语境(Boltanski,2011,p.98),因此,他们必须采取行动①。然而,复杂之处在于,不同的社会力量**对于**什么被视为日常现实有着或大或小的**影响力**,而社会科学的作用就在于查明这种影响,把它从我们作为行动者所需要的看似不成问题的日常秩序中提炼出来。博尔坦斯基认为,法律作为建构现实的制度性力量尤为重要。我们并不否认法律的重要性。但我们认为,如今的**传播、媒介及其基础设施**在"阐明什么是什么"方面发挥着越来越重要的作用。

现在可以总结一下我们的论点。社会世界有它自己的现实——日常现实。社会世界及其日常现实是被建构出来的。这意味着它们并不是自然存在的,而是由人类实践及其副效应造就的。然而,这并**不是**说社会世界是"随机的"或"不可思议的"(idiosyncratic)。相反,这个建构过程建立在许多实践模式的基础上,而这些模式的有效性是被普遍认可的(制度性事实)。制度性事实涉及制度的运转(在日常意义上,制度集中了大量物质资源,如政府和法院),也涉及更广泛的制度化模式:所有这些都在被伯格和卢克曼称为"客体化"的过程中影响着社会世界的建构。实际上,在我们看来,人们依赖于制度性事实的原因是:对现实的解释本身成为激烈争论的场所的社会状态(例如,走向独裁的社会)是最令人焦虑和痛苦的时期。社会世界的悖论在于,它既基于历史上

---

① 以确保自己"在生活的洪流中"能够适应环境的变化。——译者注

个体活动和集体行为复杂的及偶然的相互影响，往往又被我们理解成世代相继的**唯一**现实。我们**知道**自己只生活在**一个**物质世界中：谁也不能单独地或集体地选择我们更愿意在其中度过一生的**另一个**世界。而在我们生活于其中的社会世界可能变得更加复杂和不确定的背景下，其具体而又（相对）稳定的**特征**本身，就是制度努力维持的**那种建构**的组成部分。

2.3 媒介与社会世界的交往建构

截至目前，我们概述了一种唯物主义现象学方法以理解社会世界是如何建构的。这立即引发了另一个问题：传播在这一过程中的作用是什么？作为一种意义生成实践，传播是社会世界如何被建构为**有意义的**核心，而媒介及其基础设施对于日常交往实践变得越来越重要。这影响着我们如何看待社会建构论。早在 20 世纪 30 年代，舒茨就与社会科学的某些大师们（参见 Manheim, 1933; Tarde, 1901; Weber, 1911）一样，对媒介的重要性有所领悟。如果遵照舒茨的看法（Schutz, 1967, pp.163-207），我们生活的社会世界可以划分为两个领域。第一，我们"直接体验到的社会现实"，即"周遭世界"（Umwelt）。对每个人来说，"直接体验到的社会现实"（面对面情境中的现实），是我们体验社会世界的核心。这也是我们所有感官都在场的地方，是我们以直接的方式体验他人和我们与他或她的社会关系的地方。第二，与"周遭世界"有些距离的"共同世界"（Mitwelt）：我们知道他人的存在，并且与我们一起建立了社会世界，但我们并没有与其直接接触。

值得注意的是，舒茨本人在早期的著作中就曾提醒人们注意周遭世界与共同世界之间的区别，或简而言之，注意近处与远处的互动者之间的区别（Knoblauch, 2013a）。舒茨认为，**由于媒介的存在**，面对面的体验与社会世界的其他体验之间的区别已经不那么绝对，而更像是一个**连续渐进的层次**。20世纪30年代,舒茨曾用电话的例子来解释这一点:设想一下,先是面谈,随即电话沟通,然后书信往来,最后再通过第三方传话,我们于此便经历了一次从周遭世界到共同世界的渐进过程(Schutz,1967,p.177)。舒茨讨论的其他例子还包括媒介在建构像民族国家这样的"共同体"中的影响(Schutz,1967,pp.180f.)①。因此,媒介在我们对社会世界与日俱增的"中介化"(Mittelbarkeit)体验中发挥着作用,而这影响着我们**如何**将社会世界建构为现实②。

2.3.1 社会世界的"中介化"

20世纪30年代,舒茨只是对传播的技术媒介与不断变化的社会世界的"中介化"之间的复杂关联有一个初步认识。他呼吁对直接体验与间接体验之间的"联系情况"(Schutz,1967,p.177)进行更细致的分析,但他本人无力做到。在深度媒介化的背景下,我们必须进一步详细阐述舒茨的早期洞见。

今天的"中介化"表现有可能在(舒茨无法预见到的)至少四个方面强化了。第一,正如舒茨已经看到的,我们的交往信息流的中介越来越多,换言之,交往信息流的天平总体上已从直接交流向作为维持社会关系的常规手段的中介化沟通倾斜。但是,对于舒茨或直到20世纪80年代的任何人来说,他们无法想象的是,我们的中介化沟通也可以凭借功能增强而使得其在特定的回应中更接近于面对面交流。例如,同时发送文本消息和电子邮件信息流的视频通话,使双方能够同时将注意力集中在相同的外部交往信息流上,即电邮附件或相关网站(这与简单

---

① 我们在这里发现的是后来由本尼迪克特·安德森(Benedict Anderson,1983)和约翰·B.汤普森(John B. Thompson,1995)提出的观点的一种非常早期的形式,即我们不可能在不考虑(大众)媒介的情况下理解现代民族国家的出现。
② 舒茨的《社会世界的意义构成》(*Der Aufbau der sozialen Welt*)一书被译为英文时,"中介"(mediacy)一词指的是德语的"**间接性**"(Mittelbarkeit)(Schutz,1967,p.182)。然而,我们更爱用"中介化"(mediatedness)这个词,因为它在英语中听起来更自然。

的打电话形成对比)。第二,这种强化不仅是将特定的交往信息流融入日常生活中,还将**过去**沟通输入的信息流(来自**周遭世界**和**共同世界**的连续信息流)融入日常生活中。想想这种回应环节:当与别人面谈时,我们同时在查看智能手机上先前的互动信息,这涉及其他沟通者。我们参与了社会世界的"多层次"建构,同时在不同的"层面"进行交流。第三,本书讨论过的媒介的持续可用性作为面对面交流的**通用资源**——从在数字设备上展示图片到在最私密的环境下使用视频,这同样是舒茨无法想象的。第四,我们正生活在将上述三种转变整合到一起的所有沟通行为的**习惯和准则**之中,既包括面对面交流,也包括中介化沟通。我们越来越希望可以将言论和体态语通过中介化传播用于将来的评论与发布,如此等等,**除非我们坚决要求不能再继续传播这些内容**(Tomlinson,2007,pp.94-123)。

如今的传播完全与各种媒介交织在一起。问题的关键并不是面对面交流变得不那么重要,而是**为了维持其首要地位**(例如,和家人一起吃饭的重要性),如今我们**需要**在"线上在场"的过程中不断地进行**中介化协调**,以便协调出面对面交流的机会(Licoppe,2004)①。我们常常依赖于获取由过去的中介化交流过程组成的沟通输入,这些信息中有很大一部分是由通过平台自动收集的数据组成的,然后反馈到我们对自己和他人的感知中。因此,不能再用经典的社会建构论来理解社会世界,那种社会建构论主张对他人最重要的经验出现在面对面的情境中(Berger and Luckmann,1966,p.43)。不仅是媒介通过逐步的过程将直接体验扩展为更多的间接体验,**从一开始**,我们的社会世界就弥漫着传播的技术媒介,体验的"直接性"和"中介化"密不可分地交织在一起。用舒茨的话来说,媒介不仅正在改变我们的**共同世界**,而且更根本地改变了我们的**周遭世界**——"我们直接体验到的社会现实"。这

---

① 比较克里斯滕森(Christensen,2009,pp.444-445)对于伯格和卢克曼的相关讨论。

不仅是对行动问题的定义①,而且是我们在这个世界上能做什么的问题:以技术为基础的传播媒介正在重构我们生活于其中并对之进行改造的世界。

2.3.2 传播与实践

除非我们把**传播**理解为**行动和实践**,否则便无法明白这种转型。虽然这些术语——行动和实践——有着不同的起源和意义上的细微差别,但与这两个术语相关联的核心思想是一样的:传播是一种可与其他形式的"人类行为"相提并论的"做"的形式,例如打造一张桌子。由于语言对于社会建构如此重要,我们的"交往行为"就像我们的"身体活动"一样影响广泛。以举行仪式的情形为例,"学历"或"婚姻"之类的许可仪式只是对同一基本目的的更为详尽的阐释,是典型的传播行为。许多时候,片言只语——结婚仪式上回答"是"或"我愿意"——足以对个体的人生产生相当大的影响。正如语言学中的实用主义所强调的(参见 Austin,1962;Levinson,1983;Searle,1969),我们应该把交往行动看作具有和其他形式的人类活动一样真切的影响。

交往行动在本质上是"社会性的",它是一种互动的实践。这意味着传播不仅是"发生",而且是我们在社会化过程中所学语言的客体化的基础上进行交流。我们不仅学习基本的交际符号,还学习**如何**进行交际的模式,"提问"、"回答"、"讨论"等,所采用的方式都建立在一定的社会模式(建立在制度性事实基础上的"规则")之上,这是我们在社会化过程中习得的。这些模式可能具有高度复杂性,包括如何以正确的方式清晰地进行"演讲"的"方案",包括多层次的"辩论"应该如何展开的"方案"。但是,不管这些模式有多复杂,它们都建立在传播形式的基

---

① 因此,著名的"托马斯定理"("如果人们将情境**定义**为真实的,则其结果就是真实的")(Thomas and Thomas,1928,p.571)尚不够深入。

础上，这种传播形式独立于交流的具体**内容**而存在①。

　　传播是一个涉及许多层面的复杂过程，有些层面需要用心准备。传播是一项复杂的技能，需要运用各种社交能力，而我们无法每次都清楚地意识到自己为什么要这样沟通。传播基于吉登斯（Giddens, 1984, p.375）所说的"实践意识"：人们有能力采用适当的交往方式来行动。但他们并不一定能够言简意赅地表述清楚这种"如何传播"的学问。

　　鉴于传播的复杂性，我们将其定义为任何形式的符号互动，无论是有意为之，还是习惯化的和情境化的。我们使用"交往"一词来指与广义的传播有关的或具有其属性的任何东西或行为。传播取决于人类在社会化过程中习得的符号，而这些象征性符号在很大程度上是任意的，因此，它们建立在社会规则的基础上。此处的互动是指相互导向的行为，尽管并非必需，但它通常取决于更广泛的相互关系（"社会"语境）。传播是社会世界所必需的，因为它是**使**世界社会化的互动和相互关系得以实现的关键手段。除此之外，日常现实中的社会世界也涉及许多非交往过程。

　　对于传播作为一个过程在社会世界建构中的作用，我们可以通过若干层面来更细致地进行解读。第一，存在着**交往行动**，即诸如一道"命令"、一个"问题"、一则"声明"之类的单一交往行动，它们都具有与行为的具体活动相关的独特且有界的形式。第二，存在着**交往实践**，即一起构成更大单位的交往行动群组，如讨论活动。各种各样的行为——"提问"、"应答"、"反驳"等等，可能会相伴而生，有时是一个单独

---

① 换言之，某些类型的内容比其他类型的内容更倾向于通过特定的形式进行传播。只要我们想一想制度化的传播语境，这一点便显而易见。例如，宗教领域中的内容是通过特定的传播形式（"祈祷"、"布道"等）来传达的，我们通过**形式**将之视为宗教。然而，我们可以将这些宗教形式移用到其他语境中，例如，在政治演讲中使用某种形式的宗教表达来说服某人。这表明，形式与内容之间存在着某种联系，我们不宜认为它们之间是毫无关联的。从分析的角度来看，如果我们想要了解传播是如何同时作为行动和实践发生的，那么对两者进行区分还是必要的。

的流程,有时则是更广泛实践的一部分。当然,我们的交往实践与其他形式的行为和我们对物品的使用交织在一起①。如果我们想要理解交往实践的特征,就必须考虑这些复杂的相互关联。甚至我们基本上并未将之视为交往的实践也可能具有**交往的维度**。因此,我们可以将人类实践想象为"纯粹的劳作"(完全没有交流,例如从事没有评头论足或伴随性符号活动的纯体力劳动)与"纯粹的交流"(没有任何其他同步行为的交谈)之间的连续统一体。

第三个层面和第四个层面关注的是,社会世界如何**通过**交往实践建立起来。在第三个层面,以职场环境为例,除非我们弄明白了人们参与的多种实践(及其潜在行为)之间的相互关系,否则便难以理解这一社会领域。但这些相互关系本身并不是偶然的,而是精心组织的。它们涉及行动者意识到自己参与其中的行动"**形式**"(例如,"筹备销售会议",或"进行审计",或"设计一个新的网络平台"),每种形式都涉及若干实践的融合。在第四个层面和更大范围内,有一些"**模式**"是由交往形式接合体构成的,它们在制度场域的层面产生了某种总体效应,例如强化了一组行动者对另一组行动者的权力。通过这种方式,我们可以理解整个教育领域(由复杂的交往形式的模式构成,涉及许多协作的行动者及其行为和实践)。通过对交往行动的组织,制度在强化这种模式化的权力不平等方面发挥了关键作用。

2.3.3 媒介与交往建构

所有这些形式的传播在不同层面的复杂性上都是建构的过程。因此,一个**有意义的**社会世界是由传播活动造就的。这依赖于一种中介化传播的基础设施(这种基础设施当然不是一种中立的工具,而是会施

---

① 正如行动者网络理论所言,交往实践是在"人类行动者"和"非人类行动者"的网络之中进行的(Latour,2007,pp.54f.)。

加某种影响），是**通过媒介**实现的。那么，什么**是**媒介？在讨论媒介时，我们尚未明说的是，可以称之为基于技术的传播媒介，换言之，就像我们排除了"语言"这样的"初级媒介"一样，我们排除了"金钱"这样的"通用符号媒介"。因此，我们的重点一直放在以技术为基础的传播手段上，它们**扩展或改变**了人类基本的传播可能性（McLuhan and Lapham，1994）。这些传播手段既包括报纸、广播或电视等现代大众媒介，也包括我们用来彼此沟通的移动设备和网络平台，还包括这些平台和基础设施"背后的"公司。因此，我们对媒介的理解需要足够具体，以便将我们的思考集中在传播的技术媒介上，同时需要足够开放，以便把握媒介的当代变化。

我们所说的**媒介**是指以技术为基础的传播媒介，它使传播制度化。媒介在各种层面使我们的交往实践**制度化**。这种制度化的交往实践不仅涉及媒介使用形式（如看电视），还转向复杂的实践模式：我们在使用媒介时如何安排自己活动的层面，我们通过某种媒介进行沟通的形式和模式的层面，以及某一媒介作为特定配置①的层面——以上仅列举最重要的层面。作为一种与世界打交道的方式，与上述制度化过程相关联的是媒介的**物质化**（materialization）。我们在广义上使用"物质化"一词，在此既指每种媒介的物质性存在，又指与该媒介有关的"事物如何"的规范和信念，包括我们关于和围绕这一媒介养成的习惯。每种媒介都有其特有的物质性，不仅指设备本身（电视机、手机、计算机等）的物质性，还指其底层的通信基础设施（有线电视网络、卫星、广播电台等）的物质性。"自然化"（naturalization）通常是这种物质性的一个方面：媒介使用的某些形式和物质层面在日积月累中已经成为日常行为的基础，以至于看起来"自然而然"。例如，使用无线电广播作为围绕特定的传播"中心"所用的媒介似乎"自然而然"，因为它现有的基础设施

---

① 指一种具体的构造方法。——译者注

表明了这一点。在同样的意义上,使用互联网平台进行网络交流似乎"自然而然",因为它们就是这样编码的。一旦媒介获得某种物质性,它就会被社会行动者物化。正如布鲁诺·拉图尔(Bruno Latour,1991)所说,技术便是"社会造就的持久性"。从某种意义上说,我们可以在"可供性"的概念中发现这一想法(Gibson,1967)。这个概念是指每种媒介都有其特征或"可供性",作为其"可用性"的一部分,为特定的活动提供可能性。

媒介不仅是实存之物,而且是传播手段。我们可以把这种观念与"双重接合"(double articulation)(Silverstone,2006,pp.239f.)联系起来:每种媒介都同时具有"内容维度"和"实物维度",两者都是媒介作为一种(同时包含制度化和物质化的)传播手段的基本特征。也正因此,传播活动中的媒介从来就不是中立的。它们是"塑造"我们传播活动的舞台(Hepp,2013a,pp.54-60)。这就是为什么我们的社会世界及其日常现实的交往建构过程会随着媒介的参与而发生**变化**。所有形式的媒介传播都有一个共同点,即将传播从单纯的"此时"和"此地"扩展到"此时那地"(Zhao,2006),这使得我们能够跨越时空进行交流。因此,从某种意义上说,媒介传播的大多数情况都是"跨地域的"(translocal),通过传播过程将跨地域的活动和意义的形成联系起来(甚至更新手机通讯录的行为也可以依赖于分散式存储功能的后台活动)[①]。

我们可以从本章的审思中得出什么结论呢?回到本书开篇提出的问题:当社会世界从根本上与媒介交织在一起时,它会发生怎样的变化?我们的主要观点是,有必要阐明一种关于社会世界的理论,该理论不再把面对面交流视为其毋庸置疑的中心。即使当我们直接交流时,我们也要参考与媒介紧密交织的日常现实。为了理解这样做的复杂影

[①] 意思是,如果你更新手机上的通讯录,手机软件会跨地域地将通讯录与后台中这些人的其他联系信息进行匹配。——译者注

响，我们有必要详细阐述"媒介化"这个概念。本书把这一任务留待第3章来完成，将通过持续交错的媒介化"浪潮"来解读社会世界的历史。把社会世界及其不同领域视为"媒介化的"，意味着理解社会世界的建构涉及传播实践，而这种传播实践又是由我们称之为"媒介"的长期的制度化和物质化过程塑造的。社会世界的建构越是错综复杂地牵涉到我们对媒介的使用，媒介自身之间的相互依存关系就越是错综复杂。这就是我们用"**深度**媒介化"一词来描述的双重转变。我们将在第3章进一步讨论这个问题。若想理解深度媒介化时代社会世界的交往建构，仅仅孤立地考虑单一媒介是不够的，我们的分析必须上升到更高层面的复杂性。

3 媒介化浪潮的历史

本章重新解读媒介和传播的历史,作为对经由传播建构的社会世界在时间长河中是如何变化的**理论**论证的切入点。某些媒介史①倾向于叙述**单一**媒介的影响,认为某种媒介的出现改变了社会。近年的一本书提出"媒介效应的推动理论"(Poe,2011,p.23),即每种"新"媒介的出现如何对文化和社会产生一种可识别的"影响"。虽然我们并不否认每种媒介都有其特定的"影响"或"塑造"传播的方式,但这种基于单一媒介的视角忽略了许多交叠的传播层面(行为、实践、形式、模式),而正是这些传播层面建构了社会世界。我们需要对文化和社会的媒介化进行更为深入的理解,以便领悟社会世界和"媒介环境"正在发生的转型(Hasebrink and Hölig,2013)。传播在历史中的影响不是像接力赛一样从一种"有影响力"的媒介转到另一种上面。确切地说,是社会世界**中**持续且累积的传播的**融**汇(**en**folding),才导致今天的媒介环境、社会行动者与社会世界之间越来越复杂的关系。

---

① 尤其是新出现的"媒介考古学"(Huhtamo and Parikka,2011;Kittler,2014;Parikka,2013)。

具体而言，我们认为，可以通过三波相继的且叠加的浪潮来理解过去五六个世纪的媒介化历史——**机械化**浪潮、**电气化**浪潮和**数字化**浪潮。传播方式在这三波浪潮中得到发展，传播方式之间的相互关系也变得更加复杂。可以说，人类现在正处于第四波浪潮（**数据化**浪潮）的开端，对此，我们将在本章最后讨论。新近的数字化浪潮和数据化浪潮对应**深度**媒介化的不同阶段，因其与媒介比以往任何时候都更强烈地嵌入社会过程相关联。我们在本章的尾声引入术语"媒介多样体"（media manifold），即一个由各种各样连接着的数字媒介构成的"天地"。我们的**社会**关系通过媒介多样体（以各种互型的形式）得以实现。媒介多样体是理解我们与整个媒介环境的多重关系的一种手段。在深度媒介化时代，这些关系刻画了日常生活。

3.1 跨文化视野中的媒介化

为理解与媒介相关的社会转型，近年来"媒介化"已成为媒介和传播研究中的一个重要概念（Lundby, 2009, 2014）。这一概念的现实意义源于当代文化和社会中以技术为基础的传播媒介日益重要。正如我们曾经论证的（Couldry and Hepp, 2013, p.197），作为概念工具的媒介化，有助于我们批判性地分析媒介和传播的变化与文化和社会的变化之间的**相互关联**。媒介化并不是一个关于"媒介效果"的概念，而是一个用来理解文化和社会的转型如何与媒介和传播的具体变化交织在一起——**辩证的**双向的概念。我们不能从理论上将媒介和传播视为对文化和社会的"外在"影响，原因很简单，它们是文化和社会不可分割的一部分。总体而言，媒介化既有量的维度，也有质的维度。从量的维度来说，媒介化是指中介化沟通在时间、空间和社会上的不断扩展，我们日益习惯于在越来越多的情境中通过媒介进行沟通。从质的维度来说，媒介化是指中介化沟通在更高层次的组织复杂性上导致的社会和文化的变化。

为了清晰起见,我们有必要对相关术语"中介化"和"媒介化"进行严格区分(参见 Hepp,2013a,pp.31‐38;Hjarvard,2013,pp.2‐3;Lundby,2014,pp.6-8)。中介化通常指的是沟通的过程,即以技术为基础的沟通(包括持续进行的中介化的意义生产)(Couldry,2008;Martín-Barbero,1993;Silverstone,2005)。媒介化则描述了**整个社会**转型和变革的更高层次的过程,这一过程源于各个层面互动的中介化。不仅如此,媒介化这一术语使我们能够理解,随着时间的推移,中介化沟通的多种过程对社会世界的建构产生的影响——**这一过程本身**如何随着各种媒介的出现,以及媒介之间产生的不同类型的关系而发生变化。简言之,媒介化是一个元过程(Krotz,2009),既是社会如何**通过媒介**发生变化的过程,也是社会以更复杂的组织模式接合在一起的变化过程。

从**跨文化**的视野来看待媒介化的各个阶段也很重要,这意味着需要理解媒介化在世界各地长期存在的多种形式。我们不能将媒介化的这些变体齐整地与特定国家或民族文化的边界相联系(Hepp,2015,pp.28-34),因为媒介作为"符号权力"的资源不可避免地与精英阶层,特别是城市精英的壮大缠绕在一起。我们也不接受任何简单地将媒介化与(欧洲的)现代性联系起来的观点(参见 Esser and Strömbäck,2014b,pp.6‐11;Hjarvard,2013,pp.5-7,16‐23;Lundby,2013,p.197;Thompson,1995,pp.44-80)。诚然,"媒介**组织**的发展"(为了传播而从事生产和发行的独立组织)"最早出现于 15 世纪下半叶,此后不断扩大其活动范围"(Thompson,1995,p.46),这是欧洲现代性的前提条件,即便如此,理论**术语**"媒介化"却直到 20 世纪初才出现(Manheim,1933,pp.23f.;Averbeck-Lietz,2014,pp.99‐123)。这里存在着一种过于以欧洲为中心的方式来界定媒介化的危险(参见 Madianou and Miller,2012,pp.141-143;Slater,2013,pp.27‐57),认为媒介化涉及独立的媒介组织(独立于政治或宗教制度的组织)。而这一看法并非"放诸四海而皆准"，例如，拉丁美洲的媒介组织更多地与宗教、政治或其他社会制度交织在一起（Martín-Barbero，2006；Waisbord，2013b）。把媒介化与欧洲的特殊性联系得过于紧密，以至于认为它在世界上任何地方都会以相同的方式展现，这是很有问题的。事实上，"媒介"这一术语本身就涉及某种形式的分类，它在不同文化语境中与各异的传播手段绑定在一起（Slater，2013，p.40）。因此，我们不宜接受那种以特定媒介为基础的对现代化的片面理解（Slater，2013，p.28）。然而，这并不意味着我们要像斯莱特（Slater，2013，p.20）有时暗示的那样，完全弃用"媒介"一词（因此而贬低对"媒介化"的高阶过程的任何关注）。我们需要这些术语来理解更广泛的社会变化过程。这些过程源于许多特定地方的具体的媒介组合在量的方面不断扩散，以及在质的方面变得越来越重要。我们在接下来的论述中将勉力使用"媒介"和"媒介化"等概念，但要避免重蹈一种"褊狭的"（Chakrabarty，2001）欧洲视角。

关于全球化的长期论争也许对我们思考媒介化会有助益（Waisbord，2013b，p.7）。可以肯定的是，今天人们对"全球"的日常**体验**至少在一定程度上基于媒介的广泛传播（Hepp，2015，pp.13-18）。但全球化作为一个过程，最初是从西方的视角进行解释的。有学者认为，作为一种时空压缩的全球化，起源于欧洲现代性的社会制度（Giddens，1990，p.63；Harvey，1990，pp.260-283）。将全球化视为（欧洲）现代性的后果，这种解释因其以西方为中心的偏见和地域性的时间叙述而遭到批判[1]。对诸如此类的"西方中心论"，后殖民主义批评非常重要（Gunaratne，2010，pp.477f.），这种后殖民主义批评以来自世界非西方地区（特别是拉丁美洲）的全球化实证分析为依据[2]。作为回应，全球化研究进

---

[1] 比较相关论述（Appadurai，1996；Chakrabarty，2001；Fabian，1983；Nederveen Pieterse，1995）。
[2] 详见 García Canclini（1995）、Murphy and Rodríguez（2006）、Straubhaar（2007）、Waisbord（2013a）。

展到对"多种全球化"(Berger,2002)和多元的"现代化"与"现代性"(参见 Calhoun,2010;García Canclini,1995)中的多重"全球现代性"(Featherstone,1995)的理解。"全球现代性"绝非一个独特的"历史时期"(Tomlinson,1999,p.33),在现代性诞生之前早就有全球化的形式。然而,我们仍然有理由认为,全球化在过去几十年中**加剧**了,因为全球化现在植根于世界**大多数**地区的日常实践(García Canclini,2014,p.21;Tomlinson,1999,p.13),尽管在不同环境中全球化的具体形式千差万别。

我们对媒介化可以进行类似的分析。如果通过媒介化来理解传播媒介的日益扩散(量的维度),以及由此产生的社会和经验的后果(质的维度)——两者在不同语境中都存在显著差异,我们就必须找到一种辩证的分析方法。例如,在电视机拥有率方面,巴西的贫民窟(Leal,1995)与印度的农村(Johnson,2000)差别很大。在互联网使用方面,中国的新工人阶级(Qiu,2009)与马来西亚郊区的中产阶层大不相同(Postill,2014)。然而,在所有这些变化中,有一点是不变的:将基于技术的传播手段融入日常生活实践是一个长期过程,这种融入在过去 150 年中已经大大深化。这就是我们所讲的媒介化的含义。因为它是由这种融入而产生的相互关联的累积,所以我们可以把它看成随着时间的推移而不断加深。媒介化的深化事关**所有社会发展过程**越来越依赖于遍及全球的传播基础设施;更广泛地说,这是**模式**的转变,社会世界在各个地方且跨越不同的地点通过这些模式而得以建构。因此,媒介化涉及社会变化的复杂性逐步增加,这是因为在推动社会变化的因素中,与基本的传播基础设施相关的因素越来越普遍。

不言而喻,媒介化在特定地方的运作方式既取决于该地区的基础设施、资源和不平等的特定历史,也取决于在该地区主要用媒介来满足的特定人类需求,而这反过来又将取决于社会、经济和政治组织中更深层次的差别(Couldry,2012,pp.156-179)。但这并不是说像脸书等特定平台在许多国家的日益普及就**没有**意义。这些平台的通用功能提供了一个起点,例如可以用来探询如何通过这些平台实现社会需求,以及这些当地的社会需求的实现如何真正地与其他地方的社会需求的实现连接起来。这也并不意味着没有任何普遍的趋势(例如,与媒介市场和国家行为的协调发展有关的趋势)在全球大部分地区齐头并进,即使其方式并不相同。不断增长的数据化趋势就是这样的一种总体趋势,我们将在多个章节对其进行讨论。

完成上述导言性质的评述,现在,让我们将视线转向前面提到的三波(或许四波)媒介化浪潮。

3.2 媒介化浪潮

回眸学术史,诸如哈罗德·英尼斯(Harold Innis,1950,1951)和马歇尔·麦克卢汉(Marshall McLuhan,1962)等媒介理论学者通常将传播的历史描述为某种媒介阶段性地占主导地位,因而将阶段性地占主导地位的媒介理解为具有深刻的全球性文化影响。于是,人类的历史被解读为某种媒介**主导**的文化序列(的接力):"传统的口语文化"被"手写的书写文化"取代,"书写文化"则被"印刷文化"取代,"印刷文化"又被"全球电子文化"取代(Meyrowitz,1995,pp.54-57)。这种传播史观在社会学中也大行其道(Baecker,2007,pp.7-13;Tenbruck,1972,pp.56-71),认为社会分化与书写传播、印刷传播和电子传播等不同的"传播介质"(Luhmann,2012,p.120)有关[①]。正如我们已经指出的,这种历史观(尤其是作为全球史观呈现时)是有缺陷的,因为它着眼于某种占主导地位的媒介并倾向于认为"传播革命"(Behringer,2006)是由某些媒介技术的创新驱动的。如果我们更为仔细地审视以往的变迁,

---

[①] 卢曼还讨论了符号性通用媒介的良好表现,例如金钱对于发展他所说的社会功能系统的作用(Luhmann,2012,pp.113-238)。由于传播的技术媒介是我们分析的焦点,因此,接下来将不会重点讨论卢曼的观点。

就会发现,问题的要害并不是任何一种媒介在特定的历史时刻划时代地出现的问题,而是随着时间的推移,变化的其实是我们可用的传播媒介的**总体**,以及它们(在其**相互作用**中)塑造社会世界时扮演的角色。简言之,我们必须关注的是变化中的媒介**环境**,即在特定时空节点中可用的全部传播媒介。我们所强调的媒介相互关联的媒介环境(而不是单个媒介),乃是基于广义技术论的根本立场,即技术并不是孤立地起作用,而是在布莱恩·阿瑟(Brian Arthur)称为"域"的集群("相互支持的技术集")中发挥功能(2009,pp.70-71)。技术如此,媒介亦然。从这一视角来看,我们不难发现,在过去600年间,媒介环境发生了数次具有决定性意义的变化,而这些变化正是本书对媒介化进行跨文化阐释的起点。

媒介环境中的这些变化与技术创新的某些"高潮"或"浪潮"有关(Briggs and Burke,2009,p.234;Rosa,2013,p.41;Verón,2014,p.165)。"浪潮"的比喻强调的是两个方面:一方面强调某些根本性的创新(浪潮的"波峰");另一方面强调这些创新的长期影响和副作用("波峰"的"涟漪效应")。这种构想与威廉·H.休厄尔(William H. Sewell,2005)关于社会转型的看法相似:重要事件和长期的结构性变化两者都非常重要。这种类比清楚地表明,我们可以"横看成岭侧成峰",采用多种分析视角来解释这些浪潮。

我们将**媒介化浪潮**定义为媒介环境中的根本性质变,即使考虑到这类媒介环境在特定背景下的地方、区域和国家中可能采取非常不同的形式,其质变也足以决定性地构成持续的媒介化进程中的一个**独特阶段**。在这些浪潮的背后,则是构成媒介环境的媒介特征(和媒介关系)的根本性技术的变化。与已有媒介理论**不同**,本书并不认为每一次新出现的媒介浪潮都会在全球范围内催生某种特定的文化与社会。我们充其量主张,理解社会转型的**出发点**在涉及媒介的范围内可以阶段性地发生决定性的变化。当然,就具体情形而言,仍然会存在差异。尽管如此，我们仍然可以追踪到与媒介环境中的根本性质变相关的几次媒介化浪潮。

在过去 600 年中，我们可以辨识出至少三次媒介化浪潮（见图 1）①。第一次媒介化浪潮：传播媒介的**机械化**。这可以追溯到印刷机的发明。印刷机以先前书面文档的各种处理形式为基础（这可以与第 10 章中的相关分析进行比较），随着传播过程的日益工业化而不断发展，从而产生了以印刷为基础的大众媒介。第二次媒介化浪潮：传播媒介的**电气化**。这主要是从电报开始，到各种广播电视媒介结束，也包括电话和其他形式的电信。第三次媒介化浪潮：传播媒介的**数字化**。这既与计算机和各种数字媒介有关，也与互联网、手机和日常生活中日益融入的以计算机为基础的"智能"有关，所有数字化内容都可以自由转换。

我们之所以将机械化、电气化和数字化理解为媒介化浪潮，是因为每种浪潮都捕捉到一种独特的媒介运作方式。通过这种媒介运作方式，在特定时间和地点普遍可用的媒介群（不仅包括即将涌现的"新"媒介，也包括持续在场的"旧"媒介），共同构成人们生活于其中的媒介环境。因此，"机械化"不仅指印刷出版物，还包括小型媒介（例如，仅印一面的报纸），并且涵盖打字机对（私人的）亲笔信和手稿的角色的影响。"电气化"包括当时各种"新"媒介，从电报到广播和电视，也包括报纸和其他业已存在的"机械化"媒介的转型。"数字化"同样如此，也是同时涉及"新"媒介和"旧"媒介，如数字电视。正如我们将会见证的，在数字化浪潮中甚至有可能出现新一轮的数据化浪潮。

为了更深入地理解相关变化，我们必须先细致地考察每一波媒介化浪潮，以便在相应的语境下审视图 1 中相对宽泛的时间节点。

---

① 我们在此发展了克劳斯·默滕（Klaus Merten，1994）的观点——对"传播的演化"进行可视化，但是我们并不赞同他的狭隘的、功能主义的解释。

3 媒介化浪潮的历史

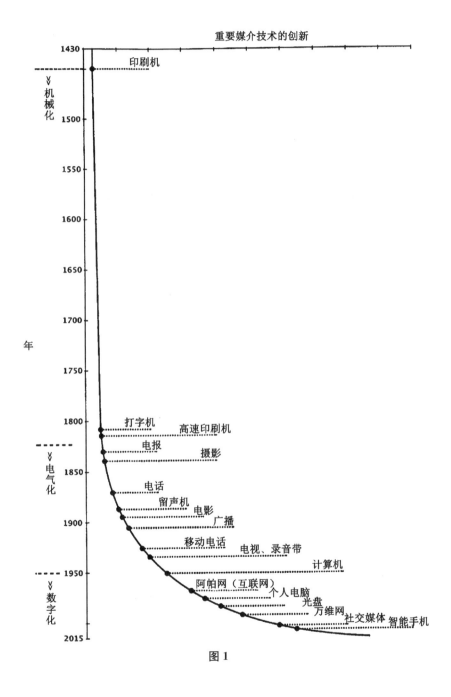

图 1

3.2.1 机械化

媒介化浪潮的**机械化**是指媒介环境转变成由机械来驱动。1450 年左右,约翰内斯·古腾堡(Johannes Gutenberg)发明的机械形态的印刷机可以被视为媒介化浪潮在欧洲和北美的机械化过程的主要源头。然而,我们必须注意,印刷机的发明,欧洲并非一枝独秀。早在 700—750 年间,中国和朝鲜半岛就出现了雕版印刷,而在 1040 年左右,中国已经尝试陶活字印刷。此后,这些印刷技术在朝鲜半岛被进一步发展成使用铜活字进行印刷(Chow,2003;McDermott,2006,pp.9-13;Moon-Year,2004)。

印刷机实际上并没有改变书的外观和结构,只是通过技术实现了将先前的文本纳入一种新的生产形式("机械化")的转变(Illich,1996,pp.3-4;Neddermeyer,1998,pp.389-536)。从这个意义上说,印刷机的发明与其说是单一的事件式的"传播革命"(Albion,1932,p.718;Behringer,2006,p.333;Kovarik,2011),不如说是一场"漫长的革命"(Eisenstein,2005,p.335),或者更确切地说,是长期的机械化过程中迈出的重要一步。这种机械化过程既涉及机械化的印刷媒介与手写媒介及其他媒介的共存和共同发挥作用的增加(Bösch,2015,p.20),也使得一些"新"的媒介成为可能:除了印刷书之外,还包括小册子和只印一面的报纸,以及随后出现的现代意义上的报纸(Oggolder,2014)。需要注意的是,这些共存的媒介(无论机械化与否)以各种方式相互影响。例如,关于书信技能的著述的印刷促进了近代早期欧洲的手写信件。很长一段时间内,人们仍在使用手写媒介,因为融入改写和"自行出版"实践中的手写媒介提供了向更广泛的受众传播有争议问题的机会(Briggs and Burke,2009,p.38)。

因此,将印刷机的发明等同于仅仅由书籍和报纸构成的媒介环境的一次飞跃是过于粗疏的。由各种媒介的相互作用而构成的媒介环境

3 媒介化浪潮的历史

仍然是多元的(Bösch,2015,p.65;Briggs and Burke,2009,p.37,56)。然而,印刷机之所以成为媒介环境的基础,是因为它改变了其他媒介的相互关系,我们必须在更广泛的背景下理解这种变化。媒介的机械化是其他机械化形式的一种具体转化,在此仅提及后来导致19世纪"机器速度"的一些重要的创新,例如机械钟表、铁路和工厂中机器的发明(Tomlinson,2007,pp.14-43)。因此,我们必须在工业化的整个矛盾因素的进程中理解机械化(Williams,1965,pp.10-11,88,141)。

要理解媒介环境的这种根本性质变对于日常生活意味着什么,我们必须关注受众,关注当时的人们及其媒介使用情况。如果我们回顾过去,就会发现在17世纪的欧洲,报纸(和书籍)的读者群已相当多元,既包括贵族、学者和政府官员,也包括商人、工匠、士兵和妇女(Bösch,2015,pp.47f.)。虽然当时报纸的绝对发行量(300—400份)远低于今天,但每份报纸都被10—30名读者传阅(Bellingradt,2011,p.243)。媒介使用与其说是个体行为,不如说是**集体**活动。一个佐证是,当时建立各种读者俱乐部,以便分担订阅费用并获得更多种类的报刊和书籍。大约从17世纪开始,女性越来越多地成为读者的一部分,她们建立起自己的读者群,并且出现了专门针对女性读者的杂志和书籍(Briggs and Burke,2009,pp.50-55)。

虽然机械化实质性地改变了媒介环境,但我们不能由此而轻率地推论出社会世界的交往建构是以同质化的方式发生转型的。相反,媒介环境由于机械化而变得愈发复杂和多元。这包括越来越多的基于机械化再生产而印制的各种纸媒,主要有只印一面的报纸、小册子、书籍、海报、报纸及杂志。这些纸媒与非纸媒之间相互影响。机械化再生产通过其标准化的内容复制提供了通过一种媒介渠道来影响更广泛人群的可能性。这使得大规模的传播可以"脱域"(Giddens,1990,p.21),不受此时此地的限制。随之而来的是新型交往建构实践。要读懂这些交往建构实践,我们需要对其所处的历史语境进行分析。

在这充满多种可能性的变革中,机械化通过强化跨地区的交流"拓展"出更广阔的交往空间。这些空间在欧洲历史上与(民族)国家的崛起有关,(中介化的)"公共领域"的概念便是对此作出的思考(Habermas,1989;Meyer and Moors,2006)。这些民族国家交往空间的拓展,为具有民族国家的"想象的共同体"(Anderson,1983)特征的"现代社会"(Thompson,1995,pp.44-80)的出现提供了支持。但重要的是,要注意到,已故的本尼迪克特·安德森(Benedict Anderson)提出的想象的共同体模式,只是对在殖民主义统治下或反抗殖民主义过程中崛起的新兴国家(泰国、菲律宾)的一种解释,而这样的民族国家只是纸媒传播使得想象的共同体成为可能的**一种类型**(1983,p.6)。跨地区交流的拓展也可以指向与此完全不同的社会实体:分散于各地的专家学者群体、侨居的宗教和种族人士或具有不同世界观的其他群体。这些社会实体(像民族国家的稳定性那样)可以与社会冲突的接合联系在一起。例如,在非洲,印刷媒介的出现与殖民主义密切相关,即试图**强行**将现存社会变成一个新的殖民地(Larkin,2008)。这是一个长期过程:一方面,涉及作为公民的公众建构"白人定居者团结的'想象的共同体'";另一方面,涉及鼓励"以娱乐为目的的黑人读者"(Willems,2014,p.83),以及所有与其相关的成问题的建构。正是在这里,我们开始看到一种媒介环境的变革对于**更大的**社会变化可能性的影响,即媒介在建构社会现实本身中的作用(媒介化)。

3.2.2 电气化

第二波媒介化浪潮是电气化。电气化再次改变了整个媒介环境,并使机械化印刷实现了更高水平再生产的转型。与机械化相比,电气化涉及的并不是任何单项的重要媒介技术革新(如印刷机),而是涉及多项技术创新(如图 1 所示),其中,最重要的是电报、电话、留声机、(电唱机上的)转盘和录音带、电影、广播和电视。本书中的"电气化"特指

3 媒介化浪潮的历史

传播媒介向基于电子传输的技术和基础设施的转型。在电气化方面，各种各样的媒介越来越多地融入更广泛的技术网络——电网、有线网络、定向的无线电网络等等。传播媒介的电气化转型使得各种媒介更加紧密地**相互关联**，进一步增加了媒介环境中的相互依存性。

电报发明于19世纪30年代。19世纪50年代以后，从伦敦和巴黎开始，全世界密集布线。1866年成功铺设的横跨大西洋的海底电缆，标志着人类电报布线事业攀上了第一座高峰（Hugill，1999，pp.27-32）。然而，这种电子通信基础设施的发展并不平等，最初集中在英国，后来又以美国为中心，并且掌握在由特定投资国出资的少数公司手中（Winseck and Pike，2007）。电话的基本技术可以上溯至19世纪，发展到20世纪20年代，长途电话从梦想变为现实。无线电话技术（无线电通话）的研制始于19世纪末（Hugill，1999，pp.83-107）。1926年，欧洲出现了火车上的第一部移动电话。1946年，北美推出了汽车上的第一部移动电话。

回顾电报和电话的历史，出乎我们意料的是，电气化一开始主要用于"人际传播"，而与"大众传播"无关（Balbi，2013）。最初的受益者是少数精英群体（尤其是军事和经济领域及政府部门）（Mattelart，1994，pp.3-31）。电报也改变了纸媒，因为它能够使人们更快地获取跨国和跨文化的信息，这对于战争报道至关重要（Mortensen，2013，pp.332-334；Wobring，2005，pp.39-92）。

电气化涉及媒介从机械化到部分电气化再到完全电气化的逐步发展。这一点在音频传播方面表现得很明显，出现了一系列创新，如留声机、唱机转盘和录音带。留声机是机械的。唱机转盘是一种电子音响设备，把留声机和唱片结合起来产生声音。录音带紧随其后，出现于20世纪20年代后半期。到20世纪30年代中期，录音带成为商品，同样带有许多机械部件。在视觉传播中，我们再次注意到电气化建立在复杂的**机械化**基础上。19世纪30年代的摄影在原理上是一种机械化学过程,它的电气化始于20世纪50年代,当时的相机使用了电子元件。电影的拍摄也以极快的速度进入电气化阶段。起初,电影在原理上与摄影的机械化学过程相似,因此,电影院放映时需要强光并用电机来转动电影卷轴。有声电影是电气化进一步发展的结果。随着时间的推移,我们逐渐将电影视为一种电子媒介。

不过,我们通常从广播媒介(广播和电视)的角度来思量电气化。作为19世纪末发展起来的技术,第一次无线电广播出现于1906年。但是,直到第一次世界大战结束和20世纪20年代初,无线电广播才成为一种较为广泛地使用的媒介。最初,无线电媒介在技术上是开放的,可以相互传送私人信息。例如,伯托尔特·布莱希特(Bertolt Brecht)就为之着迷,他对无线电广播作为人皆可用的"通信系统"的功能很感兴趣(1979,p.25)。然而,在商业和政治利益的驱动下,无线电广播很快变为以发送者为中心、受到法律监管并在技术上具体化为广播电台(Scannell,1989,pp.137-139;Barnouw,1990,pp.25-96)。到20世纪二三十年代,欧洲、北美和南美、亚洲及稍后的非洲国家都建了广播电台(参见Bösch,2015,pp.113-116)。电视则可以追溯到19世纪晚期人们通过电报来传输(移动)图像的设想(Fickers,2013,pp.241-243),但是直到20世纪30年代中期,德国、英国和美国才开始进行常规的电视播送(Hickethier,1998,pp.33-39)。电视技术的主要突破发生在20世纪40年代末的美国、20世纪五六十年代的欧洲,以及世界其他国家和地区。电视本身的性能不断变化,20世纪70年代出现了彩电,技术创新与日俱增,出现了遥控和录像等相关设备,并在20世纪七八十年代通过卫星电视实现了跨国传播(Barker,1997;Hepp,2015,pp.39-51;Parks and Schwoch,2012)。

这些载入史册的时间点再次证实电气化如何改变了整个媒介环境。"新"媒介应运而生,像报刊这样的"旧"媒介也发生了变化。电气化是整个媒介环境发生深刻质变的起因,这种深刻质变伴随着一系列快速的媒介技术创新。这些媒介技术创新或许在 20 世纪初达到第一个高峰,当时人们已经构想出一个"无线时代"(Sloss,1910,p.27)。在世界范围内,电气化是一项艰巨的工作,需要大量的公共和私人投资来建设相应的技术基础设施,首先是铺设陆地上和横跨大西洋的电报电缆,其次是建造广播电台和有线电视网络。

即便如此,电气化至少在开始阶段仍可被视为机械化的延伸,但关键的区别在于,电气化涉及媒介通过新的技术基础设施(电网、电缆和广播网络等)进行更深层次的**相互**连接。单个媒介变得不那么"独立"。不仅媒介的供方日益需要具备技术能力,而且媒介的用户也越来越需要具备技术能力。因此,从根本上讲,电气化可以被理解为使人们跨入一个更深层次的、在技术上更加错综复杂的媒介环境。

应该如何理解电气化对于社会和文化的影响呢?我们必须再次非常谨慎,不要过分简化全球各地与电气化相关的社会和文化变革。那种认为所有形式的技术连接都会产生单一的全球性影响的想法[例如麦克卢汉和鲍尔斯(McLuhan and Powers,1992)的"地球村"概念]太糙了。1995 年,全球治理委员会(Commission on Global Governance)认为,媒介的电气化产生了"天涯若比邻"之类的影响。这种看法同样失之过简。倘若我们以一种更加开放的眼光,便可以注意到电气化在塑造媒介环境方面至少涉及三类相互依存的因素。

第一,就各种制作类的媒介传播而言,电气化使媒介内容的跨空间**同步传输**成为可能。至关重要的是,电影产业中,尤其是广播行业中,出现了强大的媒介组织。它们通过生产周期实现的连接性产生了同步体验的共同**节奏**,以及新的公共叙述。最引人注目的形式是"媒介事件",媒介事件"罕见地发挥出电子媒介技术的全部潜力"(Dayan and Katz,1992,p.15)。

第二,电传使得新形式的远距离几乎瞬时的相互交流成为现实,实现了新的跨空间**同步性的人际沟通**。电报、电话等各式各样的媒介(其中一些媒介在电气化的大众媒介出现之前就已经广泛存在)都支持这一点。因此,这一波媒介化浪潮不仅关乎新型**媒介组织**的出现,更加重要的是,它使全新的**社会制度**成为可能。例如,早在19世纪60年代,随着电报技术的应用,当"第一批股票投资者打出股票价格"时,全球化的经济便开始兴起(Bösch,2015,p.94)。

第三,这些传播形式为人们以新的方式建构跨越时空的文化提供了契机。电气化带来了支持进一步扩大跨地区交流的媒介。这是对稳固民族国家交往空间的更广泛的支持,同时,也支持在这些空间内和这些空间之间可能存在的社会和文化差异,例如在侨民之间,换言之,在通过电子媒介实时维护其社会关系的分散的跨国文化群体之间(Dayan,1999)。但这只是电气化带来的更广泛的可能性的一个例子,通过同步性的精心组织和共同节奏的媒介信息流,多种跨地域布局的文化得以确立,包括自20世纪50年代以来(从最普遍的层面来看)的大规模流行文化的出现。

当然,我们并不是说电气化的媒介环境过去或如今在世界各地都是一样的,也不是说这种媒介环境会在社会和文化层面导致一种全球性的变化。例如,在尼日利亚就出现了其他动态,录像带和隐私基础设施在建立抗争空间和非传统的集体活动中发挥了重要作用(Larkin,2008,pp.217-242)。一般来说,"原住民媒介"(Spitulnik,1993,p.303)有助于产生一系列可能的动态和影响:通过媒介作为一个集体聚集起来,通过媒介建构共同的记忆并在公共话语中获得发声权。在拉丁美洲,存在着一段利用以技术为基础的传播媒介的"混合历史"①(García Canclini,1995,p.44),除了线性的"西方"现代化之外,它还支持跨文化的进程,特别是在城市地区。这些媒介环境不仅使全国性的交往

---

① "混合"意味着来自不同环境的元素的融合,例如源自欧洲的马克思主义与中国传统的元素相结合。——译者注

3.2.3 数字化

数字化是近几个世纪以来的第三波媒介化浪潮,通常与计算机、互联网和手机有关①。这三项都是数字化浪潮的关键发明,但对于将它们描述为"革命"(Rainie and Wellman,2012,pp.1-108),我们同样应该持保留态度:与所有其他发明一样,计算机、互联网和手机同样是复杂的分布式社会制造过程的产物②。回顾相关学术史,一种观点认为,算法和软件是数字媒介的基础③;另一种观点强调数字化历史中的政治因素④;第三种观点则揭示了这些发展背后的文化语境和开拓者群体⑤。然而,我们想通过聚焦"互联网"本身的发展来开始分析。正如我们先前所强调的,媒介化浪潮的一个主要特征是所涉及的媒介之间日益紧密的**相互关联性**。互联网**是**一种基础设施,可以使当代媒介设备与计算机主机、大型数据中心之间建立关联,并且在不久的将来有望使媒介设备能够与社交机器人和像汽车自动驾驶等自动化系统,以及连接我们所有活动的海量数字化平台建立关联。

我们对于"互联网"的历史并不陌生。众所周知,它是通过与大学相关实验室的连接而从美国军方的研究机构中诞生的。在此种意义上,这是一个很好的例子,表明"市场"所需的首要信贷通常来自国家和其他公

---

① 在这一点上,我们与芬尼曼(Finnemanns,2011)的看法相似,认为媒介化与各个时代的技术驱动的变化有关。对此,还可以参见拉默斯和杰克逊的论述(Lammers and Jackson,2014,p.34)。
② 数字化不是在一个特定地方发生的技术革命,而是涉及分散在世界各地的各种创意和技术解决方案等。——译者注
③ 列夫·马诺维奇(Lev Manovich)的一本将软件视为"当代社会引擎"的书就是很好的例子(2013,p.6)。
④ 有关政治如何影响我们对于新兴的计算机时代的"未来想象",参见 Barbrook(2007)。
⑤ 参见特纳(Turner,2006)从反主流文化向网络文化的转变。

共机构隐而不彰的背后补贴①(Mazzucatto,2013)。特别重要的是,这些组合措施(有些是国家主导的,有些是市场驱动的)使得2015年少数大致可以被称为媒体的公司[谷歌、脸书、苹果、照片墙(Instagram),也许还包括推特和中国的阿里巴巴],可以通过它们的"平台"**直接**影响消费领域及日常社会互动。这一发展过程中涉及的各个阶段值得我们对之进行更全面的阐述②。

起初,作为在面临军事打击时确保更安全的通信形式的一种手段,通过创新的"分组交换"过程,在极少数计算机之间建立了"分布式"通信网络,包括1969年10月建成的ARPANET和1985年建成的NSFNET,并且在20世纪80年代中期形成了各种并行的商业网络。接下来便是由万尼瓦尔·布什(Vannevar Bush)在1945年就预想过的TCP/IP协议(传输控制/网络通信协议)③的开发。该协议用于将已连接的计算机组连接到一个更大的网络中,在20世纪80年代初开始实施,到1989年在公共部门中形成了一个由约16万台计算机组成的"互联网"。决定性的阶段是万维网的出现。万维网的产生基于两项关键的创意:第一个创意是,如果文本能够与被称为"超文本"的有序"元数据"集相关联,那么就可以将文本链接在一起;第二个创意来自欧洲原子能研究中心(CERN)的蒂姆·伯纳斯-李(Tim Berners-Lee),他确立了能够使连接的计算机之间可靠地进行超文本传输的手段——超文本标记语言(Hypertext Markup Language,简称HTML)或超文本传输协议(Hyper Text Transfer Protocol,简称HTTP)或全球资源定位器(Universal Resource Locator,简称URL),为每个超文本文件提供一个

---

① 通常情况下,"市场"及其"公司"被描述为引发这种"创新"的实体,但仔细观察便会发现,它们可以追溯到政府的广泛支持、指导和决策。——译者注
② 感谢安德鲁·基恩(Andrew Keen,2015)的新作,该书尽管不无争议,但异常犀利地阐述了这些关键阶段。
③ 尽管有可供选择的其他协议,但TCP/IP脱颖而出(Agar,2003,pp.381-382)。

地址代码。在此基础上,相关人员在1990年提出在联网的计算机上建立文件的"网络"和第一个用于"浏览"这些文本域的系统(万维网),并且在1991年11月建成第一个"网站"(info.cern.ch)。这种由政府资助的项目在20世纪90年代初期形成了一个连接的基础设施的框架,但还没有与日常商业活动乃至非专业化的日常使用联系起来。

一连串异乎从前的加速发展催生了高度商业化的互联网和我们在21世纪第二个十年里所熟悉的万维网。1991年,美国政府关闭NSFNET,将互联网的运营移交给商业运营者。在这个新起点上,研究员马克·安德森(Marc Andreesen)开发了第一款商业网络浏览器(MOSAIC)。他从公共研究部门(NCSA,美国国家超级计算应用中心)辞职,成立了自己的公司网景通信(Netscape Communications)。该公司生产并大规模地销售网景浏览器。20世纪90年代末和21世纪初,访问呈指数级增长的互联网链接文件域的方法从(雅虎)管理目录的模式转向谷歌基于算法的页面索引模式,这种页面索引模式基于从最基本的层级来计算进入每个互联网页面的**链接**数。谷歌的与众不同之处在于,它的操作在技术意义上是递归的,而不是处理一个有界有限的目录,每个新的链接都会增加其计算范围内的数据,并且无休止地增加该机制的处理能力。这一关键的创新极大地促进了互联网的使用,并且伴随着微型台式计算机和笔记本电脑的普及而成为轻松访问互联网的手段。

在搜索引擎取得巨大成功的基础上,谷歌建立起一个更加强大的商业基础设施——一种新的广告模式。这种广告模式将谷歌搜索引擎搜索到的字词("谷歌关键字广告",Google Adwords)与实时拍卖广告系统(AdSense)捆绑在一起,为网上"空间"的市场化奠定了新的基础。

至关重要的下一步是"智能"手机的独立发展。这种手机不仅能够提供传统的手机使用方式(通话/接听,以及手机设备的关键发明——收发短信,简称SMS),还能够访问万维网的域名。"智能"手机兴起之后,很快出现了可以安装在每部手机上的应用程序(Apps)(以苹果为首,大多数其他智能手机供应商紧随其后),以便快速且方便地访问特定网络域名的数据。另外一个关键的创新是出现了一种新型网站。这种网站于2002年初露头角,到2006年就已经遍地开花,为亿万用户提供相互联系的平台,同时受该平台所有者设计的形式和内容管理参数的掌控,即"社交媒体网络"。这便是克雷格·卡尔霍恩(Craig Calhoun,1992a,p.214)在19世纪通信史上注意到的横向通信(lateral communications)的可能性在21世纪的回响,但这一次是通过"大众的自传播"行为——每条信息(无论是直接发布还是随后被转发)在理论上都可以传播到全网(Castells,2009,pp.65-72)。

这些累积和相互联系的阶段导致"互联网"从完全闭路的、由政府资助且面向政府用于专业通信的网络,彻底转变为一种深度商业化的、日益平常的**社会生活行为本身的空间**。现在通过互联网进行的数据传输的规模之大,对基础设施产生了前所未有的需求(特别是对于存储的需求,也包括对于支持数据处理的需求),满足这些需求的也并不是由公共利益团体,而是由少数私人公司主导的"云"(Mosco,2014)。

同样,数字化浪潮不仅仅是"新"媒介的问题。"旧"的纸媒和电子媒介也越来越数字化。对于纸媒(尤其是图书和报业),这是有据可查的(Brock,2013;Thompson,2005a,pp.309-329;2010,pp.312-368)。实际上,从生产和使用的角度来看,电视和电影也都数字化了,新近的例子是互联网电视、跨屏电视和数字电影投影仪。作为数字产品,它们可能被盗版并为全球更多观众和用户所享用,而这些观众和用户建立的地下网络正推动着全球化的进程(Mattelart,2009,p.322)。与数字化相关的还有媒介商业模式的根本性转变,这在一定程度上来自广告商如何接触目标受众的转变,即越来越多地通过对个体们的个性化跟踪来收集相关数据(Turow,2011)。另一个新兴趋势是数字媒介功能越来越多地融入日常实践相伴的对象之中,即"虚拟媒介沟通"。例如,计算机和手机"助手"模拟生活中的沟通伙伴,或"社交机器人"作为生活中的"人工伴侣"(Pfadenhauer,2014,p.136),越来越多的事情通过软件来实现(Sandry,2015)。

应该如何理解这些变化的文化和社会影响呢？像过去那样谈论媒介饱和,甚至超饱和,无疑是不够的(Gitlin,2001,p.67;Couldry,2012,pp.4-5)。早在2003年数字化浪潮刚露端倪、远未到达其顶峰之前,人们就已经注意到媒介环境的饱和性质(Bird,2003,pp.2-3)。一些学者试图强调数字化转型的突然性,认为传播接收者新获得的从同一设备发送信息的能力(通常是同一沟通环节的一部分)导致"以前作为受众的个体"的消失(Rosen,2006),或者混合型的"制用者"的出现(Bruns,2005)。毫无疑问,我们与媒介的关系在原初可能性上已经发生变化,但以过于极化的方式来解读由此产生的使用形式和模式是于事无补的。受众可以使用媒介来做更多事情(Livingstone,2004)。例如,他们对媒介的评论现在能够以从前不可能的方式被重新整合到媒介内容生产周期之中。但是,媒介组织制作的媒介内容并没有消失,今天的媒介饱和形式只是(由手机和社交媒体网络的容纳能力所驱动)对电气化浪潮后期出现的文化形式的强化,而非根本性决裂。这种文化形式伴随着20世纪90年代末真人秀媒体和名流文化的增长,出现于从巴西到韩国、从黎巴嫩到南非的全球多个地方。

我们最好在日益个性化的模式层面寻找变化。通过这些模式,人们可以**访问、关注和评论**(换言之,"具体化")我们所说的媒介多样体(稍后将给出定义)。然而,我们迄今对于这些互型还知之甚少,只知道它们比电气化浪潮中的变化要多得多。在电气化浪潮中,大多数媒介内容来自数量有限的起支配作用的同步化信息源,当时媒介生产的条件非常有限,并且与这些起支配作用的信息源的运作和把关能力有关,而且对于媒介的评论几乎总是言出即逝。

总的来讲,数字化既涉及与媒介相关的实践所依赖的基础设施之间的**连接性**的进一步深化(例如,数字化现在取决于Wi-Fi和其他移动通信业务的发展），也涉及个体或群体日常参与的连接性的媒介实践**分层**①的进一步深化。媒介环境越来越具有"融合"的特征（Jenkins，2006b；Jensen，2010）②。这意味着不再将所有媒介设备合并为一种超级终端，而是更多地在"数据"或内容层面进行融合。这些数据或内容是**数字化**的，可以横跨多种新旧不一的设备进行**传播**。

我们目前置身于其中的第三波媒介化浪潮，显然对社会世界的交往建构产生了深远影响。但这只是最新一波深度媒介化的**暂时**高潮。我们现在看到媒介化浪潮**进一步**加深的迹象，这与数据有关。如果考虑到数据化在多大程度上改变了我们生产知识的方式（参见第7章），考虑到数据化与自我、集体和组织的构成有多深的关联（参见第8章、第9章、第10章），那么这些与媒介有关的变化很可能比目前与数字化联系在一起的变化的影响更加深远。诚然，当越来越多的沟通依赖于基于数据收集和处理的传播基础设施时，我们可以预期媒介之间及人与人之间的相互依存关系将进一步深化。至于这在多大程度上预示着整个媒介环境的进一步质变，在某种意义上仍然是一个悬而未决的问题，但我们将在随后的章节中从各个方面再次回到这个问题上来。

3.3 深度媒介化与媒介多样体

机械化、电气化、数字化，每一波媒介化浪潮都从根本上改变了整个媒介环境。由于我们谈论的是整个媒介环境，因此，不能将这种媒介化浪潮理解为**一种**占主导地位的媒介的"扩散"（Rogers，2003），而且说我们一直生活在报纸、电视或互联网/手机时代也未免过于大而化之。要理解媒介化，我们必须将其理解为**技术基础上的相互依存**日益深化

---

① 指媒介实践的不同"安排"。——译者注
② 然而，值得注意的是，电影等媒介形式在很大程度上总是与其他辅助媒介融合在一起（A. Rogers，2013，p.14）。

的过程。这种深化有两层含义：第一，在过去 600 年里，媒介技术革新的速度加快了；第二，在同一时期，**由于**媒介在人类相互依存境况中的作用不断变化，其对于接合我们生活于其中的文化和社会的**类型**变得越来越重要。

从根本上讲，变革的加速意味着通信领域中基础技术创新的过程或多或少地越来越短。例如，印刷机的发明和印刷报纸的出现，两者时隔大约 150 年，而电话、电影、广播和电视是在 50 年之内相继发明的，各种数字媒介的革新则是在 30 年之内发生的。对此，容我们解释得稍微复杂一点。比较机械化、电气化和数字化这三波媒介化浪潮，可以发现，每波媒介化浪潮导致的整个媒介环境的变化用时越来越短，这与**业已存在的**媒介在塑造新的互连媒介环境中的因果权重越来越大有关。两者都与一个更普遍的现象相关，即哈特穆特·罗萨（Hartmut Rosa）所说的"社会变革的逐渐加速"（2013，p.110）。如果回顾图 1 中呈现的媒介技术革新，我们便可以接受罗萨关于社会变革的观点，即"从早期现代性的**代际**变化速度，经由与'古典现代性'的世代序列大致同步的阶段，转变为晚期现代性的向**代内**速度发展的趋势"（Rosa，2013，p.110）。但是，我们应该再次避免将这种自动加速与"欧洲"现代化联系起来。明乎此，罗萨的隐喻将有助于我们理解媒介在全球化进程本身加速中的作用。

这种累积的媒介化浪潮导致目前形态独特的媒介环境：许多传播媒介（甚至石碑和手稿）并没有消失，在诸如艺术等领域中仍然发挥着特殊作用。某些早期的电子媒介，如黑胶唱片，甚至出现复兴的态势（Malvern，2015）。除此之外，还建立了数字媒介的新格局，手机、在线平台和电脑游戏只是其中的部分例子而已。而较早的电子媒介（如电视、广播或电影）本身已经数字化，所有这些都是在一个持续的、更加分布式的基础设施中实现的。然而，在充分理解当代媒介环境的复杂性方面仍存在重大挑战。

在这些变化的背后是一种更深层次的变化：从机械化到电气化，再从电气化到数字化，媒介的**技术相互关联**度越来越高。机械化的技术相互关联性是有限的，因为技术主要用于媒介生产方面，很少用于媒介使用方面。以印刷机为例，印刷的书籍、杂志和报纸的发行通过实物移动进行，**使用**这些纸媒时根本不涉及任何技术的运用。随着电子媒介的出现，情况发生了变化：媒介在技术上相互交织，配电网的扩展是电子媒介得以应用的前提条件，而媒介本身也变得依赖于自己的技术基础设施，包括广播电视网、有线电视网、无线电网络等等。这种技术相关性在某种程度上体现于将各种各样"不同的"媒介集成到一个终端的新型设备中，例如将收音机、磁带录音机、唱片播放机乃至电视整合到用户身边的一个终端设备上的"袖珍系统"。从最广泛的意义上讲，数字化朝着技术相互关联的方向进一步发展①：通过数字化，我们可以在连接的基础设施——互联网上传输各种"内容"。反过来，我们接入互联网的设备可能不再是专业计算机，而是智能手机和平板电脑等多功能设备。即便如此，在这样的媒介环境中，大多数设备都基于计算机技术的方方面面，但还没有融合到一个"元设备"之中②。相反，我们面临的是**越来越多的**不同设备在技术上深层次的相互关联性。这就是我们所生活的当今时代要求连接性（connectivity）无处不在的原因。除此之外，每种媒介的特征越来越多地由其根本功能所基于的特定软件和计算功能来定义，而不仅仅是由技术设备来界定。我们所说的"手机"，对人们来说其实是一种"扮演着"**多种**媒介的设备，甚至可以通过添加更多应用程序来扩展其功能，这些应用程序允许用户访问筛选过的其他媒介的信息流。

由此产生的当代数字媒介**相互关联性的增加**，不能仅仅被视为一

---

① 马歇尔·麦克卢汉（McLuhan, 1987[1964], p.349）已经预见到这一点。
② 正如亨利·詹金斯（Henry Jenkins, 2006a）已经指出的那样。

个选择的问题,不能被视为个人为了何种目的而选择哪种媒介。数字化浪潮带来的相互关联性的深化,界定了一种不同于以往的新**型**媒介环境。我们因而需要推出合适的分析工具来把握这种环境的独特之处,以及我们和它的关系。

随着数字化浪潮的推进,如何准确地描述业已出现的新型相互关联,众说纷纭。某些说法强调各种媒介之间的内容转换,如"再中介化"(remediation,"一种媒介内容在另一种媒介中的呈现")(Bolter and Grusin,2000,p.45)、"媒介移植性"(适用于各种媒介的叙述)(Evans,2011),以及跨越各种平台的"病毒式"传播的"可传播介质"(Jenkins et al.,2013,p.295)。另一些概念则突出用户对多种媒体的利用,如"跨媒体"(Schrøder and Kobbernagel,2010;Westlund,2011)、"媒介剧目"(Hasebrink and Domeyer,2012)和"多媒体"(Madianou and Miller,2013;Madianou,2014)。这类术语将当代媒介格局理解为一种"复合环境,其中的每一种媒介(及其使用)都由所有其他相关的媒介来界定"(Madianou,2014,p.330)。"媒介剧目"不仅是一个人使用的媒介的总和,而且包括在日常实践中这些媒介之间有意义的关联。如此看来,深度媒介化的特点是用户的实践在各种媒介上移动。

这些概念暗含着深度媒介化带来的社会世界的根本性转变,在试图把握数字媒介环境所特有的相互依存关系方面是正确的。然而,它们并没有捕捉到数字化媒介环境作为一个整体所特有的相互关联的**复杂性**。为此,我们提出**媒介多样体**的概念①。

"多样体"这一术语来自数学,确切地说是拓扑学,指多维的拓扑空间可以用较低维(如欧几里得)空间中的形状来适当地进行描述。因此,地球的三维形态在合理的保真度下可以被简化为由其表面各部分构成的一组二维"地图"。德勒兹(Deleuze)使用这一概念来强调

---

① 由库尔德利(Couldry,2011)首次提出;亦可参见 Couldry(2012,pp.16-17,44)。

世界的无限复杂性,但他强调的重点是世界秩序如何**避免**被简单地概括为任何一种模型(DeLanda,2006,pp.12-15)。德勒兹的用法似乎与多样体概念的**二维**层面无关。然而,在我们看来,多样体概念的二维层面对于理解本书关于媒介的立场最为有用,即一个多维对象与另一个维度较少的对象中再现的(作为此多维对象的)近似值**之间的关系**。

我们认为,这种双重概念("多样体")很好地捕捉了人们融入当今极其复杂的媒介环境的双重性。至少在发达国家,普通民众现在可用的媒介和信息的可能性几乎是无限的,并且(这些媒介和信息)在非常多的维度上被组织起来。但事实上,我们每天选择的(媒介和信息)是一组简化的可能性,这组(对多维媒介世界的)简化的可能性是我们在日用常行中可以实现的①。我们在特定场合对于媒介的所作所为,反过来又具体化了这种简化的选择,并且本身包含一种独特而重要的层面变化。因此,媒介多样体的运作可以分为三个层面。但在这里,当致力于理解我们作为社会行动者与更广阔的媒介世界之间的关系时,本书最关心的只是前两个层面(以及它们之间的相互关系)。当谈到我们与**"媒介多样体"的关系**时,我们指的就是(对于媒介和信息的)这套简化后的日常选择与原则上可用的无限选择之间的**关系**。我们使用"多样体"的概念乃是认为,"多样体"作为一个多维对象,可以在较少的维度上被适当地捕捉到。

"媒介多样体"这一概念使我们既能看到社会行动者在一个更大的相互依存的媒介的制度化环境中的位置,**也**能看到该行动者日常媒介选择的情境复杂性。我们需要理解这两者及其相互关系,因为这个大环境的动态,特别是其压倒一切的走向数据化的压力,对于所有行动者

---

① 2015年9月,总部位于瑞典的公司快捷实验室(Shortcut Labs)宣布开发一种设备,以帮助我们从日益激增的应用程序中进行选择。可以说这是一款"应用程序"的"应用程序",正如《卫报》(*Guardian*)2015年9月7日第26版中报道的那样。

3 媒介化浪潮的历史

和整个社会生活的组织都具有重大影响①。

在第 4 章中,我们将转向如何从社会学的角度思考人们与当今极为复杂的媒介环境之间的关系对于建构社会世界的影响。

---

① 在阐述媒介多样体的概念时,我们承认媒介的"可供性"(Gibson,1967;Hutchby,2001)这一广为流传的概念是有用的。然而,尽管它有助于我们思考与特定媒介的相互关系,但在这里用处不大,因为在日常实践中,媒介多样体内的多种新型的"可供性"持续地相互重叠和彼此冲突,模糊了我们感兴趣的更广泛的关系。

4 我们如何与媒介相处

如前所论,我们最好用媒介多样体来描述复杂的媒介环境。这种复杂性也许可以被看作社会实践的普遍特征。实践理论的主要倡导者西奥多·夏兹金(Theodor Schatzki)认为:"多种多样的相关联的言行构成了实践。"(1996,p.131)不过,"**媒介多样体**"一词指的是日常实践与媒介之间某种程度上**制度化的相互依存关系**,从而产生了一种独特**类型**的社会复杂性。我们如何面对这种复杂性?这种复杂性对我们来说意味着什么?这样的问题将我们带入社会科学近年来关于技术、系统和复杂性之间关系的论争,并且要求我们从社会理论中进一步发展和扩展一个概念,即"型构"。其结果是关于"社会"本身的一种非功能主义的分析进路。这种分析进路注意到本书称为"媒介"的**相互依存**的制度安排的秩序化**力量**,而这与我们的生活息息相关。

本章将继续推进本书整个论证所需的概念创新。我们的任务是双重的。第一,在近年来关于复杂性的社会科学思潮的宽泛语境下坚定地认为,用来思考相互依存的两个最常用的术语("网络"和"装置")尽管有其优点,但不足以理解深度媒介化背景下社会生活独特的制度化过程。第二，我们面临的挑战是，将埃利亚斯仍有欠缺的型构概念发展成为分析工具（互型），有助于理解社会生活中诸多层次的复杂性，而社会生活的每个要素和层面都依赖于相关联的中介化沟通过程。这又需要进一步的概念创新，涉及将"互型"扩展为"**互型之互型**"。这将是一项艰巨的工作，却是完成我们众多论证的必要基础。

在开始这种综合论证之前，我们必须仔细思考当今基础设施和组织过程的深度的相互关联性。这定会促使人们产生**一种**想法，即社会世界是一个分散在空间中的复杂的技术驱动的"系统"，或者更确切地说，是许多相互关联的技术系统。事实上，如果没有某种系统性的观念（Walby，2007），我们怎么能理解诸如政府、平台运营商或基础设施所有者等具有强大影响力的行动者提出的**对于**系统的**主张**呢？但是，承认施加于系统的压力的作用，绝不等于说我们已经很清楚地理解"技术系统"一词在社会语境中的含义，也不等于说来自数学和物理学的"系统"概念必然就是一个有用的起点。

有些人将基于 GPS 的时空测量和信号系统的兴起视为社会生活复杂性的例证。我们是否应该根据完全依赖于收集、处理和传输信息的分布式技术系统的"融合定位"（converged locatedness），来重新思考人在"世界"中的境况呢（Dennis，2007，p.152）？融入特定类型工作（如在线交易）的例行的监控机制是理论化的"复杂性"的又一个来源（de Angelis，2002）。作为理解大型组织的运作和流程的一种方法，复杂性理论已经很好地应用于管理理论之中（Lissack，1999）。同时，在社会学中，尼克拉斯·卢曼（Niklas Luhmann，2012）在多重自我维持系统之间的等级关系的理念上，建立起一种高度发展的社会理论——系统理论。卢曼的理论在很大程度上借鉴了瓦雷拉（Varela）在生物系统方面的早期工作①。

但是，这种理论化产生了两个根本问题。第一，正如复杂性理论的

---

① 关于将卢曼的系统理论应用于媒体运营的尝试，参见 Qvortrup(2006)。

热衷者承认的,它们依赖于隐喻(Lissack,1999,p.117)。社会世界**不是**由可以用数字方式测量和分析其相互作用的元素组成,而这直接源于社会世界的本质:社会世界中的每个行动者不仅行动,而且**解释**。这些解释过程本身往往是复杂的,从而创造了"复杂的复杂性"(Mesjasz,2010,p.709)。因此,源于物理学或数学的复杂性理论在社会世界中的所有应用都取决于一个抉择,即是否将这种理论**隐喻地**应用到创建这种理论时并非其适用范围的社会语境中(Mesjasz,2010,p.713)。第二,选择将复杂的社会世界解释**为系统**,这一做法已经是武断的。回想一下卢曼著述中的预设:社会系统,无论它的复杂的相互关联性如何,都是自我调整的并在总体上处于平衡状态。再想一下卢曼的追随者奎沃尔特鲁普(Qvortrup)(更加奇特)的预设:作为"媒介"的机构的(首要)作用既不是盈利或提供新闻,也不是创造就业机会,而是"管理社会的复杂性"(2006,p.355)。那么,这类主张的依据何在?我们凭什么相信社会世界是由大规模的"部件"组成的,这些部件在某些"基本功能"方面无缝地对接在一起?这种理解社会世界的分析进路将秩序**反向**解读为新兴的进程,因而将历史上产生的差异误读为(系统)功能衍生的差异。它还预设了实际上可能存在部分重叠的系统之间泾渭分明的有界性(Walby,2007,pp.457-459)。

　　试图从"拓扑学"的角度来讨论社会世界,会出现另一个不同的问题。拓扑学是数学的分支,关注的是几何图形在各种变换下(拉伸、扭曲等)保持**不变**的属性。拓扑学感兴趣的是,对于不同的几何图形,无论我们怎样面目全非地变换它们,它们如何在某些基本方面仍然保持不变(这样就可以与其他拓扑图形区分开来)。然而,令人困惑的是,拓扑的观念被吸收到社会科学中却是作为易变性(而非不变性)的代名词。可以肯定的是,对于快速变革的极其强烈的复杂性的感觉,带来了一个类似于拓扑的**问题**,例如全球化是否真的改变了"本体[①]意义上的

[①] "本体"在此指我们思考全球化时所用的一套概念和范畴。——译者注

地方和疆域"(Amin,2002,p.387)。但社会科学中所谓的"拓扑思维"并没有解释通过思考作为拓扑形态的持久**不变性**我们可能会获得什么,而是用"拓扑"作为易变性的代名词(Allen,2011;Harvey,2012;Lury et al.,2012;Tucker and Goodings,2014),这完全忽略了"拓扑"本身的要义之所在(Martin and Secor,2014,p.12)。只有在"数学活动"与"社会或文化活动"之间存在"技术转化"或"功能映射"的情况下,"拓扑学"才有助于我们理解数学之外的世界(Phillips,2013,p.13),而这有待于超出本书范围的进一步探索。

我们需要换一种方式来理解有媒介相伴的当代生活的复杂性,这种理解不是通过隐喻来实现的,而是通过聚焦社会理论的核心问题来达成的。早在20世纪70年代,社会学家诺伯特·埃利亚斯就打造了一种社会理论以描述日益复杂的社会世界。这种社会理论并没有将社会世界简化为功能性的描述或纯粹的隐喻。埃利亚斯通过交织在一起的日益复杂的人类**相互依存关系**(他称之为"型构")来理解社会世界。用他的话来说,"这里阐述的复杂性指数也许会使日常事务显得相当奇怪。若想理解为什么社会学的研究领域——相互交织的过程和结构、相互依存的人们的行动构成的型构(简言之,社会)——能够成为一个问题,这就是必要的"(Elias,1978,p.103)。

当然,如果想要恰当地描述有媒介相伴的当代生活的复杂性,埃利亚斯的理论还需要进一步发展。不过,埃利亚斯已经敏锐地意识到,型构的复杂性可能会随着媒介的扩展而增加(Elias,1991,p.163)。我们拟在本章中详细阐述一种**互型方法**,以描述我们与媒介相伴的生活。我们需要先简要地考察一下理解复杂性的两个竞争性的概念——网络(network)和装置(assemblage)。这两个概念尽管有解释力,但无法理解社会世界如何在某种程度上建立于**意义**的累积关系之上。

4.1 超越网络和装置

网络和装置都是捕捉复杂结构关系的概念，都预设社会世界是如何以惯常有序的方式维系在一起的**某种**理解。网络分析的构想可以追溯到数十年前，现已成为社会科学方法论的重要分支。装置源于哲学，现已成为广义的文化分析的重要方法。但这两种分析进路各有它们致命的局限性。

网络是一种结构隐喻，用来描述某一社会实体（群组、家庭等）内部，以及这些实体之间的人类行动者们的关系。网络研究的开展远远早于互联网和当代深度媒介化进程①。但是，在数字化浪潮中，网络分析越来越成为一种**占主导地位的**分析视角。早在20世纪90年代，巴里·韦尔曼（Barry Wellman, 1997）就试图运用网络的概念来理解"电子团体"是如何运作的。随着互联网连接基础设施的不断发展，"网络化个体主义"的观念（Wellman et al., 2003, p.3），以及基于一种新的"操作系统"来构想社会本身的可能性，也在不断发展（Rainie and Wellman, 2012）。在这种观点看来，社会似乎无非是一个庞大而复杂的网络："像计算机系统一样，社会拥有提供机会和约束、规则和程序的网络结构。"(Rainie and Wellman, 2012, p.7)

曼纽尔·卡斯特（Manuel Castells, 1996, 2000）关于网络社会的观点影响深远，因为他关注的是全球范围内各个层面的权力关系。在卡斯特看来，网络是"复杂的传播结构"（Castells, 2009, p.21）。随着媒介技术本身的变化，这些结构发生转型，使得他所说的"大规模的自传播"成为可能（Castells, 2009, p.55），因为越来越多的个体们（即使极不均衡地）拥有以前只有机构才具备的"广播"能力。最近的研究进一步发展了网络的概念

---
① 详见赫普和库尔德利合写的论文（即将发表）。

(Wasserman and Faust, 1994, pp. 729 – 731; Castells et al., 2011, pp. 788 – 790),区分了多种形态在同一网络节点上运作的网络(多模态、单一网络)和从单个对象延伸出多种关系(同一种类)的网络(单模态、多重网络)。

所有这些网络分析进路都有助于我们全面理解社会世界是如何建构的,因为它们绘制了作为社会结构的"行动者群组"(actor constellations)(Schimank, 2010, p. 202)变化中的动态——齐美尔(Simmel, 1992[1908], p.19)称之为个体们的**互动**。这是社会结构的基本单位。显然,媒介使用对于此类网络动态至关重要(Baym, 2015, pp.101-102, 112-141)。

"网络"这一概念的问题在于,它把社会世界简化为**仅仅是**网络的行动者群组。这就忽略了社会世界和其中的社会生活的许多深层次的特征。尽管他们承认传播网络中"意义生产"的重要性(Castells, 2009, pp.21f.),也承认"标记网络内部联系"的"叙述"的重要性(White, 2008, p.20),但最重要的网络理论家们无法将这些意义的过程整合到他们关于社会世界是如何建构的整体图景之中。此外,"网络社会"的概念仍然在将网络**具体化**为可以简单地与其他社会群体**相对立**的实体①,却没有考虑到网络和群体都融入其中的语境化的相互依存关系的所有复杂性。因而"网络"的概念始终缺乏**对**人类行为意义的**整体**建构的理解。

相比之下,"装置"一词最早是在艺术中用来描述拼贴画的,近年来具有了丰富的哲学意涵,用于捕捉以外在关系为特征的"整体"(Deleuze and Guattari, 2004[1980])。英文"assemblage"(装置②)译自

---

① 例如,当雷尼(Rainie)和韦尔曼(Wellman)写到那些"在社交网络中工作,而不是在群体中工作"的人时(2012, p.11),我们便可以注意到"网络"一词的这种具体化。
② "装置"在《现代汉语词典》(第 7 版)(商务印书馆 2016 年版,第 1725 页)中,作为动词指"安装",作为名词指"机器、仪器或其他设备中,构造较复杂并具有某种独立功用的部件"。但在本书中,"装置"特指德勒兹和加塔利著作中的"agencement",英译为"assemblage",指"正在被装配的东西",既不是一套被预先确定的部件,也不是事物的随意聚合,而是"某种整体",是"把诸要素聚集在一起的某种生成"。详见[美]查尔斯·J.斯蒂瓦尔编:《德勒兹:关键概念(原书第 2 版)》,田延译,重庆大学出版社 2018 年版,第 133—148 页。——译者注

法语"agencement",在法语中意思是"排列"或"装配",就像将身体(或机器)的各个部分排列在一起,或将两个或两个以上的部件装配在一起(参见 Phillips,2006;Bucher,2012b,p.481)。在社会科学中,"社会装置"指"一群人(身体上或心理上)真正地面向彼此"(DeLanda,2006,p.12),但并不预设他们形成自然上或功能上的统一体。有学者由此认为,社会世界是由各种规模不同的装置**组成**的(DeLanda,2006)。我们赞同这种反功能主义的思维方式。特别流行的是,使用术语"装置"来将"非人类"对象归因于它们自己的能动作用,这种能动作用在包括人的活动的装置中得以展开(Latour,2007,p.67)。这与"社会-技术共生"和"社会物质性"①的学术传统联系在一起②。实际上,反功能主义强调"装置"的努力,很好地帮助我们来理解偶然的历史安排中众多异质元素(我们称之为"媒介")的作用(Slater,2013,pp.27-67)。"装置"一词很有用,因为它可以帮助我们把握当今(各种类型的)交往实践与(各种类型的)媒介技术**紧密结合**的多种方式。我们将借鉴"装置"一词来完成后面章节中的相关论述。

不过,这一术语同样存在某些不足。首先,它经常以一种相当隐喻的方式仅仅描述一个事实:不同的事物和实践在一个利害相关的领域中"汇聚"(come together)。但是,这本身并没有告诉我们所涉及的"汇聚"的类型,以及以不同形式发挥作用的秩序。其次,更加于事无补的是,许多关于装置的著述都主张装置的"本体"是平的,即"它只包含不同尺度的个体奇点(singularities)"(DeLanda,2006,p.28)。换言之,社会聚集的"原因"无他,除了无穷无尽的"重组"(Latour,2007,pp.8-9)。然而,这样的分析遮蔽了许多重要问题。我们能够仅仅通过思考"平面情形"中实践和事物的"装置",就可以理解社会世界的(中介化)建构

---

① 即不把社会和物质/技术对立起来,而是认为社会和物质/技术相互交织在一起。参见 https://en.wikipedia.org/wiki/Sociomateriality。——译者注
② 进一步的讨论,详见赫普和库尔德利合写的论文(即将发表)。

吗？难道就不存在某些结构性关联的形式，产生超出特定装置本身的影响吗？当物质对象以有助于稳定社会发展过程的方式进行安排时，这些安排是否都是一样的？

这两个概念（网络和装置）都忽略了对我们通过传播（特别是中介化传播）而不断变化的相互关系和相互作用的复杂性的关注。"网络"这一概念的长处在于注意到行动者群组的结构特征，"装置"这一概念的优点则是注意到实践的具体细节及其与物质技术"斩不断理还乱"的关系。但是，这两个概念都没有全面讨论复杂性如何**在**意义建构和资源分配过程中**并通过此过程**建立起来。

在本书中，我们将社会世界理解为**相互关联的空间**，其中涉及并包含一组特定的行动者（无论其规模如何）。因此，社会世界肯定不只是特定行动者的网络和装置的总和。从结构或等级的意义上讲，它也不可能是平的①。让我们超越网络**和**装置，去发掘一个与众不同的概念——互型，来理解我们置身于媒介多样体的复杂性之中的生活。

4.2　人与媒介共生的互型

埃利亚斯的"型构"一词背后的目的是批判关于社会世界的"物化

---

① 由于本书对于"社会世界"的解释始于其行动者的相互关联**特性**，因此，我们的立场与这种观点完全一致，即在某种更广泛的意义上，本体是"平的"，换言之，所有对象就其是"对象"而言都是平等的。也正因此，我们抵制那种通过"属于**这**一世界的预设来统一所有对象的"指导原则"的构想（Gabriel, 2015, p.252）。正如哲学家马库斯·加布里埃尔（Markus Gabriel）指出的，"平的**本体论**"，而不是"平的形而上学"[这正是他如何解释曼努埃尔·德兰达（Manuel DeLanda）的立场]的观念，是"基于[对象]""**仅仅共存**"的想法，因此，**对象的实际结构决定了其性质**，而不是它们与某个更实质性的概念相关（决定了其性质）（强调另加）。由于认同埃利亚斯的观点，我们将对象之间的相互关联性视为社会生活的基础，忽视这一点就等于忽视了对象的"实际结构"。因此，在我们对相互关联性的结构的论述中，没有任何东西与这种广义的平的本体论不相容。例如，加布里埃尔作为当代著名的"平的本体论"的倡导者，坚持要精确地区分"对象"与"场域"之间存在的结构上的差异（Gabriel, 2015, p.295），从而避免平的形而上学的陷阱。

(reifying)的表达方式"(Elias,1978,p.13)。截至20世纪70年代,人们通常在描述诸如家庭、群体或组织等社会现象时,就好像这些社会现象是"超越"个人的物体,不但将社会与个体"对立"起来,而且将社会现象理解为静态的,而不是动态的和过程性的。然而,并不存在"超越"个体的相互关系之上的社会世界,也没有任何个体在其融入的社会世界之外是可以被人们理解的(Elias,1978,pp.14f.,128f.)。这就是为什么我们必须把社会实在看作在一个开放的过程中不断生成和重塑的**型构**。

4.2.1 型构的含义

在最基本的意义上,型构是"一种简明的概念工具"(Elias,1978,p.130),使人们在思考"个体"和"社会"时不再将两者视为对立的。型构是一种"交织过程的模式"(Elias,1978,p.130),是个体们之间或多或少稳定的互动,在这种相互影响中产生了某种社会意义。我们可以以足球比赛或纸牌游戏为例来解释什么是型构:当人们以相互依存的方式彼此影响时,他们就形成了"型构"。游戏是参与其中的个体们相互关联的实践和正在进行的游戏过程的"结果"。它"不仅仅"是个体们的聚集,同时也不是"超出"他们之外的东西。换言之,型构是指"参与者们作为一个整体所创造的处于变化之中的模式,这里所说的整体不仅仅指参与者们的心智,还包括他们的整个自我,以及他们在彼此关系中的全部表现"(Elias,1978,p.130)。如果我们遵循埃利亚斯的观点,他的基本思想便是将人类的各种社会形态理解为型构。型构是由相关个体们的相互依存和相互作用构成的,并且以某种"权力平衡"(权力关系)为特征(Elias,1978,p.131)。每个型构的边界都是由参与其中的个体们在相互关联的社会实践中生产的共同意义来界定的,这也是他们彼此相互定位的基础。

型构的思想与网络的概念有相似之处。埃利亚斯本人反复强调他的思想与网络的结构范畴之间的关系。例如,他曾将型构中个体们之间的相互关系描述为"个体们的网络"(Elias,1978,p.15)。他还认为,"社会型构"是一种"人际网络"(Elias,1978,p.20)或"有序网络"(Elias,1978,p.84)。当我们考察他对于不同型构的详细分析时,他对网络的独到见解变得更加清晰。在这些分析中,"网络"是描述**密切关联的行动者之间的关系**的重要术语,特别是涉及他所说的型构的"游戏模式"时(参见 Elias,1978,p.87,91)。除此之外,对于埃利亚斯而言,网络远不只是一种隐喻。网络有助于分析型构中行动者之间的相互关系,并且将它们的一些基本特征描述为"交织模式"(Elias,1978,p.80)。但网络并没有描述型构中共同导向的意义创造实践。因此,一种型构的分析方法不仅仅要描述行动者网络,还意味着要考虑权力关系,考虑型构涉及的行动者群组的角色特征,以及由此产生的整体意义。

  型构与装置也有一些相似之处,因为两者都是以个体们相互交织的过程来描述社会世界的。实际上,拉图尔明确地论及型构的思想(Latour,2007,pp.52-58),尽管他只字未提埃利亚斯。然而,拉图尔眼中的型构并非仅指人类行动者。他认为,"由于存在众多远不只是拟人化的型构"(Latour,2007,p.53),我们必须分析人与非人共同构成的型构(Latour,2007,p.71)。从这一点来看,对装置进行有方法论依据的研究,其本身似乎无非是对于某些型构的考察,但关键的区别在于,埃利亚斯在思考对象与技术在型构中的作用时(参见 Elias,1991,pp.162-164),总是在分析上明确区分对象和人。这是我们将要继承的一个重要观点①。

  型构的分析进路使我们能够兼收并蓄网络分析和装置分析各自的长处。它们分别关注行动者群组和社会物质性,同时进一步解释其中融入的交往实践的复杂性是如何运作的。型构的分析进路实际上具有

---

① 然而,我们承认,这就是为什么拉图尔尽管渴望将"丰富的现象学描述性词汇"纳入对"'无意识'实体"的行动者网络分析之中(Latour,2007,p.61,67),但也必须与现象学分道扬镳。

复杂性理论的所有优点，尤其是它对于非线性因果过程的敏感性，重视过程的偶然性和多种结果的可能性，以及坚持新出现的关联（而不是固定的对象）的重要性，并且运用社会学和社会理论的术语直接揭示了上述这些优点。事实上，埃利亚斯的型构理念是为**改变**社会科学"言说和思维的方式"而引入的。埃利亚斯认为，社会学所继承的词汇（特别是诸如"规范和价值"、"结构和功能"、"社会"和"个体"）将过程固化为事物（Elias,1978,p.113）。与之相反，我们需要理解"与**社会交织**过程相关的**特定类型**的秩序"，这意味着"先要从连接和关系之中理解这种秩序并辨识出其中涉及的元素"（Elias,1978,p.116,强调另加）。"型构"是"一种可变的网格结构的张力集"（Elias,1978,p.130），尽管它的发展是开放式的，但仍然保持着足以形成相对稳定的东西的常规和相互联系，因而值得作为一种模式来进行分析。

型构的解释力在于它建立在对**意义**关系的理解上。埃利亚斯写道："许多不同的人的行为互相**啮合**（intermeshes）在一起，形成相互交织的结构。"（Elias,1978,p.132,强调另加）"互相啮合"一词听起来像是纯粹的隐喻，但这个隐喻准确地捕捉到许多东西：首先，它是一种**反馈回路**（在复杂性理论、系统理论和装置理论中极为常见）；其次，这一反馈回路的路径是由相互联系的**实践**组成的，这些实践反过来作用于它们自身；再次，实践是相互联系的，因为**作为意义**，它们处于一种（回答、邀请、挑战、提问等）相互关系之中。型构的元素只有一种共同的形式（一种构型），因为有一些利害攸关的东西位于其中，这些东西对于相关行动者而言是重要的（也是有意义的）。

在深度媒介化时代，我们可以看到大量的型构实例。很多型构是新出现的，它们使我们参与到新型的活动中去，在这些活动中的新情况关系到我们的切身利益。这些型构可能涉及：一端是网络相册（Flickr）[①]上

[①] Flickr 是雅虎公司旗下的提供图片上传、存储和分享的网络平台。——译者注

的照片交换链和推特上的信息或链式讨论,更复杂的一端是基于平台的信息流通的相互链接的生态,例如,名人促销或建立友谊或项目推广如今都在其中逐步发展。除非把这些新进程理解为既**不仅仅是**异质元素的组合(装置),也**不仅仅是**结构的联系(网络),否则我们便无法把握它们的动态。在线实践的型构包含一组开放(正在扩展中)的用于互动和依存的空间,当我们试图继续做自己通常做的事情时,便置身于这些空间之中。除非基于更大的战略打造在线社交基础设施(这是数字化浪潮的特征),否则我们同样无法理解它们的动态。

4.2.2 互型的基本特征

型构的基本思想为我们提供了分析媒介生活的复杂性所需要的诸多概念工具(参见 Hepp,2013b;2015,pp.29-33;Hepp and Hasebrink,2014)。随着型构的融合,它开始稳定在此之前属于不同场所的实践之间的关系。然而,埃利亚斯毕竟无法预见伴随着机械化、电气化、数字化及(可能的)数据化浪潮的媒介化的深入发展,因此,对于这种深层次的基于媒介的相互依存环境,我们需要具体说明型构如何实现稳定的三个不同的维度——它们的相关性框架(relevance-frames)、行动者群组和交往实践,每个维度都部分地建立在意义的关系之上。对此,我们稍作解释。

首先,每个互型①都有某种**相关性框架**。意思是说,每个互型所涉及的人都有一个共同的"目标"取向,无论是作为一个家庭、一群朋友、一个集体,还是作为一个特定数字平台的用户。互型的相关性框架将其社会意义体现为一种独特的共同活动方式。人们共享这种相关性,当然并不排除冲突或分歧。例如,就像在任何其他类型的互型中一样,

---

① "型构"如何实现稳定的三个维度是作者对埃利亚斯原义的发展,这种转义用"互型"来标示。——译者注

家庭中可能会有许多冲突,但关键是这些都被理解为**家庭**冲突。当我们与媒介多样体相处时,新的问题出现了:我们与当代媒介多样体的关系是否会改变已有的相关性框架?某些相关性框架与新媒体环境有多少关联?这会不会导致**新型**的互型出现呢?

其次,每个互型都包含一个独特的**行动者群组**。行动者群组具有双重含义。第一,互型中的个体们并不是个体的随机性累积。个体们以特有的方式相互关联,例如,由于他们在互型中扮演具体角色(如家庭中的父母和孩子),对于这种关联有着特定的社会解释(例如,朋友之间亲密或不太亲密的关系等)。第二,一个型构指的是一群相关的"人"(Elias,2003,p.89)。这并不意味着我们不应该把对象和技术(包括媒介)视为互型中的元素,而只是坚持认为,对象和技术不属于那些明白自己是以这种方式共同活动的行动者群组的一部分。互型**可以**在没有对象和技术的情况下存在,但**不可能**在没有个体们的情况下存在。因此,互型的行动者群组比它所涉及的对象和技术更为重要。作为互型特征的行动者群组是个体们行动的安排,也是可以发生变化的①。

再次,每个互型都基于特定的**实践**,而这些实践又取决于**对象和技术的合力**。换言之,每个互型都基于某些独特的**传播**实践及相关的**媒介组合**(Bausinger,1984,p.349)。个体们正是通过这些实践中相互关联的行为来建构互型。换言之,互型(经常是利用和通过媒介)涉及协作或共同做某些事情的方式。围绕这些实践而产生的传播影响着互型的总体"意义"。但是,如果没有所用的与之相关的对象和技术,我们就无法理解这些互型的实践。尽管对象和技术并不像相关性框架、行动者群组和交往实践那样构成互型的必要特征,但互型通常与某些对象和技术**结合在一起**。例如,家庭,无论是定居某地还是四海为家(如打

---

① 在这一点上,互型进路与网络分析进路之间存在着各种各样的深层次关联,参见 Willems (2010,pp.103-107,256,260-262)。

工者家庭),都拥有某些财产——家庭用品,乃至公寓或住宅。除此之外,他们也拥有各式各样的媒介以便相互沟通。时至今日,即使对于无家可归的人来说同样如此:媒介可以为他们提供某种"本体论意义上的安全感",尽管他们仍然不得不露宿街头①。这些财产的特征与具体互型的特性息息相关,并且能带来一定的稳定性。一个拥有大量财产和丰富媒介组合的家庭比主要依赖家人关系的家庭更能经受住风吹雨打。因此,不仅仅是技术使互型更加"持久"(Latour,1991,p.103),所有客观存在的对象都有助于互型更为"持久"。

综上所述,互型作为一种与我们存在着利害关系的独特传播模式,其构成通过三个维度之间的相互联系而显现。这三个维度是相关性框架、行动者群组和交往实践,它们的基础则是全部可用的对象和媒介技术的特定组合。这些维度相对来说是自主的,但由于每个维度都参与了行动发生的状况,因此,共同活动的过程通常倾向于巩固它们,并且使它们之间的关联模式趋于稳定。**所有这些维度都是基于意义的关系**。这种对于社会世界作为**人与人之间的交往秩序**(在一定程度上通过传播和意义的规则而得以建立)所产生的独特后果的关注,正是"网络"和"装置"这两个概念的盲点。

4.2.3 权力和归属感

通过互型形成的更大的社会安排是什么?我们可以从两个角度——权力和归属感——来看待这个问题。在两种情况下,都需要这种双重视角:一方面,要问互型在其**内部**如何以权力关系和归属感为特征;另一方面,要问互型如何在更广阔的社会世界中建立**外部**的权力和归属感。

每个互型都有一个独特的行动者群组,并且具有某些特定的**权力**

---

① 对此的详细讨论,参见 Hepp et al.(2015,pp.186-189)。

关系。埃利亚斯论述过"权力的平衡"(Elias,1978,p.64),但如果我们将其解读为"均势",那就误入歧途了。特定的型构以某些"充满冲突的型构动态"为特征(Dunning and Hughes,2013,p.63)。但互型中的权力关系并不仅仅是行动者群组中的身份**定位**问题。它们与理解这些权力关系的沟通实践**有很大关系**。互型中的权力分析至少涉及三个层面:行动者群组中的身份定位,支持权力关系的相关实践,权力在媒介组合中的体现。例如,对家庭性别关系的分析表明,家庭内部的权力与某些媒介技术(遥控器、录像机等)的配置有关(Morley,1986,pp.158f.)。如果我们思考当代媒介技术,关于性别的权力体现甚至更进一步。例如,在加入特定平台时预先选择某种性别,预先界定了作为个体的人的表现方式,因而可以通过传播来采取相应的行动①。如果我们不仅考察一个互型内部的权力关系,还思考它与其他互型的外部关系,那么我们必须考虑这个互型的整体取向(它的相关性框架)与这个互型的权力的关联究竟有多广泛。例如,作为某个集体的一部分——一群男性难民或同一个办公室的团队——既与这个互型的成员们在更广泛的社会世界中所拥有的权力有关,也与媒介对这个集体的看法有关。

　　互型也与**归属感**的建构密切相关(详见第9章对于集体的分析)。归属感可以具有纯粹的情境意义。想一下打牌或跳舞的型构(埃利亚斯常举的例子),将相同的取向分享到共同的互动中,会产生某种属于打牌或跳舞的特定情境的归属感。想一想体育场里观众们的互型。在这样的互型中,我们体验到一种深深的共同体关系(Weber,1972[1921],p.21),一种身为某种事件的活动人群中的一员的情境感(Hitzler,2010,pp.13f.)。但是,这并不一定意味着它会成为一个持久的共同体的一部分。在这类情形中,深深的归属感是通过互型实践的

---

① 即使某些平台现在提供60个选项来定义一个人的性别和性取向(Hafner,2015,p.7),但这并不能改变他们的技术将特定的性别界定与特定的自我呈现方式联系在一起的事实。

强度建立起来的。今天,具有如此强烈的语境意义的互型越来越多地**与媒介**交织在一起。体育场观众的互型在其全部可用的媒介组合(扩音器、记分牌、显示板,以及观众进行同步交流所用的手机和平板电脑)之外是无法理解的。但更多与媒介相关的是音乐会或公共场所集体观看电视和电影的互型。借助数字媒介,我们有了在线相聚的新互型:在聊天中,在平台上,在使用应用程序时。通过这些,我们彼此建构了一种强烈的情境化的归属感。

4.2.4 互型与媒介基础设施

在这一点上,我们需要且已经能够超越埃利亚斯的型构概念**原义**的限制。从 20 世纪 60 年代末到 80 年代,在互联网作为日常社会交往的基础设施兴起之前,埃利亚斯大体上提供了一种液态型压力(hydraulic)的隐喻,用来捕捉特定的人群通过意义、承诺、义务和表现的活动流而变得越来越相互依存的过程。型构这个术语很好地描述了这些潜在的相互依存的链条的**长度**,却没有告诉我们**哪些实体**被纳入其中。因此,它对于人们依赖**系统基础设施**的形式所言甚少(至少没有我们稍后在本章中谈论的多),而人们依赖这些基础设施的形式,其对于我们与媒介多样体相关的极其复杂的互型特征至关重要。埃利亚斯似乎只是将型构概念化为从个体们自身的活动中产生的一种秩序:"型构指的是游戏参与者作为一个整体所创造的处于变动中的模式……一种灵活的张力之网……一种波动中的充满张力的平衡,一种周而复始的社交活动中的权力平衡。"(Elias,1978,pp.130-131)然而,他在 20 世纪 80 年代已经认识到,媒介和通信技术,以及它们催生的大规模的系统①本身,加剧了社会的复杂性及其相互依存的程度,产生了所谓的"社会压力"的波动,尤其是社会中的"内部压力"(Elias,1991,p.145)。

---

① 如卫星通信系统、网络平台系统等。——译者注

与独特的媒介技术组合相关联的某些特定的型构,不仅在个体们之间,而且在个体们与传播系统之间引发了责任和依存关系。这些责任不仅是我们如何在媒介多样体中生活的独特特征,而且是**新型**型构(互型)的特征。

我们可以从最基本的例子谈起。以一个家庭的互型为例,这种互型现在日益以独特的媒介组合为特征,无论是一起看电视的特定模式,还是依次看电视的特定方式,特别是使用智能手机来组织家庭活动和互动——我们分享打印好照片的相册,或者(更常见的是)通过在线平台来分享照片。所有这些媒介都有助于将一群人持续地建构**为一家人**,其中充满了矛盾、冲突等。组织形式的互型同样如此。一些人认为,由于其结构体系内外"无处不在的信息处理技术",在组织形式的互型中,已经"越来越难以将人们与其他人的互动和人们与技术的互动剥离开来"(Contractor et al.,2011,p.684)。

我们的分析必须再进一步:特定互型的媒介组合在塑造其各种各样的传播实践的方式方面意义重大。手机和数字平台对于家庭至关重要。通过手机和数字平台,我们不但知道家人身处何方,而且可以随时取得联系,家庭成员们也因自身持续的中介化再现而产生家庭认同感。当代媒介和相关基础设施的这些物质可能性,不仅提供了以特定方式维持家庭互型的更多机会,而且塑造了我们的传播实践。

然而,这并不是一种"单向度"的媒介影响。互型产生了特定的传播需求,这种传播需求因而是开发新的媒介技术和调整当前媒介技术的持续的根源。例如,我们使用的数字平台并**不是**凭空出现的。相反,它们回应了家庭跨越空间和时间随时交流的需求。"新"技术在互型的全部可用的媒介组合中得到应用(Silverstone and Hirsch,1992;Mansell and Silverstone,1998;Berker et al.,2006),很可能会改变互型并产生对媒介的**新**需求,如此这般无休止地反馈循环。这再次为"生产者"和"设计者"提供进一步调整媒介的机会。

许多最新的媒介发展都涉及人类对于**连接**的基本需求。这种基本需求在数字平台的**连接性**中得以再生产,并且被进一步制度化和具体化(van Dijck,2013,pp.46-50)。因此,理解我们与媒介相伴的生活意味着要了解一系列与媒介相关的更为复杂的互型。但要充分实现这一目标,我们需要将许多当代互型发挥作用的变化范围概念化。

4.3 互型的缩放与变革

我们在伴侣、群组和组织的层面讨论了互型,换言之,通过分析以可见方式进行互动的个体们来进入互型的层面。然而,还有一些更加复杂的互型(例如全球金融市场的互型)。我们怎样才能超越纯粹的隐喻来理解这样的互型呢?提出这个问题意味着开始思考本书称之为互型"缩放"的问题。

在复杂性理论中,缩放是一个被广泛讨论的术语,用来"描述如果一个相关的属性发生变化,系统的属性将如何改变"(Mitchell,2009,p.258)。复杂性理论指出,等级体系的增加和与这种增加相关的内部特征的变化之间并不存在线性的相关。装置理论中也讨论过缩放问题,但对此问题持否定态度,因为装置理论坚信把"宏观"现象理解为"中观"和"微观"融入其中的容器是无济于事的。毕竟,"宏观"是"另一个同样局部、同样'微观'的地方,它通过传递特定类型踪迹的媒介而与其他众多地方**联系**在一起"(Latour,2007,p.176)。然而,即使就此而言,"宏观"仍然是决策权集中的地方——政府机关、公司总部,诸如此类。但是,如果政府总部不是一个直接地或间接地协调**许多**(而不是很少)联系的场所,那它又是什么呢?因此,"缩放"的问题,或者至少如萨斯基娅·萨森(Saskia Sassen,2006)所说,"缩放"是不可避免的①。请留意,本

---

① 本书认为,建议我们摒弃"缩放"这一概念是无济于事的(Marston et al.,2005),正如我们发现(见上文)认为社会世界是"平的"(仅仅是二维世界)是有益的一样。

书坚持认为我们接触的媒介环境是一种多样体,即一种多维度的对象。那我们还有什么理由相信,人们在其中以各种方式使用媒介多样体的社会世界的维度会**更少**呢?社会世界是一个更高维度的多样体。在这个多样体中,我们可以区分出两种不同的缩放或复杂性原理:通过**互型**之间的关系进行缩放和通过互型的**意义安排**进行缩放。

4.3.1 互型之间的关系

互型有两种相互**关联**的方式:第一种方式是将它们的行动者群组径直连接在一起,第二种方式是建立互型**之互型**。当一个互型的行动者成为另一个互型的行动者群组的一员时,就实现了行动者群组的连接。这方面的研究实例较多,特别是在网络分析方面。一些行动者之所以具有权力,是因为他们是连接不同网络的"转接者"(Castells, 2009, p.45)。当有权势的行动者们在互型之间建立这种连接时,他们之间便建立起等级关系。以公司为例,某些工作群组的负责人们(他们本身就是互型)建立了一个跨部门的(部门管理)互型,由其成员之一来领导,而这一成员又是部门负责人的互型的一部分,如此等等。因此,通过追踪行动者群组之间的连接,我们可以了解某个公司内部是如何构成的,以及它的权力关系是怎样运作的。我们可以将更多非正式的互型纳入这类互型之中。例如,一个兴趣小组的互型,该兴趣小组定期在公司中开会讨论特定的兴趣爱好,将整个公司的不同群组连接起来。在社会世界的其他地方也可以找到通过连接的行动者群组来关联互型的类似方式:与公共和私人生活、教育制度、政治派别等相关的各种协会。然而,行动者群组之间的这种联系取决于存在着一些互型,这些互型在相关性框架方面有交集。

我们可以将一种更复杂的连接互型的方式(从而使互型能够在更大范围内运作)称为**互型之互型**。在这种情形下,一个互型的行动者群组不仅包括个体行动者们,还包括"超个体行动者们"(Schimank, 2010, p.327),即行动者们本身又可以由各自的互型构成。与此类似,萨斯基娅·萨森(Saskia Sassen,2006)用"构型"(configuration)一词来形容欧洲乃至全球各国、跨国公司和其他复杂类型的行动者之间的关系。但是,以这种方式将超个体行动者们概念化有多大意义呢?在我们的日常语言中,当说某些组织、社会运动,甚至国家"做"这件事或那件事时,我们可以毫不犹豫地将它们命名为行动者。从分析的角度来说,超个体行动者们总是"组合型的行动者们"(Scharpf,1997,pp.42-50),即由个体行动者构成的行动者们,或者由个体行动者们的互型构成的行动者们。因此,这些超个体行动者们的能动作用无非是其互型产生的能动作用。但什么时候一个互型能够获得这种能动作用呢?

有些互型要么过于情境化,要么过于冲突化,以至于无法被纳入更广泛的互型之互型中。赛事观众的超个体能动作用在赛事之外便没有可持续性。诺伯特·埃利亚斯和约翰·斯科特森(John Scotson,1994[1965])在郊区调查的"圈内人与圈外人型构"也太过于冲突化,以至于不可能有一种共同的能动作用。相反,当相关个体们的实践"形成一个有序的整体,从而不仅偶尔,而且按部就班地以追求整体目标的方式相互依存时,一个原本没有联系的个体们的互型就可以成为**超个体行动者**"(Schimank,2010,p.329;我们的翻译)。在当代社会世界中,这种情况的互型有两类——有着共同解释模式(例如在社会运动中)的"集体行动者"(或"集体主义",我们将在第9章中进一步讨论)和"法人行动者"(或"组织",我们将在第10章中进行讨论),例如公司和公共机构、各种协会和俱乐部。在这些组织中,关于其能动作用的具有约束力的协议或多或少是通过正式的协商程序建构的(Schimank,2010,pp.329-341)。这两种"超个体行动者"本身都可以构成互型之互型:公司可以建立集团型的公司,协会可以建立综合型的协会。因此,互型的视角不仅仅在于认识到群体、组织、城市和国家是不同类型的个体们的"装配"(assembled individuals)(DeLanda,2006,pp.47-119),尽管它们确实是，但这并没有给我们带来新知。更加重要的是，分析相关互型的**相互关系**，分析它们的行动者群组、它们的实践及**新的**意义关系（包括维持新的相关性框架、行动者群组，通常的和潜在的媒介组合的实践的压力），这些意义关系源于将先前存在的互型打造成更大的安排方式或互型之互型。

媒介组合对于这一过程至关重要。诸如社会运动等集体行动者和其他法人行动者，以各种方式利用媒介来建构其通常的能动作用，既可以像许多当代社会运动通过数字平台一起交流（Mattoni and Treré, 2014），也可以像许多公司通过有组织的方式进行沟通（Orlikowski, 2010）。这些超个体行动者们通过协商达成的共同"意愿"通常以某种媒介的形式具体化，并且因此而变得持久①。事实上，回顾第3章讨论的互联网的历史，我们可以大胆地将其视为随着时间的推移，通过不断扩展的基于意义的链接（通过超链接）实现的多维度的"互型之互型"。

同样至关重要的是，在特定受控条件下通过通信之间的链接来打造的基础设施，如社交媒体平台。社交媒体平台为特定互型的存续或生成提供了空间，由此产生的总体的相互依存结构也包括我们与底层平台的关系。这就是本书所说的，我们现在不仅参与了单一的互型，而且置身于**互型之**互型中。例如，当脸书崩溃或强加了人们不可接受的隐私条款时，我们置身的多个层面的相互依存关系骤然清晰可见。

4.3.2 互型的意义安排

缩放互型还有第二个原理——基于**意义的安排**。我们已经多次强调，任何通过传播来理解社会世界的建构的尝试都必然是一种关于共享意义的生产的理论。在这一点上，我们以马克斯·韦伯（Max

---

① 请记住拉图尔的名言"技术是社会造就的持久性"（Latour, 1991, p.103）。

Weber,1988[1904],p.200)的原义来理解**文化**的含义——社会世界中的行动者生产的文化意义。从这一视角来看,除了行动者群组之间的各种具体联系以外,社会世界的互型还涉及彼此之间的意义安排。例如,与诸多其他互型相比,各国政府机构**被视为**"权力中心"的互型。某些互型被建构为"强大的"、"公共的",另一些互型被建构为"弱小的"、"私人的",如此等等,只能通过其行动者的相互关联或通过"互型之互型"的构成来**部分地**加以解释。因为除了这些结构上的联系,我们生活在其中的互型也通过意义的关联而彼此"维系在一起"(Boltanski,2011)。这种"维系在一起"①源于两个方面:一方面,源于某些**话语**将这些互型和它们在社会世界中的意义联系起来;另一方面,源于**行动领域**(例如运输基础设施和经济基础设施)之间的某种**更大规模的相互依存关系**,而这些关系与**预设**的意义关系有关。这两种类型的安排都超越了简单地将行动者或互型包含在更大或更复杂的互型(或互型之互型)之中。

彼得·伯格和托马斯·卢克曼试图通过"象征世界"的概念来解释诸如此类的意义安排(参见 Berger and Luckmann,1966,pp.110-122)。对他们来说,象征世界是"意义的全部",承担着对社会世界的全面理解。象征世界提供了一个"包罗万象的参照系,从字面意义上来说,这个参照系如今构成了一个世界,因为**所有**的人类经验都可以被认为是在其内部发生的"(Berger and Luckmann,1966,p.114)。但是,即使在他们著书立说的时候,这种关于意义如何有助于秩序的功能主义解读也从未完全说得通,而在当今众多国家和跨国数字媒介的意义生产激增的时代,这种解读更是绝对不可信的。

伯格和卢克曼关于"象征世界"的说法如果运用到这里,将表明所有的互型都恰好融入功能性的有意义的整体之中。但这低估了通过

---

① 在"维系在一起"这个短语中,我们回想起实践理论的观点,参见 Schatzki(1996,p.x)。

"言说"或"解释"某些互型的"总体意义"来将互型相互联系起来的**各种不同的话语**。随着时间的推移,这些话语建构由意义相互联系(而不是由构成互型之互型的结构联系)所维持的更大范围的相关互型模式。这样的话语不仅仅是理性的建构①,首先且最重要的是,它们建立了"情感纽带"(Elias,1978,p.134),或者用我们的话来说,它们**跨越**不同的互型,以各种方式建立起有意义的相互依存关系。让我们想一想当代家庭的互型涉及的互型网络:这个家庭有责任安排其子女的休闲和养育,它与那些被认为对教育负有具体责任的组织(学校、成人教育中心、大学)进行了多年互动。时光荏苒,孩子们与外部机构(用于休闲目的的文化机构、负责提供就业的公司和组织)建立起独立的联系,家庭也因之与一系列不断扩展、实际上处于变化之中的其他外部互型(以及互型之互型)建立了有意义的关系,直到父母青丝变白发,需要照顾。这些外部互型本身被进一步理解为与公共领域中的各级政府相关,而媒介机构本身有助于界定和塑造公共领域。

我们并**不**认为这类互型网络以这种方式连接在一起,从而能够创造出一个具有综合功能的完整社会。我们的分析方法恰恰是反功能主义的,因为在这样的网络中,意义关系总是具有潜在的争议性和可中断性。相反,我们想强调这种连接话语的重要性:"宏观"通过意义关系融入"微观"行为的特殊性中。换言之,个体行动者们开始学会在一个话语建构的"社会是什么"及"社会如何运作"的社会世界中行动。从这个意义上说,"宏观"总是存在于"微观"之中(Morley,2000,pp.9-12)。

这种意义关系也可以以另一种方式出现,不是直接通过意义的话语,而是通过深层次的相互依存的实践关系"维系在一起",就好像是一种"生活方式",因此被认为是有意义的"整体"。例如,经济市场中的行动者有赖于交通系统的运行,金融市场中的行动者依赖于通信系统的

---

① 从话语的角度来重新思考伯格和卢克曼的原初论点的相关研究,参见 Keller(2011,p.45)。

运作。如果其中一个发生故障，那么另一个将无法继续下去。这种相互依存关系可以无限制地扩展到更高维度。这就是当代生活所依赖的实际的相互依存关系的复杂性，以至于行动者们要力争将**所有这些**都作为一个有意义的整体来理解。这就是为什么会出现新型的话语或迷思，以便将所有这些**作为**一个整体、一种现实来理解（Laclau，1990；Boltanski，2011）。

我们所说的"社会"远不止是容纳不同互型的容器（Beck，2000b，pp.23-26）；相反，它是与广大空间区域相关联的众多行动领域中"维系在一起"的各种互型（以及互型之互型）的总体。只要这些维系在一起的形式是基于意义的，它们就具有一种迷思色彩的（而非物质方面的）特性。这些迷思并没有描述出社会世界的"客观现实"，而只是对社会世界的特殊建构。这有助于对其行动领域如何在更广泛的"秩序"中"整合"起来进行**假设**[①]（详见第 10 章）。这些迷思由来已久，与媒介机构及其不断宣称的社会合法性有关，而此处并不是详细解读这一历史的地方。但值得一提的是，今天的这类迷思远远超出先前媒介机构（例如主要的公共媒体）的合法性宣称，并且涵盖关于在社交媒体平台上聚集在一起的集体的迷思般的说法，以及声称通过"大数据"实现对"社会"的认知[②]。

4.3.3　互型与社会变革

从过程的视角来看，没有任何社会现象是注定不变的。即使是长久以来保持"一如既往"的互型（例如宗教组织的互型），也必须通过

[①] 这些迷思有助于建立关于一个特定领域的互型如何与另一个领域的互型有着目的性的关系的假设，并且以此建立起一种社会秩序。——译者注
[②] 总体性的论述，参见 Couldry（2003，2012）和 Laclau（1990）；关于社交媒体集体性的迷思，参见 Couldry（2014a）；关于大数据作为社会知识来源的迷思，参见 Couldry（2014b）、Mosco（2014，p.5）和 boyd and Crawford（2012）。

行动和解释而**被建构**为"一如既往"。除了变化之外,也存在"惯性"。然而,试图保持互型和避免变化可能会产生意想不到的副作用,即"强化"型构的"变动趋向"(Elias,1978,p.147)。宗教组织或政党就是很好的例子。在这些组织中,精英们为保持它们的稳定性所做的努力激发了批判的倾向,引发了长期的不稳定,以及因此而产生的变化。同样有可能的是,旨在改变互型的做法也可能会强化其保持不变的趋势。例如,某些行动者的变革观念可能指向不同的方向,从而使特定的改变变得困难。任何关于大范围的互型变革的描述都必然是复杂的。

在这样的变革中,媒介传播技术最终占有多大的分量?这是一个源自互型可用的全部媒介组合的"**塑造**"潜力的问题。家庭、同辈群体或同一个办公室团队中不断变化的媒介组合不一定会改变互型本身,家庭、同辈群体或办公室团队可能会保持不变。只有当一个互型的传播实践和在这个互型中生产意义的方式发生改变时,一个不断变化的媒介组合才会带来变革。

全部可用的媒介组合的内部变化也不是简单地由媒介环境的外部变化驱动的。许多互型的变革(其中的大多数情况)更可能是内部因素和外部因素相互作用的结果。以一家公司为例,其全部可用的媒介组合发生变化通常不是偶然的,而是源于管理层的决定。引入新的内部数据系统或新的社交媒体平台是为了更好地实现某些目标:更有效地处理信息,或更有效地接触客户。可用的媒介组合之所以**被要求**改变,是因为至少有某些行动者希望更好地实现其目标。但其副作用可能与这些行动者的意图大相径庭。例如,员工们可能会以颠覆性的方式利用数据系统,以更省事的方式来打造他们的工作流程。而媒介组合中的变化**是否**会改变一个互型的**动态**,对于局部性的研究来说仍然是一个复杂的问题。因此,如前所述,尽管某些互型(宗教组织)对于数字媒介的使用有所增加,但它们仍然可以保持相当的稳定性:教皇办公室在数字平台上的活动并没有改变它作为一个机构的权力平衡。在每个实例中,这都是一个理解**特定相互关系**的动态的问题。并没有一种媒介的"逻辑"来使互型中发生变化:构成一个互型(或互型之互型)的诸多关系以非线性方式展开,其中至多存在着与媒介相关的各种类型的变化。

在不断变化的媒介环境中,一个互型的内在层面和外在层面都可以发生根本性的变化。这最先涉及互型如何相互关联的新的可能性。正如我们在第2章中论述的,每种媒介的基本特征是,它提供了超越此时此地进行活动的可能性,并且以此来扩展人类能动性的影响范围。恰如埃利亚斯已经指出的,**媒介**尤其使"相互依存的链条变得更加分化,变得更长",因而"变得更加不透明,并且对于每个群体或个体而言,变得更加难以控制"(Elias,1978,p.68)。这意味着互型可以更容易地进行跨时空的延展(我们将在本书第二部分进行讨论)。例如,一家公司可以更好地整合其组织中分散的部分,行政部门可以无远弗届,一个家庭可以在家人们分散于世界各地的同时仍然心系一处。这并不意味着在深度媒介化时代地点不再重要。相反,我们与媒介多样体的关系使我们**优先**考虑具有高度媒介连接性的地点(Zook,2005)。在这些地点,互型可以更容易地延展并相互联系,例如城市的跨文化环境提供了以多种方式连接行动者群组的机会(Georgiou,2013,pp.92-116;Hepp,2015,pp.113-123)。大城市和大都市的一个关键特征是,在这些地方,迥异的互型交织在一起。

我们认为,在媒介多样体时代,生活与媒介是不可分割的,因为生活与存在于复杂的、有时是矛盾的相关群组中的各种不同的互型密不可分。这样的互型存在于复杂程度不同的安排方式中:一方面,涉及行动者之间的联系,或者将既有互型纳入"互型之互型";另一方面,涉及在实践中将特定的互型(和互型之互型)捆绑成大范围相互依存关系的意义联系。到这里,我们只是描述了互型"如何"的问题,还没有处理

"那又怎样"的问题,即互型模式对于更广泛的社会秩序的影响问题,或当代社会的"互型秩序"的影响问题。我们最终将在第 10 章回答这个问题,而在此之前,在第二部分和第三部分,我们需要经历各种中间阶段的分析:第二部分中的空间、时间和数据,第三部分中的深度媒介化对自我、集体和我们治理社会空间的可能性的影响。

第二部分

社会世界的维度

5 空　间

空间,是传播影响社会世界建构的重要手段。这体现在三个方面。第一,传输技术可以实现在空间上彼此分离的两个实体之间的通信,从而创建新的一阶互动。第二,远距离传播还能使这些一阶互动之间实现新的连接,并且通过这种新的二阶互动建立交往关系。例如,(古有)皇权在王土上的延展,(今有)借助信息系统或平台而兴起的治权。第三,更广泛地说,二阶交往关系改变了特定社会领域中各种互动的基本**可能性**(例如,协议以某种方式支配着我们称为互联网的交流空间的信息过程)。在传播建构社会世界的这些空间方面,每个方面都涉及各种互型。我们将在本章解析上述复杂程度各异的建构过程。

在某种意义上,就像太阳底下没有新鲜事儿一样,空间和传播的"你中有我、我中有你"的关系是现代性的**惯常**特征。现代性以远距离日益**多样化**的传播为基础,从传统邮递形式的"驿寄梅花,鱼传尺素"到现代传播形式的广播、电视和连网的电脑,这些传播形式造就了新型社会空间:无线电波所及之处,构成广播空间;素昧平生的人们形成在线社区;通过设置密码,划定线上互动的空间。正如我们在第 3 章指出的,即使媒介的扩展在某些方面仍然高度不均衡,但如果认为现代性或媒介化只有由西方框定的唯一形态,那就严重地误入歧途了。事实上,世界上很少有地方不受这些无远弗届的变化影响。十年之前,本书作者之一(Couldry and McCarthy,2004)试图用"媒介空间"这一概念来深入地理解媒介与空间之间的互动关系,用这一辩证的概念来捕捉媒介的空间性在诸多层面的运作对于广泛的空间秩序和社会秩序产生的影响。这种影响多以隐性的方式"润物细无声"。通常情况下,大众媒介的内容并不**涉及**其自身生产、发行和接收效果的空间方面,反而从一个概括性的、去空间化的角度来表征世界。而总是在后台运作的媒介的空间性以各种方式**替换社会现实**(Couldry and McCarthy,2004, pp.4-5)。在本章中,我们将进一步探讨这种替换过程。在本章结束前,我们也会简要地思考源于软件和数据处理过程的新的替换形式。

由于媒介,空间的转型通常与时间的转型结合在一起。以电报和电话为例,它们**加速**了跨区域传播(Hepp,2004,pp.182-184),并且使远程参与者能够保持彼此之间的常规通信,至少在他们抵达关键通信节点(电报局、固定电话服务网点)的情况下是这样。媒介多样体,尤其是融入日常互动中的在线"社交"平台极大地深化了空间的转型。它们不仅在世界许多地方使得远距离发散的多对一(播送)或一对一(人际)的日常传播成为可能,而且由于互联网无限的交往潜能,能够从(几乎)任何和所有点到(几乎)任何和(几乎)所有其他点,在一定时间范围内实**现互惠和持续**的交流。

这些跨空间传播的最新扩展,无论在地理上如何不均衡,都为传播的社会组织带来了根本性的新问题。例如,存在交往超载的问题。正如由于非同步通信手段的大规模扩展发生的情形一样,当在空间中的某一点上接收到且需要响应的通信量级,相较于当时可用的处理能力而变得**任意大**时,我们所说的社会世界的"互型秩序"(参见第1章)便面临变得不稳定的风险。矛盾的是,今天的在线交流促进了空间(和时间)中的行动者与过程之间越来越紧密的相互缠绕或**客观存在**的"维系在一起",可能会破坏我们习惯和践行的广泛秩序(作为共同生活的约定俗成,**合乎规范**地"维系在一起")①。"即时响应"不再是只在一个通信界面(如电子邮件)中提高回复效率的问题,而是一个管理**横跨**多个独立平台的交往超载的问题。既然如此,如果可以的话,我们如何在每个人都必须应对的无限多样的交往**之间**进行**分类**呢?第 6 章将讨论这些给我们的时间体验带来的影响。然而,存在着一种复杂的活动,在某些领域通过传播实现了大规模强化的跨空间协作。我们指的是卡琳·诺尔-塞蒂纳(Karin Knorr-Cetina)所说的"视觉媒介"的"情境合成"(2014,p.45;也参见 Knorr-Cetina and Bruegger,2002)。例如,在全球金融市场中,基于普遍使用的习以为常的视觉展现,为成千上万分散的参与者提供了共同的关注点。这些活动需要放在一起来理解。

我们在这两章中将时间和空间分开处理,纯粹是为了论证的方便。两者都受到社会世界深度媒介化进程的影响,对空间关系的分析和对时间关系的分析是分不开的,重要的是**空间-时间**的相互关联性(Massey,1992,pp.79-84)。到下一章临近结束时,我们将把空间和时间放在一起来分析,从而阐明当代社会不断变化的互型秩序。

在本章中,首先,我们回顾若干思考社会世界空间的一般原理,以及传播如何影响社会世界的转型;其次,我们探讨特定类型的社会空间及其交往特征;最后,我们将更广泛地讨论软件和信息及数据基础设施对社会空间的颠覆性影响。

5.1 媒介和社会世界变化中的空间性

我们如今"在空间中"的方式不同于那些生活在前互联网时代的

---

① 我们将在第 6 章和第 10 章重新回到"互型秩序"这一概念上来。

人。用本书在前面章节论证中的话来说,媒介,尤其是数字化的媒介多样体,从根本上改变了社会世界的空间性。

社会学家赵善阳①(Zhao,2006)最为清晰地表达了这一点。他指出,在线交流改变了社会世界现象学的起点——舒茨对周遭世界和共同世界的关键区分。如果说周遭世界是人们与之直接接触的人,那么互联网已经将这一群体扩大到面对面的人群之外。正如赵善阳所说:"我们现在必须把面对面的互动视为……互联网时代个体们相互联系的众多方式中的一种,而不是用身体上的共同在场作为判断人类所有接触形式的标准。"(Zhao,2006,p.459)在线交流因此并不是面对面交流的补充,而是我们接触和了解他人的**基本**方式之一。这样的"此时彼地"(Zhao,2006,pp.459-460)补充了经典现象学描述的面对面交流的"此时此地"。我们与平时一般不会见面的人在线相聚。这产生了两个基本后果:第一,"互联网……扩展了生活世界",将在线领域囊括其中(Zhao,2007,p.156);第二,面对面的情境不再是"社会互动的典型情境"(Zhao,2006,p.417,评论 Berger and Luckmann,1966,p.28)。

这改变了我们作为社会行动者的学习方式。原则上,在线社交成为"彼此知识的合法来源"(Zhao,2007,p.149;对比 Berger and Luckmann,1966,p.32)。舒茨在对电话的思考中已经预见到类似的情形(Schutz and Luckmann,1973,p.44)。在 1964 年出版的著作中,他写道:"在社会环境中,我们越来越少地被自己直接或间接接触到的个体伙伴的关系左右,越来越多地受大千世界中没有固定位置的高度匿名性的关系的影响。"(Schutz,1964,p.129;也参见 Knoblauch,2013a,p.330)由于新近的电话形式——几乎普及的移动电话,我们在过去 20 年中已经逐渐习惯于"同时"在多个空间中使用手机,有时会对用于接收某些

---

① 赵善阳,社会学家,美国天普大学(Temple University)教授。感谢赵善阳教授在本书翻译期间提供的帮助。——译者注

互动信息流的语境产生出人意料的影响(Moores,2004)。如果我们狭隘地用以媒介为中心的方式来思考媒介的消费和生产,只关注媒介内容,而不关注媒介空间,就无法理解社会资源和社会过程配置方式的这种转变。一旦网上的**共同世界**(或多或少)的持续可用性改变了人们对"自己与他人相聚的空间"的理解(受访者的话引自Jansson,2013,p.283),社会协作就会发生更广泛的变化,因为出现了新的"社会空间依赖机制"(Jansson,2013,p.281)①。与此同时,在越来越小且分布越来越广的日常生活单元中设置通过无线电传输设备嵌入的信息技术(Hayles,1999;Klauser and Alberchtslund,2014,p.277),正在以一种极为不同的方式改变空间和社会秩序的形成方式。过程性的跟踪和监控(包括数据的持续采集和组合)导致日常空间日益饱和,而这正在改变世界许多地区,特别是城市(但并不限于此)的空间"感知"方式。

为避免迷失于这些转型的细节,我们需要后撤一步,从总体上思考社会世界中空间关系的本质。"我们对于空间与社会生活之间的关系……所知甚少。"两位杰出的建筑师写道。他们关于居住空间的设计和组织所产生的权力关系的著作不公正地被忽视了(Hillier and Hanson,1984,p.ix)。希利尔(Hillier)和汉森(Hanson)所抱怨的这种忽视事出有因:我们的生活**植根于**不同的地方,日复一日地从一个地方到另一个地方,通过或多或少以我们所占据的地方的形式成功地利用空间来年复一年地生活。近年来,欧洲、非洲和亚洲发生的"移民"与"难民危机"提醒我们,绝非每个人都拥有安全的空间关系。那些有幸拥有安全的空间关系的人,在他们安全的生活空间与工作场所之间往返,很容易忘记他们所做的这一切和自己每次移动所需的空间资源的重要性。而空间是一种稀缺资源(Pred,1990,p.13),我们在"地方"

---

① 因此,人们可能会习惯于在新型的空间中与他人会面,例如在社交媒体链接的热门电视节目中。关于巴西的研究提供了多个案例(Campanella,2012;Drumond,2014)。

(place)方面能够做到的——将解释和组织的"图式"强加于空间特定区域的能力(Tuan,1977,p.34)——很少被理解为对这种稀缺资源的利用。不过,唯物主义现象学需要对空间的理解,具体来说,需要对传播技术在地方、地点(locality)和范围(scale)建构中所起的作用的理解①。

5.1.1 地方、地点和范围

地理学视角在这里是必不可少的,因为它始终紧盯空间资源分布中的不平等现象,而这种不平等现象在某些特定地点是看不见的。对空间的关注不只是注意到空间内部与空间之间的资源差异,还要把握**连接**经济、社会和文化生活的所有方面的更大的流通空间(space of circulation)的空间性及其高度不均衡的后果(Smith,1990,pp.105-106)。关注"空间"意味着思考关系的物质性(materiality)。

法国杰出的空间理论家亨利·列斐伏尔(Henri Lefebvre)认为,"社会空间"并"不是事物之间的东西",而是"事物之间的关系",是"包括在它们的共存和同时性中它们的相互关系"(1991,pp.73,83)。这种分析进路非常适合用互型的方法来分析社会生活。在列斐伏尔看来,社会空间的生产对于我们能否在特定地方及地方之间获得社会经验至关重要。不仅如此,空间的物质关系基础还意味着,如果不在某种意义上参考时间(在时间范畴内的空间关系),我们就无法理解空间。空间的观念,即我们设想万物出现或万物被置于"同一"空间中的框架,取决于"小到局限于一隅,大到遍及全球的所有空间范围内社会的相互关系和相互作用的同时并存"(Massey,1992,p.80)。

因此,不能只从地方或地点的角度来理解空间。正如布鲁诺·拉

---

① 因此,人类学家蒂姆·英格尔德(Tim Ingold)的建议并没有打动我们。他建议彻底放弃"空间"的概念(2011)。这种做法属于典型的"倒洗澡水时把婴儿一起倒掉"。

图尔指出的,如果从关系的角度来考虑空间,那么空间在很大程度上是行动者自身的产物,因为他们在地点**之间**建立了新的重要联系,这些联系可以嵌入行动的语境中去(Latour,2005,p.184)。在当今的现代性中,社会和经济关系由于全球化的传播和交流,在空间中得以维持的方式日益复杂和多样。这意味着许多空间关系如今并不是牢固地锚定在特定"地方"或"地点",即并不是锚定在不变的和有界的空间容器之中。沃尔夫冈·希弗尔布施(Wolfgang Schivelbusch)是最早领悟到这种联系的人之一,这体现在他对19世纪欧洲铁路之影响的思考中。希弗尔布施写道:"从今以后,地点在空间性上不再是单独的或自足的,它们是交通中使其成为可能的瞬间。"(1986,p.40)这一观点在20世纪末技术加速的背景下得到进一步发展。某些地理学家认为,全球化(特别是"跨国连接")从本体论上改变了"地方和疆域本身"(Amin,2002,p.387)。论争的焦点不是地方、地点和标量关系完全消失,而是它们并非"多重地理归属"和"多重空间组织"的世界中唯一的空间关系类型(Amin,2002,pp.395-396)。因此,就有助于我们理解空间而言,必须承认地方、地点和范围等概念各有不可替代的作用(Jessop et al.,2008),**所有这些**都有可能由于深度媒介化而改变。尤其重要的是,不要弃用范围的观念①。正如巴西文化理论家罗伯托·达·马塔(Roberto Da Matta)所言:"研究将豪宅与贫民窟联系在一起的'与'(&),以及将统治者与被统治者联系在一起的巨大的、骇人的、令人生畏的空间,这是基础。"(1985;引自 Martín-Barbero,1993,p.186)范围的关系和跨范围关系的断裂,对于理解不平等和由不平等产生的权力关系至关重要。

这与认为地区之间的关系随着媒介化和全球化而加强是一致的。越来越重要的是"跨地区性"(Hepp,2015,p.12;Nederveen Pieterse,1995,

---

① 与马斯敦等(Marston et al.,2005)的观点形成对比,参阅我们在第4章的相关批评。

p.45),即各地区之间中介化的**相互关系**。地区不会消失:作为有形之人,我们别无选择,只能从某个具体地点出发,即使从该地方行动所依赖的资源本身就是分散的。但在一个由越来越复杂的跨地区联系构成的社会世界中,这些地区自身的含义发生了变化。某种程度的空间复杂性因而成为社会世界的本质属性,这种复杂性是通过互型的运作实现的。

5.1.2 媒介和社会空间的组织

社会体验的场所在其空间组织上有很大不同。实际上,各种场所带给我们的不同感受可能直接取决于关键资源(从住房、饮食到文化)在它们之间分配的差异。正如列斐伏尔(Lefebvre,1991,p.31)所说,"每个社会……都生产一种空间,它自己的空间",而这种空间可能是极其分化的,即使特定的制度把它说成是"统一的"。从历史的角度来看,现代性的一个关键方面就是空间关系的转变,这种转变是由一种新的能力引发的,这种能力使经济(和其他)关系能够跨越遥远的距离,在越来越快的时间节奏中得以维持。自从早期的新闻传播工具发明以来(Rantanen,2009),媒介就在空间和地域的塑造中发挥作用。"西方"和"西方"以外的现代国家(Anderson,1983;Thompson,1995;Giddens,1990;Larkin,2008;Spitulnik,2010)始终是一种跨地域的空间,在某种程度上是由媒介的生产和流通,以及其他物质性事物和组织(交通系统)的相关改进维系的。如今,媒介在维系"国家意识"方面发挥的关键作用并没有停止,即使媒介并不总是致力于维系特定的国家。由于媒介和其他因素的影响,国家意识仍然是现代生活"深层结构"的一部分(Skey,2014;Calhoun,2007)。

那么,数字媒介给我们对社会空间的理解带来了哪些具体的挑战呢?跨地区传播的新形式(特别是通过互联网的跨地区传播)加剧了空间关系的复杂性,并且造成新型的空间不平等。想象一下这样两个生活空间,一个连接互联网,另一个没有连接互联网,它们在通信系统和更广泛的资源分配中的融入方式大不相同,这对其居民在不同范围内行动的能力有着重大影响。曾经普遍认为新的传播技术革除了空间,但这一说法具有严重的误导性。对于当今社会世界而言,真正重要的是"共存的人们在空间上如何分布"(Boden and Molotch,1994,p.278)。换言之,空间关系的历史一直是排斥的历史,有时在道德上被粉饰成"净化"(Sibley,1988)。我们没有理由认为深度媒介化时代会有任何不同。事实上,某些地理学家认为,现代生活中强化的基础设施将城市分割成相互隔离的网络化空间,而这些网络化空间从包括数字通信在内的"捆绑式"网络基础设施中不同程度地获益(Graham and Marvin,2001)。同时,在媒介表征和信息信号看似自由地全球流动的背后,隐藏着新闻生产的不平等。这些不平等影响了这些表征的来源,因而也影响了这些表征的内容(Brooker-Gross,1983)。要理解这一点,我们需要考虑的不是个体行为或个体行为的空间,而是更广泛的行为模式与影响其分布的隐含约束之间的关系——瑞典地理学家托斯坦·哈格斯特朗(Torsten Hagerstrand)称之为"耦合约束"(Schwanen and Kwan,2008,讨论 Hagerstrand,1975)。

想一想具体的行动者群组及其空间(和时间)**协调**问题。随着日常活动越来越多地假定人们有能力"实时地"通过中介化沟通来不断调整自己以满足远处他人的需求,管理(例如)一个家庭跨空间活动的计划变得更复杂了。从表面上看,这减少了"耦合约束",因为它解决了这个活动如何与那个活动进行协调的某些问题;但是,由于现在所依赖的协调水平,它可能会产生新的问题。作为以协调媒介使用为特征的互型,当代家庭能够比以前的家庭处理更大的空间复杂性。但出于同样的原因,它们变得更加**依赖**使这种应对成为可能的资源的持续可用性,换言之,可以持续访问整个家庭中相同的通信供给。当故障发生时,有人手机没电了,有人进入了一个没有信号的区域,或者出现更严重的通信障碍，那么所有层面的通信都会中断。如今，家庭的互型越来越依赖于（即使是就其基本功能而言）更广泛的互型之互型，互联网的基础设施只是其中一部分。这（即使是以极为不同的形式）既适用于拥有大量媒介设备的富裕的精英阶层，**同时也**适用于贫困家庭。对于后者而言，一部共用的手机就是"媒介"，可以用它传送讯息（通过挂断电话①），或者用它异地汇款。

从另一个角度看，数字通信的**折叠性**（每个网页都包含许多其他链接及可能的行动或资源）只会加剧人们与空间的关系如何通过媒介的不同使用来区分的复杂性。尽管现在绝大多数通信都假设有某种互联网接入，但并不意味着所有人都有相同的接入程度，事实恰恰相反。因此，社会空间的秩序也发生了变化。例如，媒介定位过程中不仅提供了与空间相关的信息，还将行动者在空间中的位置信息传递给跟踪这一过程的系统。通过这种方式，媒介定位创造出巴西学者安德烈·莱莫斯（Andre Lemos）所说的"增强现实……电子空间和自然空间在此过程中融为一体，创造了关于地方的新形式和新感觉"（2009，p.96）。这些增强的空间是高度分化的，重要的新型权力关系由对空间相关信息的控制构成。

概括地说，行动者如何与无限的空间相关信息进行互动的多样性，可能需要"元空间"（metaspace）概念，以了解我们如何在空间中活动和与他人（近距离或远距离）交往时处于变化中的种种可能，以及媒介界面和格式在塑造这些变化中所起的作用（Humphreys，2012）。对于一些行动者而言，正如汉弗莱斯（Humphreys，2012，p.508）所说，"移动性、社会性和中介性"融合在一起。如今，各种形态的媒介使我们卷入与空间和地方的不断变化的多重关系之中。因此，一个人的"元空间"

---

① 指打电话者在接听者应答之前就结束通话，接听者知道是谁打来的电话，实现了联系的目的，但不用花钱。——译者注

(他或她管理空间的方式,从而在空间上构造其个人生活)可能与另一个人的"元空间"并不兼容。

网络的重要性毋庸置疑。与缺乏有效的网络访问相比,拥有有效的网络访问(例如通过社交媒体)使我们在与网络空间中分布的资源的关系上处于不同地位。例如,当我们坐在笔记本电脑或手机旁,向网络或优兔(YouTube)寻求如何做某道菜或如何解决电脑问题的建议时,我们就访问了网络资源。然而,相较于认同"网络"与"社会"之间的关系的概括性说法[例如,曼纽尔·卡斯特(Manuel Castells,2009,p.53)认为,网络及其相互关系构造了社会的可能性],我们对于"连接是如何实现的"这一问题(Knorr-Cetina and Bruegger,2002,p.392),需要作出不同于卡斯特的解释。

下一节将选择某些点切入,以便更全面地阐明融入社会世界中的媒介如何影响空间关系。

5.2 交往实践与空间的关系

通过媒介来弄清楚"人们在哪里"的一个办法是,在相对自由地选择自己做什么的时候,想想他们被吸引到哪里(他们倾向于在哪里,被导向哪里)。我们很快就会了解人们在工作环境中的社交行为,他们在工作环境中使用媒介,却可能无法掌控其使用的特定媒介平台。

5.2.1 媒介"将我们带往何方"

作为衡量媒介与空间之间的关系发生了多大变化的一个尺度,我们有必要问一个问题:媒介将我们带往何方,人们使用媒介去向哪里? 在过去8—10年数字化浪潮之前的现代媒介时代,在全世界数以亿计的人习惯于媒介多样体中持续而快速地上网之前,**我们的身体在哪里,我们就在哪里**,简单明了地置身于我们身体所处的社会环境之中:在工作场所,在卧室中,在学校内,在工厂或办公室里。也许我们会漫不经心地使用媒介,或者将媒介作为一种临时性工具,以便发现一些我们可以在当前环境中使用的东西;也许我们会全神贯注地消费媒介内容,如果我们是媒体从业者,则会专注地生产媒介内容。诚然,我们在21世纪初就已经知道,手机的使用可能会导致地方和地点的层化(layering),而这有时是成问题的(Moores,2004,借鉴 Schlegloff,2002),但当手机通话结束时,问题也随之消失。通过基于计算机的界面进行沉浸式游戏(Turkle,1996)则是更广泛转型的首个征兆,尽管我们的身体处于特定的地方,但看起来似乎具有"身在曹营心在汉"的可能性。不过,游戏一直只是社会生活的一个特定领域,除非在病态的情况下,否则没有人认为游戏时的临时性状态会影响日常互动的正常进行。

然而,在深度媒介化和媒介多样体的语境下,无论人们是坐在教室、礼堂、咖啡馆中还是在公园里,询问媒介将我们带往何方、人们使用媒介去向哪里都**是**有意义的。纵然此时没有沉迷在游戏中,人们也可能正通过媒介与远方的人进行大量非游戏性的互动。在互动空间中,人们可以选择被远方的**众人**看到,或者注视**许多千里之外的人**,而自己却对他们保持隐身。在这些互动空间里发生了大量的事情,有些涉及他们,有些则与他们无关。人们可能会在"实时"的互动空间中评论正在发生的事情(发推特、用脸书、在线聊天、收发邮件),这些互动空间包含他人的信息流,而传统媒体的内容(比如下载的电视节目)则是在后台观看。可能会有来自一系列消息源的各种信息,将他们暂时连接到新的互动之中。当然,某些人仍有可能观看电视现场直播或正在认真阅读电子报纸,但其中许多人将同时关注其他媒介上**围绕**该媒体内容的一个或多个评论的信息流[1]。

---

[1] 根据皮尤研究中心(Pew Research Centre,2012)的数据,美国53%的成年手机用户"最近"在看电视时使用手机"转移注意力或参与互动"。谷歌的相关研究表明,美国77%的电视观众使用电视机之外的设备(通常是智能手机、笔记本电脑或台式电脑)看电视(Google,2012)。

因此,对于许多人而言,社会世界的主要"场所"可能正在转向由媒介平台及人们与媒介平台之间的互动所维系的站点,正在转向总体趋势上扩展的在线的信息和人际接触。因此(正如赵善阳指出的),体现计算机、平板电脑或手机用户的私人性的"这里",与受众中因特定传播而产生于"那里"的公众之间的界限可能会变得模糊,正削弱我们对(**不属于**在线世界的一部分或完全独立于在线世界的)离线世界的感知。工作空间的沟通和家庭空间的交流是我们寻找这方面具体事例的好地方。

5.2.2 中介化的工作场所和私人生活

在工作环境中,日常社会互动的扩展可能会改变某些建立在面对面交流中的相互关系。这可能会导致互易性(reciprocity)、责任和相互可见性方面的问题。对此,希思和欣德马什(Heath and Hindmarsh, 2000)在一项研究中指出,工作环境依赖于大量使用连接到远程空间的屏幕,由此产生的"行为、对象与环境之间的脱节"(2000, p.102)可能会破坏**视角互换**。在舒茨看来,这种"视角互换"对于面对面交流至关重要。人们必须管理这些工作环境以克服出现的困难,因而提出变通办法和补救措施。

这种扩展的影响或许很复杂。以远程医疗为例,有学者(Nicolini, 2007)认为,在远程护理患者的复杂过程中,人员、资源和信息流的空间重组不仅导致空间的扩展,而且导致该过程**意义**的变化。(在此过程中)权威性和合法性发生了转变,这种转变必须由行动者来管理;(在此过程中)也"扩展了……照料远程患者的含义"(Nicolini, 2007, p.915)。所讨论的医疗实践被"延伸"了,"当医疗实践在空间和时间上扩展时,由于现有的一些习以为常的预案和实践安排不再适合新的工作条件"(Nicolini, 2007, p.891),医疗实践因而承受着压力。例如,当医疗组中的人员和物品(医生、护士、管理人员、测量设备等)被置于多个地点时,非正式的和部分临时性的专业知识交流（通常是在医院查房时进行的）需要通过这个互型的行动者群组中新的角色分配来重新布置。这对某些行动者来说可能是好事，例如为护士开辟出一个在原来查房时不存在的自主空间。

许多种工作对于分布式信息系统（例如 ERP 或"企业资源规划"系统）的日常依赖表明，如果我们只考虑一种情境，就无法从现象学的角度理解其影响（Campagnolo et al., 2015）。因此，还必须考虑如何通过被舒茨和卢克曼称为"共呈"（"人所共有的对某事尚无亲身体验时就已能够在意向发生论层面感知"）的过程，使多个场所不同的行动者能够协作，共同适应一个远离他们所有人的现实（参见 Campangnolo et al., 2015，讨论 Schutz and Luckmann, 1973）。

在政治"抗争"领域，也有积极扩展政治进程的例子，比如当在线情境产生新的行动可能性时。一个有趣的例子是一段优兔（YouTube）视频中展现的政治运动。该视频描述了 2012 年墨西哥一次反腐败的抗议活动。视频显示，在政府对腐败和抗议不屑一顾后，131 名抗议者质疑墨西哥一位部长。当新加入的人们开始在优兔上添加评论"我是 132 号"（Yo soy #132）时，便引发了一场以这个名字命名的运动（Gómez García and Treré, 2014）。政治进程在这里的扩展，依赖于推特标签灵活（因为具有索引性）的参照点，在一连串传播和声明中吸引了国内大量参与者。基于在分布式平台上重复原来文本的简单语法实践，一种新的行动互型出现了。但似乎没有涉及源于空间的变形或扩展。更确切地说，这是一种新型行动，尽管在语言使用上仅限于一个附加动作：除了增加一个人的名字之外，不可能做更多事情，例如评论事件的复杂性或相关不公正。令人遗憾的是，数字空间的监控体系使该网络空间的参与者随后容易受到政府的暗中监视和采集其数据的影响（Treré, 2015）。我们稍后将谈到这一点。

媒介技术对工作实践的改变在家庭生活中也有相似之处。媒介使用的分布和网络连接的程度成为构造家庭生活空间的关键因素，赋予组织家庭空间新的含义（Bengtsson，2006）。从表面上看，扩展的通信和转账系统使得家人关系能够在新的远距离空间中得以维系，而这有利于所有相关人员。媒介人类学家马甸努和米勒（Madianou and Miller，2012）与媒介社会学家邱林川（Qiu，2009），分别以菲律宾和中国打工者的家庭扩展为例，论证了这一点①。即使对于那些并不总是在空间中延展的家庭，信息与通信技术和移动媒介也使得他们能够协调自己的活动、想法和亲密关系，而他们在空间中却是暂时分散于不同地方的（Wajcman et al.，2008；Green，2002）。当代家庭的互型可以在复杂的空间安排中依然保持"连接性的存在"（Licoppe，2004）。在这种意义上，家庭变成了"分布式家庭"（Christensen，2009）。在社会行动者的**周遭世界**在空间上扩展的推论中，我们最亲密和最熟悉的同伴（家人）如今可以在彼此分离的情况下，继续不间断地**扮演好家人角色**（Christensen，2009，p.445）。明显去空间化的技术**加强**而不是削弱了亲密关系，这种趋势在20世纪早期的固定电话使用中就已经引起注意（Fischer，1992）。在线聊天群对于将一个家庭中的几代人不断地聚在一起功不可没。当一位年长的身体欠佳的亲戚能够通过视频通话软件FaceTime"出现"在婚礼上时，这并不是小事一桩——仪式空间的边界得到扩展，"亲属"能够以新的方式亮相。不过，这些不同形式的强化联系是否总体上对家庭有利，则是一个复杂得多的问题。克里斯滕森（Christensen）已经注意到媒介技术在"家庭的整合与离散"方面的"双重作用"（2009，p.439）。对喀麦隆移民的一项见解深刻的研究也表明了另一种结果："压力、欲望和盼望的体验与表达"，因为得不到满足（假如当那些相距遥远的人们缺乏时间和金钱来维系支持时），可能会导致"关系的解体"（Tazanu，2012，p.259）。

---

① 更多相关文献，参见 Valentine(2006)。

对于那些仍然与家人生活在一起或已经离家在外并正在寻找人生伴侣的年轻人来说，媒介深刻地改变了朋友关系和同伴关系，其影响不亚于对家人关系的改变。在这里，不要误以为朋友关系**可能**扩展到更大范围是主要变化，实际上，加强跨空间的友谊**维护**变得更加重要。对于仍然处于父母和学校的完全控制之下的发达国家的学龄青少年来说，在卧室中或上学放学的路上（通过媒介）能够与朋友和同龄人保持不断的交流和交谈，不仅是他们社交能力的重要延伸，也是他们对自己生活的**空间**感的重要扩展。紧闭的卧室门不再是一堵（使年轻人孤独地沉浸在一个通过媒介而想象出来的世界里的）"隔离墙"，而是一堵守卫着"入口"的"防护墙"，这个"入口"可以让年轻人**重新回到**中断于卧室门外的同伴间互动交流的世界之中。

丹娜·博伊德（danah boyd，2014）对美国青少年使用网络媒介的权威研究，清楚地表明社交媒体平台提供的能动性和社交空间扩展的重要性，同时清楚地表明它们如何带来额外的压力、焦虑和责任——在社交媒体平台的"空间"中可能会出现新的微妙的区分，例如在"公共的私人性"与"**私人的公共性**"（Lange，2007）之间。当同龄人之间的压力可以被传递和调节时，扩展的空间（和时间）会增加相互监视或共同监视的范围（Andrejevic，2008）。令某些国家的政策制定者和教育工作者忧虑的是欺凌行为的增加。在最近的一项国际调查中，年轻人感觉最不开心的两个国家（英国和韩国）也是这项调查中（网络）连接性最强的两个国家①，这绝非偶然。正如墨西哥研究者罗莎莉亚·维诺库尔（Rosalia Winocur）明确指出的，诸如此类的问题及相伴而生的益处之所以重要，是因为它们改变了意义关系："引发社会和传播领域变革的并不是数字融合本身，而是通过它组织的**意义融合**——数字融合的可

---

① 2015年8月19日《卫报》刊登了儿童协会2015年的报告《金色童年》，详见 https://www.childrenssociety.org.uk/sites/default/files/TheGoodChildhoodReport2015.pdf。

能性**被富有想象力地转化**成年轻人日常生活中多样的社会文化条件的方式。"(2009,p.184,强调另加)

对于那些寻求结识新朋友的年轻人来说,无论是寻找在日常生活环境中找不到的同辈相伴,还是寻找年长一点的人谈情说爱,媒介都是可以建立联系的空间的重要扩展。在这个空间里,可以获得或尝试进行公共展示及身份的认同。这种扩展的空间对于那些在公共场合性别认同及其表现不受待见或饱受责罚的人来说可能特别重要,例如生活在保守的美国农村的同性恋青年(Gray,2012)。即使人到暮年,与社交媒体平台时代之前相比,长期杳无音信的友人或熟人也可以通过使用社交网络而更可靠、更有效地恢复联系。

下面这篇来自西班牙报纸的报道是典型的,还是非常特殊的,因而需要广告宣传呢?

> 她来自一个村落——他过去所有夏天都是在那里度过的[(村名),2 360名居民],村落中的人们在街上互相打招呼,一起在相同的酒吧、商店和广场上闲逛。但他们并不是在这个村落里相识的,而是相识于世界上人口最多的国家——脸书。①

要将这里的实际变化程度与炒作区分开来并非易事。但毋庸置疑的是,在可能的社交模式方面正在进行重大扩展。

5.2.3 更加复杂的转型

我们已经以家庭和工作中的合作者群组等为例,讨论了互型日益

---

① 《国家报》(*El País*)2015年8月20日第40版《胡安·胡安娜》(Juan y Juana),作者是纳塔利娅·洪克拉(Natalia Junquera)(笔者所译)。

复杂的空间性。除此之外，媒介也在更高层面的组织复杂性上改变了相互依存性，例如在"互型之互型"中。

在这样的范围当中，以技术为基础的传播媒介使得全新**类型**的工作空间和工作关系成为可能，从而有助于维持新的工作实践。卡琳·诺尔-塞蒂纳（Karin Knorr-Cetina）等对全球金融市场的开创性研究始于舒茨对共享的工作世界的思考，他们的思考带有强烈的特定时代感和共同关注点。尽管对于舒茨来说，这种共同关注需要身体上的共同在场，但全球金融市场的情况表明今非昔比。将多个事件流、数据流和操作流过滤成连续有序的"信息"流的屏幕，可以为多个地点的参与者之间的微观互动提供共同聚焦点，将"地域上遥远且看不见的'接近感'带给参与者，使参与者之间进行互动或对当前的情况实时反应"（Knorr-Cetina and Bruegger, 2002, p.392）。诺尔-塞蒂纳将这些不同类型的媒介称为"视觉媒介"（scopic media，scopic 源自希腊语 skopein）。它们不仅依赖于联网的屏幕，还依赖于巨大的**后台**计算能力来处理和分类来自多种消息源的数据。视觉媒介密集的活动，使得新的、共享的观看行为成为可能。正如她所写的，"视觉媒介能够以视觉的方式直观地呈现和放映事件、现象和行动者，否则这些事件、现象和行动者就会被距离隔开，并且从单一角度来看是看不见的"（Knorr-Cetina, 2014, p.43）。其结果是，改变了成千上万参与者眼中的现实。"屏幕不仅仅是传递消息和信息的'媒介'。它是一个**建筑工地，建造了整个经济的和认识论的世界**。"（Knorr-Cetina and Bruegger, 2002, p.395）然而，视觉媒介所拥有的力量不仅取决于传播的基础设施，还取决于代表通过这种传播而聚集在一起的事物所实现的全面性**宣称**：它们将一个被认为是由（潜在地与互动有关的）"一切"组成的分析性**世界**缝合在一起（Knorr-Cetina, 2014, p.48, 强调另加）。其结果是创造了一种新的空间，不仅是视觉空间，还是**行动**空间。

全球金融市场的视觉媒介似乎是一个特例，因为它们拥有极高水平的技术基础设施、地理跨度大且时间互动强,但是,也不难找到其他不像全球金融市场这么异乎寻常的例子,即通过技术性媒介的稳定**关注**来聚焦特定类型的注意力,说明社会互动的重心是如何转移的。定位性媒介可能会融入集体行为之中,但始终以独特的文化规范和历史发展为背景。约尔特和顾(Hjorth and Gu,2012)写了一篇关于在上海使用定位性社交平台"街旁网"[Jiepang,一个类似于美国四方网(Foursquare)的平台]的论文。他们认为,鉴于中国文化对待隐私的态度与美国或欧洲截然不同,该平台实现了一种跨空间的社会协调形式:"(用户使用这一平台的)关键诱因是,既能看到他们的朋友在哪里,又能分享新的'酷'的地方。"(Hjorth and Gu,2012,p.704)他们采访的一位25岁的女性说,这就像是一本带有地理位置的日记,但无疑也是一本可供分散的群体持续使用的日记(Hjorth and Gu,2012,p.755)。"基础设施"一词背后含有诸多复杂的变化,在不同的地方,根据经济、监管和文化环境的不同,某些技术(如手机)的功能可见性在当地可能会有极为不同的体验,因为"基础设施"是一种"已创建的和尚未创建的同时并存的动态过程"(Horst,2013,p.151)。

然而,随着人们被鼓励与身边邻近的人建立联系,这种联系基于就近交往,不是基于正常的社会互动,而是通过机构的推动发生("X现在就在您附近"),因而甚至会导致"社交分子化",而不是对于社交空间的丰富理解①。因此,这种对当地信息的强化可能会导致一种加剧的"狭隘化"。当然也有反例。例如,艺术项目通过数字平台,利用增强的地点和信息的协调,使人们重新认识城市生活空间规则。这些规则在很大程度上是隐而不彰的,因为它们不是"一起进入人们视线之中的"。一个很好的例子是巴塞罗那名为"无障碍通道"(Canal Accessible)的艺术项目,该项目邀请残疾人通过手机来识别他们试图

---

① 参见汉弗莱斯(Humphreys,2008,2010)对美国的早期平台躲避球(Dodgeball)的研究。

穿越城市时遇到的实际障碍①。媒介因此而参与了多种或多或少强烈的和综合的"视觉机制",对它们的用户如何"融入"空间之中产生了诸多不同的影响。

也许这里存在一个普遍的悖论。正如哈特穆特·罗萨所言(Rosa, 2013,p.101),由于通过数字媒介建立起更多的连接,我们可能在任何一个地方都变得更加自给自足,从而减少了对移动性的**需求**。但由于面对面交流的时间仍然极为重要,因此,这种悖论可能只是表象而非实情。认为所有这些变革只涉及空间也是一种误导,毕竟所有这些变革情形并不是为了增强移动性本身,而是为了提高人们的**行动**能力。我们在这里开始看到迷思的重要性。在上一章最后,我们概括性地讨论了这些迷思,它们使人们相信协调行动的可能性"已经到位"。然而,尽管技术在扩展空间通信中的作用确实得到加强,但这些迷思仍然可能与人类行动能力存在的更深层次的**差异**相距甚远,而且这种**差异**继续存在。最显而易见的就是男女之间的差异。尽管智能手机在销售时始终强调它为任何人(无论是男性还是女性)协调生活的能力,但对于女性而言,在通常情况下,通信技术会导致她们的家庭压力蔓延到工作空间(Chesley,2005),而对于男性而言,在特殊情况下,通信技术才会导致他们的工作压力波及家庭空间。这就再现了那种非常古老的家务分工(Wajcman,2015):女性通常对家务和照管(包括任何意想不到的要求)负有主要责任。

与此同时,其他传播基础设施——互型之互型——维系着新的日常互动空间。与定位性媒介对现实的增强(它往往以特定的方式对个体行动者有利)相比,社交媒体平台总体上可以作为一个共同行动的空间,一个集体认同的交往和行动的空间(boyd,2014,p.39)。正如博伊

---

① 参见科尔内略和阿德沃尔(Cornelio and Ardevol, 2011)的相关讨论,http://www.megafone.net/BARCELONA。

德所说，社交网站的关键贡献（至少对于美国年轻人而言），不是扩大与之互动的**人**的范围（不是现有互动的扩展），而是提供一个原本不可用的**行动**空间，一个以前没有的新的活动重心。年轻人在社交网站上摆脱了父母的控制，因此，他们符号化的日常生活安排有可能得以重塑（boyd，2014，pp.55-57）。

人们很容易将这些转型理解为仅仅涉及交往关系（经由传播）在空间（和时间）上的延伸。对于脸书而言确实如此，因为它促使以前有过联系的人之间，或者可以很容易地想象到彼此之间的联系的人进行更广泛的交流。但对于其他社交平台（如推特）而言却并非如此。一个人不一定非得是习惯于与大众沟通的名人才得以与陌生人互动，那些转发或评论过某人发布的东西的人都是在与陌生人进行互动。虽然推特被认为是一个交流的空间，但实际上它根本就不是一个空间，而是基于持续数据流的链接数据的**表征**，从而使人产生它是一个直接交流空间的错觉。然而，与现实空间不同的是，普通的推特用户无法知道或想象与他们可能相关的一组文本并**没有**在那个数据流中呈现出来。因此，他们活动的"空间"是由软件和数据处理的选择性产物塑造的。正如齐齐·帕帕查里西（Zizi Papacharissi）所说，对于社会群体而言，这是"一种通过算法生成的客观存在"（2015，p.119）。我们接下来就讨论软件对社会空间的主要影响。

5.3 软件与社会空间

唯物主义现象学无法回避这样的挑战，即思考融入深度媒介化的信息传播技术和数据过程如何改变我们对社会空间的体验。而这种改变的基本方式是经典现象学从未展望过的。社会空间正在被我们看不见的力量（或看不见的系统）改变，而这种力量或系统却能够在或近或远之处**看得见**（或静或动的）**我们**。这并不是因为像在科幻小说中我们身上真的携带了摄像头，而是因为软件能够远程捕捉到我们在网上留下来的图文痕迹，并且可以从中提取数据以供进一步的信息交换和数据处理之用。

我们需要考虑的情况是，新型的跨空间接触改变了我们在一个扩展的视域内**表现**自我的可能性，无论是在我们不认识或无法认识的他人面前（Brighenti，2007；Voirol，2005），还是在我们随时保持联系的熟人或亲友面前。生活在一个永久且无际的舞台上是不可能的：在电影《楚门的世界》（*The Truman Show*）中，楚门只有在不**知道**自己生活的世界只是一个人造舞台的情况下才得以过活。因此，所有这些方面都可能越来越需要**保持**与我们要保护的亲人互动的界限。我们通过移动通信设备的全球定位系统（GPS）不间断地（甚至是不知不觉地）传输信息，这给社会秩序和监控的正当性带来了新的问题。正如马克·安德列耶维奇（Mark Andrejevic，2014）所说，新的基于数据传输的"地点透露信息的功能"，导致"公共"空间的风险达到一个迥异于前的级别。

与此同时，正如一些地理学家表明的，普通地点的空间，或者至少是许多人认为"普通"的空间，如候机厅和超市，由于软件的操控而得到深化。在这些地点，某些能动作用使得新型的活动成为可能，但同时也限制了其他一些活动。正如基钦（Kitchin）和道奇（Dodge）指出的，现在有很多空间（所谓的"代码/空间"）是完全通过软件操控来构成的。"不能简单地认为空间是事情发生于其中的容器；相反，空间是将人和事物结合在一起，并且**积极地塑造**社会关系的环境和实践的无声演变层级"，如机场安检区（Kitchin and Dodge，2011，p.13，强调另加）。将软件融入日常生活安排中（Thrift and French，2002，pp.232，309）具有更广泛的重要性，但尚不清楚的是，这是否表明空间**正在发生如此这般的变化**，或者更确切地说，这是否表明社会世界中的行动和跨越社会世界的移动性越来越受到更具区别性的软件系统的**差异化控制**。这种区别对待的控制会影响人的流动。例如，软件系统可以决定某一护照的持有者能否离开自己的祖国或者入境其他国家和地区(Amoore,2013)。它也可以区别对待和安排无形空间。例如,当一个人坐在餐厅等待结账时,软件系统无法识别他的信用卡。不管怎样,日常现实的行动空间(以及围绕日常生活构建的制度化决策空间)现在越来越依靠"软件来打理"(Graham,2005)。这对我们**感知**城市和其他空间有直接影响:我们可能会意识到(按照个体行动者们看不见,甚至不能直接接触到的原则运作着的)城市的"碎片化"(Graham and Marvin,2001)。

我们可以进一步分析。日常现实中塑造自我的空间条件正在发生重大变化。数字时代的日常空间不仅仅是中介化的,而且是"网络化"的,其行动的可能性是由信息网络的分级和区分的工作构造的。你的Wi-Fi密码可用的空间,与Wi-Fi密码不可用的空间,是不同的行动空间;允许你进行有限访问和限定操作的系统,与允许你可以完全访问和自由操作的系统,是截然不同的行动空间。其结果是,就在日常现实的空间表层之下,正在形成新的拓扑结构:网络将一组人连接到某些行动的可能性之中,却**切断**了另一组人与这些行动的可能性的联系①。这样的影响与我们在第8章中对自我的思考有关,这样的影响本身也需要更广泛地探讨"数据"(本书第7章)对于唯物主义现象学而言意味着什么。然而,我们必须先转向深度媒介化时代随之而来的某些社会时间的变革。

---

① 这里的"拓扑"一词最终可以用非隐喻的方式来捕捉行为的连续性和非连续性,而这些连续性和非连续性是代码/空间中不同资格的参与者之特征(对比第4章相关讨论)。

6 时　间

我们通过时间来把握日常生活的过程。时间，无论以何种特定形式存在，都是生活的基本维度。一个人的生活即使在空间上受到限制，仍然有可能不失为一种"良好的生活"；除非在极端痛苦的情况下，否则，一个人的生命被缩短便是一种绝对的损失①。明乎此，时间为什么重要就不言而喻了。生活就**是在时间中**前行的旅程②。本章关注的重点并不是我们每个人都拥有的内在的时间感，而是更多涉及时间的社会方面，即作为社会世界的一个维度的时间。

在思量社会世界中的时间时不能无视空间。我们在上一章的开头就强调了这一点。本书曾引用亨利·列斐伏尔对于社会空间的定义，即"事物之间的关系"……（这）包括在它们的共存和**同时性**中它们的相互关系(Lefebvre,1991,p.73,强调另加)。相距遥远的事物之间在每

---

① 当我们在时间上面临世界末日的可能性时（例如，当考虑到环境灾难时），这一点可以延伸到我们所感觉到的失落和精神错乱(Scheffler,2013)。
② 伯格和卢克曼对于"意识"也持类似看法，认为"时间性"(Berger and Luckmann,1966,p.40)"是意识的内在属性"，他们称之为"意识流"。

个**时刻**都有可能持续地处于彼此的关系之中,这就是我们在上一章从关系的角度来思考社会空间的原因。时间不仅仅是延伸的持续性,而且涉及跨越**空间**的**同时性**关系。也正因此,英国一位著名的时间压力分析专家才会认为,"协调不仅与时间有关,而且同样与空间有关"(Southerton,2003,p.23)。因此,从每时每刻对于时间的体验这个意义上讲,时间对于个人而言是一种工具,个人借此体验生活的**关联性**,体验这种关联性的成本和收益,体验这种关联性与深层的空间安排之间的联系。正如我们将会看到的,互型是一个特别重要的切入点,可以帮助我们理解如何通过媒介来维系和管理这种关联性。

在某种程度上,我们总是从关系的角度来想象时间。作为思考万物与众生的关联性的方式,宗教的时间观念时至今日仍然重要。因此,当英国新教基督徒试图质疑现代城市世俗生活的碎片化时,他们会问"今昔是何年?"(Engelke,2013,pp.20-21)。就我们关于媒介和信息基础设施的论述而言,特别重要的是现代钟表时间的概念(Benjamin,1968;Thompson,1967)。钟表时间对于我们理解**媒介**与时间的关系之所以重要,原因有三。第一,因为媒介机构(类似于其他机构)是依据钟表时间来运作的。第二,因为媒介是强化我们注意到钟表时间流逝的最重要的机构之一。例如,广播电台全天播报时间,新闻网站通常都有一个内置的时钟。第三,因为媒介作为将大量分散人口的注意力集中在共同参照点①周围的最重要的现代工具,是时间的基础设施的一部分,而手机等人际交往媒介则以新的方式拓展了计时的人性化(Ling,2012,chs.3 and 7)。在这方面,时间分化固有的**社会**基础(Durkheim,1995[1912],pp.9-10,353-354)通过媒介得以在实践中具体地实现。综上可见,媒介将空间紧密联系在一起的方式的重大变化也可能对时间的主客观方面产生重大影响。这也是关于19世纪通信技术转型的重要研究得

---

① 指人们同一时间共同关注的重要事情。——译者注

出来的历史经验(Beniger,1986),这种历史经验对于今天来说同样重要。

从跨越空间的同时性的意义上讲,时间是媒介机构所**维持**的东西的组成部分。长期以来,媒介和信息基础设施一直参与着标示社会公认的人生阶段和事件①的流逝。事实上,这可能是它们的一个极为重要的作用。帕迪·斯坎内尔(Paddy Scannell,1989)是首批认识到这一点的人之一。人们普遍承认,"现代通信技术"正在"改变人类对于时间的认知"(Nowotny,1994,p.8)。然而,为了充分理解不断变化的媒介和信息基础设施对社会世界的影响程度,我们在深度媒介化时代应该进一步探讨。时间可能是媒介**扰乱**个体融入日益复杂的社会世界的一种关键方式。时间,作为一种必要的相互关联感和义务联系感,可能并不总是与我们希望为自己和所爱的人维持的持续时间感兼容。因此,时间与人生体验和社会关系之间的**兼容性**密切相关,即与我们在第1章中所说的"互型秩序"的**可持续性**密切相关。这就是现象学坚持从人们有义务互惠互利的出发点来理解社会世界的重要性,而如果我们从"与他人的关系仅仅是个体孤立的意识选择"这个前提出发,那就完全错过了将时间用于社会学分析的重要性。

哈特穆特·罗萨在专著《社会加速》(*Social Acceleration*)中认为,在现代性的塑造过程中,时间所起的决定性作用甚至超过空间,因为日常生活的空间方面较为固定和不可变,时间维度则更具流动性(Hartmut Rosa,2013,p.28)。如前所论,时间和空间(至少当我们将时间视为跨越空间的同时性时)必须放在一起进行分析。也正因此,把时间关系视为比空间关系更具流动性未必有益。但罗萨为我们指出了一些重要的东西。时间由于其与意识的内在联系,是行动的**内在**维度,尤其是交往行动的**内在**维度。虽然对话的基本性质和意义不会因为远距离沟通(如打电话)而改变,但会随着在时间中的延长而**发生**变化:沉

---

① 比如出生、婚丧嫁娶等。——译者注

默,相当于意在言外。换言之,交流总是有赖于时间的不断展开来实现,而交流的实现通常并不依赖于在空间中的持续活动。

因此,空间和时间与权力的关系是不一样的。我们有时会觉得不受空间因素(空间的力量)的影响。我们通常只有在想从此处到彼处去并发现自己受阻时,才会感受到空间的力量。然而,无论身在何方,我们都无法不受时间因素(时间的力量)的影响,因为它隐含在交流本身("你**现在**就做这件事,你**稍后**做这件事,等等")之中。也许能将我们从对时间的感知中解脱出来的只有毒品(时间压力是梦中焦虑的常见主题),但这充其量也只是暂时的解脱。

更正式地说,时间是社会秩序本身通过交流而得以形成的主要维度;唯一的限制是,它被置身于空间中的人们视为来自别处的一种支配性力量。互型(以及互型之互型)的规范性力量因而是**在时间中**形成的。如果不考虑意义是如何**在时间中**展开的,我们就无法理解这一点。因此,时间是交流如何参与建构社会世界的一个关键维度。在这个维度上,我们才能看到社会生活的某种"互型秩序"经受考验[①]。

在本章中,我们强调基于互联网的潜在的全球连接基础设施(以及与互联网相关的数据过程)的时间压力的若干趋势。这些时间压力的趋势并非在任何地方都很突出,但是对于发达国家和其他国家的精英阶层而言是显著的。我们并不是说这些趋势是普遍的(或者注定是普遍的),也并不认为互联网是塑造当今社会世界的互型秩序的唯一因素(我们再次郑重地批判媒介中心论)[②]。

6.1 媒介和社会世界的时间性

关于这个问题,我们有必要回到舒茨对于社会世界的理解始于主

[①] 指社会生活秩序的某种可能性在时间中得以确立。例如,既有天下大乱的年代,也有河清海晏的时期。——译者注
[②] 比较我们在第3章的讨论和斯莱特(Slater,2013)的犀利批判。

体间性的体验,即"面向他人"的必要性。至少在舒茨的个人著述中,他坚持认为,"交往行为亦意味着对他人对我之行动的理解有某种预期"(Knoblauch,2013a,pp.331-332)。这反过来又意味着一种共享的时间,理解可以在这种共享的时间里实现和完成(Knoblauch,2013a,pp.333-334)。舒茨在另一本书中承认,尽管物理距离也许正在增加,但通信技术在维持这种同步性方面发挥着变量的作用:

> 根据通信技术的状况,当意识流的同步性在某种程度上仍然可以维持时,能够减少忧虑对方的征兆。(Schutz and Luckmann,1973,p.90)

舒茨在这里提供了洞察时间关系的原初思想,这是理解我们的互惠义务及其对于技术变革的潜在脆弱性的关键所在。

卢克曼后来承认,使个体的时间感得以运作的"抽象的社会时间范畴",可以"完全无视内在时间的节奏"来组织社会互动,而内在时间的节奏在两个人面对面直接交流时是同步的(Luckmann,1991,p.158)。但在卢克曼的讨论中,很难超越"抽象的"与"内在的"这两种时间组织方式之间的冲突:没有意识到时间如何以更广泛的方式**组织**社会世界,包括通过深深地融入个体们生活纹理中的外部协调。实际上,卢克曼的分析偏向于内在时间的动态和面对面的对话者,以及交际者内在时间的同步性(而不是通过社会维系的时间感来实现**社会**协调和控制的更广泛的动态)[1]。那么,卢克曼的分析是否可以成立,例如在西方现代性的早期阶段?我们对此存疑。但在一个媒介运作的节奏和类别在社会协调中发挥重要作用的时代,他的这种看法显然毫无道理可言。重

---

[1] 正如卢克曼所言,"日常生活的时间性,尽管可能由抽象的、社会客体化的范畴构成,却是即时进行社会互动的主体间的时间性,并且**取决于男性与女性内心时间节奏上的同步性**"(Luckmann,1991,p.159,强调另加)。

要的是,要弄清楚媒介和传播的基础设施在其中所起的作用。

媒介使个人时间、社会时间,以及个人时间和社会时间所依据的参照点(如时间尺度)具体化了,因而是"日常生活的社会节拍器"(Neverla,2010,p.183)。媒介因而为以新的方式使社会世界系统化和规范化提供了聚焦点,包括手机使新的微观协调实践成为可能①。媒介因而在建立和实例化(instantiating)社会中的"张力系统"方面发挥着关键作用(Elias,1994[1939],p.32),社交媒体平台则极大地强化了这一进程②。对于埃利亚斯来说,在越来越大的空间中保持**共同的**时间感,是理解现代性本身作为一个更大的相互依存系统和义务体系如何演变的切入点。埃利亚斯对于"节奏"的讨论极为生动:

> 事实上,这种"节奏"不过是一种相互依存的众多交织链条的表现形式,这种链条贯穿于人们必须履行的每一项社会职能中……节奏是众多相互依存的行为的体现,是由个体行为构成的链条的长度和密度的体现,是使整个相互依存的网络处于运转之中的斗争强度的体现……一项职能处于如此众多的行动链的交汇处,需要一种**精确的时间分配**;它使人们习惯于将一时的意愿服从于**压倒一切**的相互依存的**需要**;并且培养人们消除行为上一切反常的举动,以实现终身的自我约束。(Elias,1994[1939],p.457,强调另加)

一个密集的联系网络的"代价"是,使个体感觉到有责任**适时**地管理好自己。当代社会理论家哈特穆特·罗萨从埃利亚斯的远见卓识出发,提出一种晚期现代性理论,认为人类进入了一个"社会加速"加

---

① 比较Ling(2012)和本书第7章。
② 卢克曼当然知道埃利亚斯,不过,他并没有看出埃利亚斯著作中的理论贡献,因而很快就将埃利亚斯抛开(Luckmann,1991,p.152)。

剧的时代。稍后,我们将详细讨论罗萨的论点,但其核心是,由于基于技术的通信系统和诸多其他进程的加速而出现的深度媒介化,在我们的**体验里**与我们的**期望值**之间出现了越来越大的鸿沟(Rosa,2013,p.xxxvi,借鉴 Kosseleck,2004[1979],ch.14)①。对于罗萨而言,任何社会的"时间结构"都会对其成员可能的生活方式产生巨大影响。原因在于,"时间结构和视域②即使不是行动者与系统视角③之间唯一的系统性联系,也是系统性联系之一"(Rosa,2013,p.4)。罗萨对埃利亚斯的论述的扩展不但合理,而且重要。在尼克拉斯·卢曼的著述中,我们也发现了时间在建构社会秩序中的重要性。卢曼指出,时间在衡量各种活动对彼此的影响,甚至可能在"扰乱"价值秩序方面发挥着特殊作用(Luhmann,1994[1968],p.143)。正如埃利亚斯发现的,时间结构具有"规范**化**特征",因为它们创造了一个框架。在这个框架中,如果更广泛的协调不被打破,那么局部协调便不是可以选择的,而是无法避免的:它们以这种方式为理解有序和无序的**总体**图景提供了一个制高点④。

由此,我们可以直观地看到媒介与时间的关系在现实的中介化建构中的重要性⑤。然而,媒介多样体和融入其中的特定互型,可以说带来了独特的时间压力类型,其强度远超埃利亚斯的想象。

6.1.1 深度媒介化时代同步性的独特之处

在上一章中,我们注意到媒介机构在维持更大的集体凝聚感和跨

---

① 正如科塞莱克(Kosseleck)指出的,科技已经将进步稳定为体验与期望之间的渐进式差异,⋯⋯这种差异只有通过进步的不断更新(表现为加速)才能够持续存在(2004,p.269)。
② 指做计划的日程表,比如我一天的打算、我的工作计划、我的生活规划等。——译者注
③ 指包括制度在内的社会系统的目标。——译者注
④ 指一个参照点,我们由此能够看到可能出现的秩序和混乱。——译者注
⑤ 请注意,我们并不同意时间本身就是一种技术(Ling,2012,p.38)的说法。时间是社会建构的产物,它的具体呈现虽然取决于社会测量技术,但远不止于此。正如我们在本章开头指出的,时间是我们用来理解生命本身的框架。如果我们认为社会生活和社会世界在某种程度上是由我们**围绕**时间的关系而构成的,那么记住这一点至关重要。

空间的实际协调方面发挥的历史性作用。由于空间和时间的相互关联,我们可以很容易地坚信媒介机构长期以来在维持存在于时间中并受空间约束的集体性方面一直扮演着关键角色(Scannell,1989;Carey,1989)。今天,伴随着深度媒介化,媒介和信息基础设施对于如何维持跨越空间和时间的(舒茨所说的)共通感的交往,具有若干鲜明的特征。首先,它们使**任意一点**与**任何其他点**之间都可以进行交往。众多移动电话和设备接入互联网意味着无需只能从媒介生产机构的中心来精心安排同步性,我可以通过将自己刚刚做的事情的照片上传到数字平台上而无远弗届地吸引你和其他人持续关注我,尽管这样做无疑要借助于一种连网的资源集中的基础设施。其次,无论传输的内容大小如何,**传输**的速度都近乎瞬时完成。这非但不会导致**体验到的**时间被抹去,相反,我们会对"微小的时间差异"变得越来越敏感(Nowotny,1994,p.10)。当一条短信或聊天消息几个小时都没有得到回复时,或者当一封电子邮件发出一天了都还没有回音时,我们会很在意(并且经常对此作出负面评价)。再次,对于传输**内容**的大小增长到什么程度,在理论上似乎没有限制,甚至在某种程度上,传输速度实现了人们大多数情况下所期待的瞬时性。这意味着人们解释和处理从具有共通感的互动者那里**接收到的**内容的负担也可以无限加重。

20年前,保罗·维利里奥(Paul Virilio)预言性地将由此产生的大量信息表述为"数据的普遍送达"(1997,p.56)。数字信息传输的相对加速,意味着行动者不必依靠自己或他们的对象在空间中移动,他们可以原地不动,于所在之处就能够获取大多数东西的信息。实体之间空间的重要性似乎被消除了(Tomlinson,2007,pp.90-91),但其结果肯定不是**普遍**意义上的加速。不仅人们在感知到加速时会做出抗拒的反应,而且交流的加剧会导致互型出问题,以及新形式的惯性或反应迟钝(Rosa,2013,p.80;Wajcman,2015)。与此同时,我们对过去的了解也随着"现在"所提供的信息的扩展而改变。这是否像罗萨认为的那样

(Rosa,2013,p.102),削弱了时间单向性的性质？本书宁愿谨慎地认为，我们生活在社会世界之中，这个世界一方面具有时间多元化的特征，另一方面具有用于时间协调的技术系统复杂性的特征。

当然，推动社会世界走向空前的时间协调（通常在局部被视为加速）的一系列相互关联的力量无疑是强大的：竞争的经济压力、文化压力和社会结构压力，每种压力都加剧了看似是社会加速的深层次"循环"中的一个或多个时刻。在罗萨看来，这个"循环"本身可以分解为三个要素：技术加速、生活节奏加快、社会变革及对社会变革的感知提速。关键问题是，**强化**社会加速体验的影响的循环，"在很大程度上不会受到个人试图中断它的影响"(Rosa,2013,p.153)。换言之，时间不仅涉及"互型"和"互型之互型"因之而得以构建的关联，还涉及一个更广泛的**互型秩序**的建构和维持（见第 4 章），而这**不是**个体能够直接调整的。互型秩序（请回忆一下第 1 章）涉及大规模的**时间组织方式**（元过程），没有人可以在不破坏实际意义上的合作本身（没有人想破坏它）的情况下挑战这种方式。因此，媒介和信息基础设施实现的不仅仅是"技术加速"，即信息的加速传输，它们实际上塑造了各种**互型**，通过这些互型强化了相互依存关系，从而塑造了**通过**互型而实现的社会秩序的可能性。

其结果似乎是一种巨大的时间错位。在这样的世界里，借助中介化沟通系统，工作和系统的要求远远超出日常习惯植根于其上的正常界限。其中与工作相关的不平等问题极为严重。一些论者认为，更普遍的结果是将危及生活本身。媒介设备便是推动人们受全天候连接生活约束的最明显的体现之一。在日本，以朋友为中心的社交媒体平台米西(Mixi)的即时反应规则，将"即时文化"(Tomlinson,2007,p.74)和持续连接的原则（如今在许多文化中都可以看到）[1]推向极致，以至于不少年轻人连睡觉时都把手机放在枕边或枕下(Takahashi,2014,p.188,

---

[1] 比较格雷格(Gregg)书中一个章节的标题"连接的要求"(2011,p.21)。

190,194)。纽约的乔纳森·克拉里(Jonathan Crary)将这一现象概括为一种自相矛盾的"全天候"生活方式,因为它永远无法完全实现(毕竟凡是人**都需要**睡眠,一直不睡必死无疑),从而强加了一项不可能的律令,其效力"取决于(任何现实的)人类生活世界与憧憬永远在线的人生之间的**差别**"(2013,p.30,强调另加)。然而,关键问题在于,这些过程并不是简单的加速过程,它们实际上强化了有着特定**意义的相互依存**的互型,这些互型的媒介是基于技术的交流平台。这就是为什么(在持续的时间压力下)我们被"烦扰"的感觉并不是由于自己拥有的时间更少,而是与"社会实践的密度"相关的协调性问题密不可分(Southerton and Tomlinson,2005,p.229)。

然而,这些发展被(并且不仅仅是被商家)描述为自由的一种形式。这显然是一个悖论。原因在于,如果我们将自由理解为一种关于互动合作的复杂的社会成就,那么正如克劳斯·奥夫(Claus Offe)指出的,"我们为自己开放的选择权越多,脱离制度框架的机会就越少,因为我们通过制度框架而获得各种生活的选择权"(1987,p.9)。保持持续连接的律令是该"制度框架"的一部分。由于至少在民主社会中,我们抵制着自己是不自由的这一观念,而这需要艰辛的努力来揭露这种专制性,将其视为我们必须面对和改变的东西(Cohen,2011,pp.188-189)。不过,埃利亚斯的型构概念有助于我们将这一(持续连接的)基础设施视为一种新兴的相互依存过程,它在日用常行中影响我们行动和想象的可能性。这种相互依存过程的核心是不断变化的媒介和传播的形式。

6.1.2 媒介和变化中的社会发展"速度"

在我们详细阐释媒介和变化中的社会发展"速度"之前,有必要先说明一下本书是如何理解时间的中介化建构的。时间关系是社会建构的。问题的关键不仅在于什么被视为时间是社会建构的(Durkheim,

1995[1912],p.9),而且在于视之为**连续**时间放在一起进行测量的东西也是建构的产物。根据罗伯托·西普里亚尼(Roberto Cipriani)的观点,"时间的问题集中在一系列关系上",即人们认为两个或多个事件是如何构成某种系列的(2013,p.14)。西普里亚尼引用了埃利亚斯的话:"时钟当然能帮助我们测量一些东西,不过,这些东西并不是真正的时间(时间是不可见的),而是一些切实可感的东西,例如一个工作日或者月食的时长,抑或一名百米运动员的速度。"(2013,p.14)通过社交媒体平台,社会世界的空间扩展也改变了被认为是可测量的持续性和序列性(脸书新闻推送的"时间"便是一种近年来出现的、现已盛行的序列性建构)。

此外,个体对时间的体验是通过我们所参与的互型来建构的。随着媒介和信息基础设施的变化,这些互型也发生了变化,从而改变了社会世界的时间维度和个体在社会世界中的处境。媒介通过其在实现新的、进一步延伸的互型之互型中所起的作用,改变了特定形式的加速过程与其他形式的加速过程相互联系的方式,以及经由该方式的**变速**。这影响了我们的社会时间感得以改变的总体速度①。

在埃利亚斯的分析中,社会世界的新节奏历经几代人的发展,通过感受到先前的惯习与新出现的社会压力之间的矛盾而逐渐显现出来。这种矛盾可能会随着时间的流逝在每个人的有生之年就显现,但是社会反应只在新的文化准则中成形,而这需要几代人的努力(Dolan,2010,p.9)。不过,随着社交媒体平台的规范融入日常生活,我们有可能会在短短十年之内见证一种更快的转型,这种转型对**代内**关系和**代际**关系都会产生影响(Rosa,2013,p.110)。

上述这些变化并非在整个空间中都能够被均匀地感受到,一切皆

---

① 因此,我们同意朱迪·瓦伊克曼(Judy Wajcman,2015)的观点,即认为"晚期现代性的一切都在加速"的说法过于简单,但不同意她对罗萨"我们与时间的社会关系问题在晚期现代性上日益严重"(Rosa,2013)这一观点的否定。

取决于实践的组织。正如某些社会学家指出的,"时间尺度通过实践的……生产和再生产而制度化",例如在组织内和职场环境中产生了独特的"时间取向"(Karasti et al.,2010,p.384)。接下来,本书将详细讨论媒介对于改变时间秩序形式的影响。我们需要审思普遍化的压力和人们在时间实践方面的具体差异,以及他们在驾驭这些实践时的相关资源。

6.2 失去时间和创造价值

到现在,我们的见解都是概括性的,旨在通过媒介来了解当代人与时间关系的某些特征。正如第 5 章指出的,我们无法抽象地对基础设施进行一般化的解释,因为连接的基础设施发挥作用的方式因地而异。这也同样适用于时间。实际上,时间本身就是社会动用许多资源建构出来的一种基础设施。

在这一部分,我们想更详细地考察人们**在时间方面**不断变化的实践,以及媒介在维持这些时间关系方面的影响。我们应该留意,人们的交流方式总体上从面对面更多地转向空间上分散和时间上异步会给社会世界带来什么样的后果。这种转变也可以用从"厚"(thick)时间主导的世界过渡到"薄"(thin)时间主导的世界来表达(Ellison,2013)。在"厚"时间主导的世界中,行为被融入语境序列之中,这些语境序列彼此之间,以及与特定的时间序列之间存在明晰的关系。而在"薄"时间主导的世界中,时间管理很少为行为提供清晰的坐标。正如埃利森(Ellison)所言:"可以将增加的即时性和同时性……与'薄时间'的概念……联系起来。由于时间在数字世界中以复杂的方式被压缩,个人在处理、传播和应对来自各个方面五花八门的信息时,不得不习惯于采取'即时'和'同时'的做法。"(2013,p.58)可以肯定的是,交流加速的后果比单纯的增补或增强(supplement or enhancement)要复杂得多。正如梅利莎·格雷格(Melissa Gregg)采访的澳大利亚的一位两个孩子的父亲所说:"(我们)彼此用于聊天的时间**越来越少**。我们**各忙各的**。"(2011,p.135,强调另加)

6.2.1 时间匮乏

在某些媒介文化中,人们在日常生活里越来越感觉到时间的匮乏:从来没有足够的时间去做自己必须做的事情。这不仅仅是技术加速的问题,而是一个经济、文化和社会实践之间的**相互关系**不断变化的问题,这影响着各个层面的所有行动者,以及媒介和信息基础设施对**所有**这些相互关系的不断变化的参与程度。事实上,由于互联网是一个**连通**的空间,它的连接潜力实际上是无限的,因此才无限制地放大了这个问题。

个体行动者可能会感觉到当下的缩短。我们所说的"当下"并不是衡量时间的客观尺度,而是把每一天都描绘成一个行动和计划的时间范围。在这个时间范围内,我们**有权**设想"不再有进一步的变化"。交流加速改变了"当下",因为它们制造了压力,促使人们把必须适应进一步变化的时刻往前提。这就不仅仅是交流加速的后果,也是"交流与行动"语境中"加速所带来的转型"的后果(Rosa,2013,p.350n8)。只有在"当下"之内,我们才能根据"迄今为止"的经验作出判断,从而放心地确定自己的行动方向;一旦"当下"之中包含的信号量增加并有可能增加到任意高的水平时,社会行动者们就有可能遇到麻烦,并且可能导致失去对交流的反应能力。

导致上述情形发生的一种重要方式是"多任务处理"。不断变化的跨空间工作分配增加了"一直在执行"多项任务的可能性,即使一个人已经离开与某项任务相关的最初地点。但是,如果通过加强远距离沟通来促进多任务处理,那么将对我们的"当下"感产生严重影响。它将来自多个活动的时间信号和与时间相关的义务导入**单个**时间流之中。

因此,难怪萨瑟顿(Southerton)和汤姆林森(Tomlinson)两人的一位英国受访者会满怀期盼地说:"一天中最轻松的时刻,就是当我只需要做一件事的时候。"(2005,p.235)

因此,绝对的传输速度和互动速度的比较只是我们需要考虑的一小部分。毕竟,只有当我们的实践因为速度的要求而需要**调整**时,速度才会影响到我们,而且只有当它出现在我们参与的实践矩阵中时,这种要求才会被登记在案。在许多情况下,绝对速度的增加对我们来说并不是现象学关心的问题,因为它们是我们经验中的黑匣子,或者发生在我们并不是直接参与者的活动领域(例如,配电速度或武器发射速度的增加)。当加速确实与我们有关时,我们对它的感受至少取决于两点:我们所需要的活动强度和(以此为前提的)他人因之而与我们互动的强度。然而,由于我们的活动通常是在有限的时空范围内交织在一起,"时空范围"(Hagerstrand,1975,相关讨论见 Giddens,1984,pp.111-118)对由此产生的互动加速施加了**限制**,并且可以充当一个让社会行动者实际**感受**到加速的互动可能性有多快的机会。

虽然在有限的空间中,只能容纳那么多特定大小的实体——空间容量有一定的天然限制,超过这个限制就必须停止继续往里装(否则,实体便会被压碎);但在时间上,情况并非如此。在一个人(时间)的"收件箱"里,可以同时存储收到的以非同步的方式发来的任何信息,在容量上**几乎没有限制**。一系列交往平台上的每条信息都需要"立即"做出回应,这与白噪声(无数信号相互抵消,因此听不到任何明显的声音)的情况截然不同。传播超载的挑战在于,作为不同意义载体的每条信息都**能被接收到**,却无法都被注意到,因为个体缺乏这样做所需的时间。如此一来,当代的沟通安排往往会对个体们产生时时刻刻的**时间压缩**要求,而这些要求与相关交往义务一起,原则上是人们永远都无法做到的。

这种多重的、做不到的要求在"薄时间"内可能不会有问题,因为在"薄时间"内,没有更广泛的规范框架来对相互之间的行为序列进行排序。但它们在"厚时间"内,或者在罗伯特·哈桑(Robert Hassan, 2003,p.233)所称的"网络时间"内,即"数字压缩的钟表时间"内,存在着严重的问题。在该时间内,特定互型中的时间校准义务被强化了①。当代工作场所和个体社交网络中的社会关系剧烈变化的时期(如青春期或成年早期)很可能是"厚时间"时期。在"厚时间"时期,由于时间匮乏而无法履行的交往义务的负担会被更强烈地感受到(Turkle,2011)。而在"厚时间"时期的协调问题,对于任何更广泛的互型秩序来说都是潜在的难题。

6.2.2 作为回应的实践

到这里,我们的分析都是在一般层面进行的。除此之外,我们也需要从具体实践的角度来着手处理这些可能性。一些(简单的和复杂的)实践为此类转型提供了切入点。

在日常生活中,有一种做法似乎与时间匮乏背道而驰,那就是"对时间进行**深度挖潜**"。这里所说的时间"深度",并非断言它是时间的实际维度(时间不可能是"深"的),而是指人们对于时间的体验。这种体验由我们逐渐加速的互动义务引发,我们有更多事情待完成,必须采取更多办法。这些增加的义务与我们在可支配时间内履行它们的能力之间的冲突也变得更多了。

存档,便是与此相关的一种数字媒介实践。我们通过数字基础设施可以更轻松地存档各种信息、图像,以及生活中的其他痕迹。因此,作为一种社会实践的摄影以新的方式融入其中(van Dijck,2007; Bowker,2008;Christensen and Røpke,2010)。更为广泛的影响较为复杂:**机构性**的更强的存储能力需要改进方法来分类和解读目前积累的

---

① 指通过数字设备以越来越精细的方式来衡量时间。由于这些数字设备,我们在特定情形下的行动义务在时间上变得越来越密集。——译者注

海量信息。同时,很难排除过去发生的一些事情以某种或多或少令人尴尬的形式被储存起来的可能性,以便有人可以在未来的**某个**时间点将其抖露出来,这增加了个体和机构管理这种不确定性的风险。

我们可能还会感觉到彼此之间存有一种更加复杂的与时间相关的义务。想一想今天我们对个体们的经常性期待,期待人们将**保持所有(交流)渠道的畅通**(Couldry,2012)。对此,本书已经在前文关于持续连接问题的讨论中有所揭示。只要愿意,我们现在可以做到对来自四面八方的内容持续地敞开怀抱(并有可能回应)。许多学者将持续连接的(甚至带有强迫性质的)实践视为在数字媒介环境下长大的媒介一代的特征(Bolin,2014;Hepp et al.,2014,pp.22-31;Palfrey and Gasser,2008)。使我们能够以这种(持续连接的)方式在所有渠道上保持开放,是新的便携式接口(如智能手机)的营销承诺的一部分。虽然不可能对所有事物都保持开放,但是"可沟通"的需求塑造了一种新兴的实践,这种实践不同于以前的基于断断续续的沟通并在大众媒介与人际媒介之间进行明确区分的媒介消费模式。保持所有渠道的畅通意味着一直将自己定位于私人空间以外的媒介世界。正是在这样一个(以前不可能的)惯常背景下,某些人至少是出于特定目的而试图**限制**其与外界进行交流的开放性。

为了应对媒介带来的这种新强度的时间挑战,我们正在实践中加强选择。通过选择,我们断然**停止**做自己过去一直在做的某些事情;通过大刀阔斧的**选择**,我们使自己必须与之互动的环境更易于管理。雪莉·特克尔(Sherry Turkle,2011)令人印象深刻地解释了年轻人筛选**出的**(或选择**取消**)与朋友**聊天**的一些极端方式,因为他们正面临严重的时空压缩问题。这恰好是一个例证,说明日常生活的纹理可能会由于间接的选择压力而发生巨大变化。为应对这些压力,我们想方设法地从自己的通信环境中通过"筛选"而脱身出来,同时保持着我们仍然完全连接在一起的错觉。筛选越来越多地委托给智能手机等技术界面,这些技术界面提供了与媒介进行连接的入口,而这些入口是事先进行大量选择的结果。通过从大量的"客户端"中进行选择,人们可以屏蔽掉无限的媒介环境中的大量内容,并且创建一个"精挑细选的"、既可管理又看似个性化的界面。这就是"媒介多样体"的双重作用。在这里,我们的体验有可能变得支离破碎[①],但在不同的体验之间联系的新形式也在发展之中。我们如今正以前所未有的方式分享体验的方方面面,例如刚刚享用过的美食照片、记录我们在某地或与某人旅行时的自拍。

在实践中,一种重要的做法是选择"隐身"。"隐身"(虽然在线,但不为其他人所知,或者避免将通话作为使用手机的首要目的)在美国越来越普遍。雪莉·特克尔引用一位 21 岁大学生的话说:"我不再用手机打电话了,我没有**时间**没完没了地煲电话粥。"(Turkle,2011,p.146,强调另加)正如特克尔所见,这就产生了一个悖论:用于加强人际沟通的基础设施由于其固有的加速互动的趋势,造成人们的时间严重匮乏,以至于不得不**停止**交流,至少是**停止**直接的(面对面)交流,延缓了"充分"的交流,以便更好地管理自己的时间匮乏问题。于是,隐身成为广义的"划界实践"的一部分。通过划界实践,人们划出特定的**不受某些个体、集体或组织打扰的时空**(Hepp et al.,2014,pp.185-191),不仅理所当然地包括节假日,还包括在日常模式的时间之流中"躲进小楼成一统"的时段(Burchell,2015)。人们的这类划界实践迫使他人不得不做出进一步调整。这些调整的成本可能会在一个更广泛的管理彼此时间的系统中被消化掉,这些调整带来的困扰也可能会不公平地砸在特定的个体们或阶层身上。

6.2.3 时间和社会秩序

关于协调,还有一种更宽泛的观点。问题不只是缺少对于交流做

[①] 比较克拉里关于"共享体验区的条块化和碎片化"的论述(Crary,2013,p.53)。

出反应的时间,而是缺少进行**解释**的时间。换言之,缺少对人们应该了解的最新信息进行**叙述**①的时间。这个问题可能并不适合直接进行调整②。我们在这里遇到了一个更广泛的互型秩序的问题,正如现象学哲学家保罗·利科(Paul Ricoeur)所说,是"**塑形**"(**con**figuration)的问题。在利科的著述中,时间与叙述之间的关系是明确的:"叙述"只有"在描绘时间体验的特征时才有意义",而"时间"只有"在以叙述的方式被组织起来时才得以成为人类的时间"(Ricoeur,1984a,p.3)。对于利科而言,叙述的可能性总是需要行为的"塑形",这是一种将各种异质元素结合在一起的时间综合。叙述提供了一种与众不同的在时间中存在的方式,因为情节"从(一个时刻到另一个时刻的)连续中就足以提取出一种塑形"(Ricoeur,1984a,p.66)。在利科看来,人类生活中塑形的可能性与连续的现实性之间始终存在一种矛盾的关系。

由于利科对时间和叙述的思考主要是在哲学和文学的语境中展开的,因此,社会秩序并非他优先考虑的问题。但对于从社会学的角度思考我们关于媒介和信息基础设施的亲身体验,尤其是关于"塑形"我们现在遇到的这些基础设施的强化形式的问题——从无尽的连续性之流中提取出一种塑形(可能的叙述),利科的相关论述仍不失为一个有用的参照点。他本人很清楚我们所处的叙述结构的**历史性**:

> 也许,无论如何都有必要对今天仍然构成读者期望的一致性的呼声充满信心,并且相信我们尚不知道何以名之的新的叙述形式已经诞生……因为我们不知道这样的一种文化将会是什么。在这种文化中,再也没有人知道它对于叙述事物意味着什么。(Ricoeur,1984b,p.28)

---

① 以叙述或故事的方式来理解某件事情。——译者注
② 指这可能不是我们能够通过自己的行动来直接改变的。——译者注

利科预见了一种未来的文化在时间方面的脆弱性,我们如今只是在特定的文化实践中才体现出来:一种新的"文化"的可能性,这种文化**抵制**叙述并创造条件,使得个人体验的塑形仅仅在某种程度上才是可能的。

由于互型秩序的问题(或者用利科的术语——"塑形"的问题),我们置身于其中的相互关系**作为一种秩序**对我们来说是有意义的,它们是(构成这些相互关系的)新的互型及互型之互型的产物的表达。在个体行动者的感知层面,互型秩序的问题是一种新出现的**普遍秩序**形式的显示。通过这种秩序形式,这个世界可以用新的方式来治理。我们在上一章已经看到,新传输技术的出现带来的空间范围的日益复杂化,使得新的互动环境成为可能,例如全球股票市场的交易大厅。在本章最后一节中,我们将探讨在当今日益密集的社会互型网络中,秩序在时间上可能出现的其他方式。

6.3 社会时间的紊乱与重整

在进一步思考互型秩序时,我们先来考察一下社会工作领域中媒介衍生的相关变革。

6.3.1 时间与工作

时间对于工作来说极为重要,因为"工作是在时间内完成的,是一种由行动者完成的时间行为"(Lee and Sawyer,2010,p.8)。在限定的组织空间内进行时间管理是组织生活关键的维度和难题之一(Zerubavel,1981)。但工作环境在时间安排上可能存在显著差异。李(Lee)和索耶(Sawyer)指出单一时间模式的工作环境与多元时间模式的工作环境之间的主要区别[①]:

[①] 有关多时点(polychrony)和媒介的概念,参见 Neverla(2002)。

> 采用多元时间模式工作的人对时间顺序的重视程度较低,他们会在事件发生时兵来将挡,应机处置,并且可能同时参与多种活动。相比之下,采用单一时间模式工作的人通过为出现的每个事件分配特定的时间段来安排自己的活动,并且对要处理的事件作计划。(Lee and Sawyer,2010,p.9)

大多数组织由于专注于共同的系统和目标,因而采取了单一时间模式的方式,尽管组织中的个体们在实践中也会采用多元时间模式来工作。这加剧了时间结构的规范化压力。在分布式工作中,维护共同的工作时间环境变得更加困难,而远程通信技术总体上又便利了分布式工作的开展。萨克尔(Sarker)和萨哈伊(Sahay)在研究美国与挪威开发信息基础设施项目的虚拟团队的工作时发现了这一点。他们的研究聚焦的是时间和空间在塑造团队成员的个体行为上的作用,结果发现了一个值得注意的现象:

> 与时间相关的主要问题似乎来自团队成员们的心理时钟和社会时钟的不匹配、时区计算的复杂性、对时间偏差的负面解读,以及难以理解时序混乱的聊天和线程讯息。(Sarker and Sahay,2004,p.4)

这类工作涉及以前可能从未一起共事过,甚至素昧平生的人们之间建立有效的协调与协作形式。一个独特的问题便是"猜疑",即"难以眼见为实地验证远程成员的行为"(Sarker and Sahay,2004,p.10)。人们在应对这一问题时可能会矫枉过正,恰如对澳大利亚家政工人的一项研究所证实的那样:

> 我觉得如果我不回复邮件,别人就会以为我有意怠慢他

们，而不是认为我还没有看过。这既是一个令人焦虑的问题，也是我如何看待自己作为一名职场人士的问题。我想让人们知道我正忙着呢。（引自 Gregg，2011，p.15）

另一个问题是交往的"静默"，即在本应经常联系时却有一段时间没有沟通。距离较远的人们倾向于消极地理解交往的静默，认为这是"能力不足或缺乏敬业精神"造成的，有时甚至会导致"职能关系的破裂"(Sarker and Sahay，2004，p.15)。解决这一问题的办法包括尽量减少不同地点之间的依存关系——缩减远距离协作的程度，或制定新的沟通规范（例如，24 小时内做出回应）。总之，"虽然信息通信技术"在以技术为中介的时空中"充当分布式工作的关键推动者"，但"它们本身并不能保证'地理位置的透明性'"(Sarker and Sahay，2004，p.16)。跨地区沟通产生**管理**沟通的时间序列的复杂性，这可能不利于舒茨所认为的有效的社会互动所必需的**换位思考**。同时，对于跨地区合作的依赖的压力在不断累积，这意味着在个体层面，存在缺陷的这种工作条件可能会带来很高的成本。

我们再来看一下那些制作资讯包的组织，这些资讯包构成我们共享的诸多体验的组成部分——"新闻"。最近对全球主要新闻生产者的研究表明，新闻来源的变化正在影响这些生产者与时间的关系。施莱辛格(Schlesinger)和多伊尔(Doyle)认为，尽管新闻制作的时间性曾经很明确（侧重于"突发新闻"及其后续的对外传送），但处于变化之中的经济模式意味着新闻生产者必须日益适应由外部涌入的观众反馈和评论（例如，推特和脸书上的热门话题）。他们认为，这会导致新闻生产常规的实时调整，从而可能会给新闻制作实践带来时间上的冲突(Schlesinger and Doyle，2014，p.9，15)：你是否花时间核对或确认一篇新报道的消息来源？抑或你是否有时间查看社交媒体对你上一篇报道的反应？

这种由于媒介而产生的时间关系悖论也会影响到非正式型的工作。想一想那些试图改变经济体制的传统组织之外的人——要求社会变革的抗议者。正如人类学家韦罗妮卡·巴拉西（Veronica Barassi,2015）指出的，抗议者与其他人一样，必须应对"即时性"的问题。这意味着面对面的交流和活动一定会被经常收到的电子信息打断，并且需要发出新的信息。巴拉西的基本观点与我们相近：正是通过安排日常实践，我们才得以建构具体的时间性（Barassi,2015,p.104）。这不仅是某个人在手机上处于随叫随到状态的个体成本问题，而且关系到每个人花时间做的某些事情都被另一些貌似更具"即时性"的活动**取而代之**。政治实践的**质量**，特别是旨在通过集思广益引发社会变革的实践，可能会因此而受到损害。正如接受巴拉西采访的一位活跃人士所指出的："我觉得无法（在社交媒体上）进行真正的讨论。沟通的速度太快了，以至于缺乏深度。建立事件和思想的历史同样极为困难。"而另一位活跃人士认为，"我们也需要提出替代性方案。问题是，这些复杂的分析需要适当的完善。为此，我们需要**时间和空间**"（Barassi,2015,p.112）。社会运动的其他研究者则注意到活跃人士被锁定在"一种（加速的）面向事件的动态"中的代价，这种动态侧重于跟踪和应对社交媒体的趋向（Poell and van Dijck,2015）。显而易见的"保持联系"的义务造成隐性的时间匮乏，而这反过来又为行动者参与更广泛的实践带来成本。但同时要看到的是，数字媒介也促进了政治运动中的记忆和存档实践（Cammaerts,2015）。

6.3.2　时间之流中更广泛的社会秩序

我们能从这些迥然不同的案例中提炼出什么样的普遍原理呢？**通信系统的时间动态有一种趋向，它会覆盖接收到这些系统输出的行动者可能参与的其他过程的时间动态。**正如一些论者指出的，社交媒体平台似乎具有自己的时间感，以及与时间相关的义务（Fuchs,2014;

Kaun and Stiernstedt，2014；Weltevrede，Helmond and Gerlitz，2014）。政治活动家可能会感受到一种压力，要求他们只关注社交媒体的热点（例如，根据推特的算法，得出什么正在"走红"），而不是了解人们是否对于政治活动家所做的事情兴趣日浓，即使后者可能更具实用性和可持续性（Poell and van Dijck，2015，引用 Lotan，2011）。事实上，一条信息"现在"出现在某人的手机上，因而立即就**可以**得到回复，这似乎胜过回复（这条信息）所需的时间的其他任何可能的用途。在一般的社交互动领域也有相似之处：来自米西（Mixi）社交平台上的好友的信息，会使日本年轻人立即做出回应（Takahashi，2014），而不是采取其他行动。因为在做多种其他事情的同时，立即做出反应是很困难的，所以可能会出现一种压倒一切的需求，以保持一种**随时**准备在消息传入时做出反应的状态，即使在人睡觉时也是如此。当**技术系统**的要求在时间模式中凌驾于其他主要需求之上时，就会出现矛盾之处，例如持续的无响应期（通常称为"睡眠"）。如何将系统要求与日常生活融合在一起（无论是好是坏），对于生活质量至关重要。

可以说，这里要分析的问题比理解复杂的社会领域（如全球贸易市场）的秩序更难。这些领域建立在诸多面向共享的通信和数据流的相互关联的互型之上。由于这些领域拥有**其自身**关于秩序的叙述（尽管必须由相关从业者将其化为现实），我们因而明白，这些领域在维持其有效性的边界内运作。更难分析的情况是，与普遍的通信基础设施相关的系统要求渗透到个体们的日常生活之中，而且在这种情况下，无法提供对由此产生的混乱作出解释的叙述。这便是埃利亚斯通过他的"节奏"概念捕捉到的一个很大程度上未知的方面。

从某些行动者相对于另一些行动者的角度来看，社会世界的节奏（用埃利亚斯的术语）正在进行引人注目的**重新调整**，而从深度媒介化的角度来看，社交媒体平台正在推动这种调整。埃利亚斯说，"节奏"的作用就像"一个位于众多行动链交汇处的函数，它需要精确的时间分配；节奏使人们习惯于让自己每时每刻的行为倾向于无条件地服从相互依存的需要；它培养人们消除自己所有的'逾矩'行为，以实现长久的自我约束"(Elias, 1994[1939], p.457)。节奏的规范性**力量**并非源于任何人的意图，而是通过许多"互型"和"互型之互型"的相互关联累积起来的。随着时间的推移，这些相互关联使行动者认可"相互依存是人的首要需求"。之所以将相互依存视为人的"首要"需求，或许是因为如果没有"相互依存"，合作将无从谈起。当我们对时间的一种需求被另一种压倒时，就会产生这样的后果：如果这种压倒成为惯例，可能会导致我们**永久性地**将稀缺的时间从被压倒的用途中移开，从而为产生这种压倒的时间用途的指数性增长打开大门。这是**通过媒介在时间上逐步重塑日常生活**的一个重要引擎。在某种程度上，当我们缺乏理解这一变化的途径（用我们理解社会世界的其他途径来**塑形**它）时，就会产生互型秩序的问题。

我们在这里看到了深度媒介化影响的一个方面，它不是由媒介内容或形式所固有的任何"逻辑"驱动，而是由媒介使意义与社会性的相互依存关系加剧的**动态**所驱动。然而，这只是深度媒介化背景下社交媒体平台产生影响的一个方面。同样重要的是**评价他人的新模式**：**评论**他们刚刚说的话或即将要做的事，**效仿**他人。所有这些新模式都具有时间方面的属性，因而有助于增加时间上的相互关联。由于我们在数字平台上的所作所为，我们与时间的关系正在发生变化的可能性已经引起许多学者的注意(Weltevrede et al., 2014; Kaun and Stiernstedt, 2014)。我们可能正处于社会秩序的重大变革之中，其结果将不仅仅取决于时间校准。正如埃利亚斯洞察到的，节奏问题和价值问题难以分开。

6.3.3 转型中的"此时此地"

150年前，身体和事物（铁路）运动的加速扰乱了社会的"传统时空的连续统一体"(Schivelbusch, 1986, p.33), 导致"地区之间的空间距离"消失, 而空间距离正是"此时此地"和各个地区是其所是的本质所在(Schivelbusch, 1986, p.35)。现在就判断与日常场所的此时此地相关联的"意识"——如希弗尔布施(Schivelbusch)所说的——是否会完全消失还为时过早, 因为在基于媒介的持续连接出现*之前*, "此时此地"的意识就已经深入人心, 但我们不应低估指向这一方向的各种融合性力量。

一个平淡无奇的甚至褊狭的例子可以表明许多地方出现的**这种**问题。据英国《卫报》2015 年 9 月 4 日报道, 一名未透露姓名的 14 岁男孩向一名女孩发送了一张自己的裸照与她调情, 现在已经被记录在警方的犯罪数据库中, 并且将至少保存 10 年。这名男孩在发送裸照时, 大概并没有想到这张照片会被存档(他可能也没有料到收到照片的人这么快就把照片转发给其他人)。他更没有想到, 这张照片会引起负责学校治安的一名警官的注意。该警官在数据库中记录了这起"不良行为", 尽管并没有提出指控。然而, 这种"无心之失"(起初无疑是愚蠢且无礼之举)的结果是一种似乎完全不相称的持续的惩罚。当交往实践在空间中(传递)和在时间中(存档)产生的后果与行动者们自己所预期的大相径庭时, 互型秩序出现了紊乱①。

另一股起作用的力量是将日常通信的相互连接的时空转换成一个逐利的领域所涉及的巨大投资。尽管通信系统的接入水平仍然参差不齐, 但通过廉价的"智能"手机或"免费"的互联网服务(例如脸书的免费平台)等来**推动"连接"**世界上相当大一部分人口的努力是真实存在的②。正如

---

① 对于这种脱节现象的忧虑已经在许多国家引发立法行动。例如, 美国加利福尼亚州通过了所谓的"橡皮擦法案", 从而使年轻人能够要求从网站和平台上删除被发布的材料(Caldwell, 2013)。
② 有关免费的基础设施在印度引发争议的精辟评论, 参见拉弗朗斯(Lafrance, 2016)于 2016 年 2 月 11 日在《大西洋月刊》(*The Atlantic*)上发表的《脸书与新殖民主义》(Facebook and the New Colonialism)。

何塞·范·迪克(Jose van Dijck, 2013)在她对所谓"社交媒体"平台增长的经典研究中解释的,我们不可能将这种(变化的)轨迹及其标榜的对"社会生活"的改变与软件的开发分开,软件将我们互动的"数据"组织到我们作为社交媒体用户的**展示**空间之中。如果没有组织数据的过程,就不会**有**"社交媒体"平台。这并不是否认数据过程本身就已经产生社会影响。在日常生活中融入基于数据的过程时,其中一个影响可能就是塑造我们安排行动时所依据的参照点。那些设计数据过程的人对于预测特别感兴趣。当这类数据采集的预测结果反馈到**我们**自己的体验之流("个性化"的广告、我们购买东西时的差异化价格、我们社交媒体页面上的新闻源、鼓励我们采取行动的提醒、对我们在推特上的表现的嘉许等)中时,社会行动者自己的**时间感**——他们的行动所面向的各种相关的时间视域——可能会在此过程中被改变。

我们将在第 10 章和第 11 章继续讨论关于秩序的问题,以及它们对于价值问题的影响。除此之外,我们在下一章中有必要更仔细地思量贯穿于第 5 章和第 6 章的一个主题,即"数据"对于现象学解释社会世界如何建构的影响。

7 数　据

在第 5 章和第 6 章中,通过聚焦中介化沟通对日常社会互动的空间维度和时间维度的影响,本书拓展了经典现象学对社会世界是如何建构的解释。但是,我们迄今尚未遇到任何能够从根本上动摇伯格和卢克曼所提供的知识社会学分析进路的情况。他们两位将社会知识理解为芸芸众生在日常的思想和行动中积累起来的知识(Berger and Luckmann,1966,p.33)。然而,我们注意到,以数据为基础、以计算机为中介的传播基础设施时至今日在社会交往中起着关键作用,这**可能**正在改变我们获取社会知识的方式。为直面此问题,本章将关注已深度融入我们日常生活的自动化数据采集和数据处理。在其深层次的运作中,它们与日常的"思想和行动"大相径庭。

基于计算机的系统获取、处理、配置和再现的"数据",对于社会知识有何影响?在此,我们出于描述性的(而非理论性的)含义来使用"系统"这一术语,指的是通过"软件代理"的"自动化中介"来实现大规模信息处理的计算资源配置,其在相当大的程度上无需人工直接干预(Mansell,2012,pp.108-115)。我们并不打算用"系统"一词来表示对"社会系统"**理论**的忠诚。实不相瞒,我们不接受这类理论①。关于"系统"的释义姑且不论,本章是我们论证的拐点——唯物主义现象学与经典现象学开始产生实质性分歧。正如本书第 1 章所言,这也是现象学传统(一旦我们赋予其恰当的唯物主义形式)与福柯(Foucault,1970,p.xiv)等(因为唯物主义)②看似反现象学的知识论述之间貌似无法修补的裂痕可以修补的地方。

伯格和卢克曼的著作与现象学更广泛的传统的长处在于,从对产生"思想"的社会情境的关注(传统"思想史"的社会学拾遗),转向对"社会上一切被认为是'知识'的东西"("常识性知识")兴味盎然(Berger and Luckmann,1966,p.26)。但是,伯格和卢克曼对舒茨此前提出的"知识的社会分配"问题(Berger and Luckmann,1966,p.28)却存而不论,以便建立一个关于社会知识的帕森斯式的"理论论证的统一体"(Berger and Luckmann,1966,pp.28-29)。这也是为什么他们乐于把更广泛的认识论问题从其社会学中划掉,就好像这些问题与日常生活毫无关系。现在看来,伯格和卢克曼的这两个做法都有问题。时至今日,"数据"的增长是知识生产主要的再分配的组成部分:对于我们在社会世界中所知的任何东西的解释,都必须面对被视为社会知识的东西与日常认识论之间的冲突(或者至少是有多种可能的解释)。我们每天都要面对这种多元性,知识社会学因之而获得新的重要性③,但这种重要性与伯格和卢克曼所料想的大不相同。

《现实的社会建构》的经典命题认为,一个人只需将人们在日常"社会情境"中生产的知识的交集汇聚在一起,便可以建立起常识性知识的解释(Berger and Luckmann,1966,p.15)。《现实的**中介化**建构》则考虑了媒介对这种常识性知识的解释的影响。但如果在我们对特定的有界

---

① 见本书第 1 章相关讨论。
② 福柯强调知识的物质性(而不是把知识视为我们头脑中的想法)。——译者注
③ 近年来一篇权威的关于算法的论文已经注意到这一点(Gillespie,2014,p.169)。

限的社会情境的解释中不能完全理解"媒介"的影响,那该怎么办?数据在媒介运作中的作用使我们愈发难以完全理解媒介的影响。

"数据"是符号性的原材料,通过累积、分类和解释,从中产生供特定行动者出于特定目的使用的信息(Kallinikos,2009a)。虽然我们可以很随意地谈论"原始数据",但实际上没有任何数据是"原始的"。所谓"原始数据"其实是一种自相矛盾的说法(Bowker,2008,p.184;Gitelman and Jackson,2013,p.13;Kitchin,2014,p.20),数据总是在特定的实践和精心组织的收集中具体化,最简单的例子就是数据**库**。我们现在姑且不论数据的具体问题。总的来说,本书认为,由计算机系统生成的"数据"和"信息"是今天日常生活的先决条件,从大千"世界"(Boltanski,2011)中通过数据处理作出的**选择**对于社会生活至关重要。安东尼·吉登斯早在20世纪80年代就已经悟到这一点(Giddens,1984,p.309,引自Gandy,1993,p.13),尽管吉登斯当时的聚焦点只是政府在收集信息中的角色,而非今天我们所见的政府**和**公司的广泛监控。关于市场和政府在数据处理方面的社会角色的另一个开创性解释是詹姆斯·贝尼格(James Beniger,1986)对19世纪现代化的描述,但他并未优先考虑现象学议题[①]。

当代数据实践对现象学的挑战源于吉登斯的洞见之后三个方面的发展。第一,在今天诸多社会活动和社会互动过程中,不断的数据采集产生了海量数据,如果没有自动化技术,那么对于这些数据的处理就将束手无策。在许多发达国家,网络系统无障碍的数据收集和数据处理,是人们订火车票或飞机票,或者与朋友保持联系等日用常行的前提。这样的自动化过程并非特例,也不是专门为政府部门等大型机构提供的特殊服务。对许多人而言,这是**日常生活中司空见惯的事情**。第二,

---

[①] 尤其参见贝尼格(Beniger,1986,p.25)神奇地预见当代互联网的连接空间是一个"数字化"的过程。

目前绝大部分数据处理掌握在"私营企业"手中(Gandy,1993,p.13),由于这些组织的目标是赢得私企的竞争优势,因此,我们无法将其与为社会公益而奋斗等同视之。这些私企的目标必然**溢出**经典现象学对社会知识模式的阐述,至少有人试图在全球范围内,而不仅仅在国家或地区范围内实现这些目标(Mosco,2014)。第三,这种数据处理的结果包括从表面上看产生的**社会知识本身**,至少在工具意义上是用于管理社会互动的信息。根据与社会行动者相关的数据的分类和处理,为追求特定的行为结果而对社会行动者进行分类。正如数据社会学研究先驱奥斯卡·甘迪(Oscar Gandy,1993,p.15)所言,数据处理是一种"歧视性技术",通过"三位一体的功能"而发挥作用:"识别"(收集与管理相关数据)、"分类"(将个体们分配给预先构想的群体)、"评估"(根据对个体们的不同分类,比较不同版本的个体分配所产生的不同行为结果)。

本书所说的"数据",包括用于采集、分类、存储、评估数据和依据数据行事的所有过程及其隐含的基础设施。如今,数据在"社会知识库"(Berger and Luckmann,1966,p.61)中占了相当大的比例。数据生产在本质上是**不对等的**,它面向利用数据的机构(私营企业和政府)的目的。这在经典现象学的社会知识模式中是未曾设想过的。诚然,个体社会行动者们之间会涉及相互的数据采集,并且可能会采取适合数据采集进程的行动(本书后文会对此进行讨论),但是此举并没有改变一个事实:作为社会知识形式的数据过程的主要驱动因素是相关社会互动之外的机构。通过这些外部机构的需求驱动的聚合过程和算法计算,很大一部分这样的数据是自动生成的。当然,我们也可以说,日常生活和媒介技术与日俱增的相互依存(本书称之为深度媒介化)本身就是数据生产的关键驱动力。至少从**今天的**数字基础设施形式的角度来看是这样,我们肯定可以举一反三地想象出其他各种并不依赖于持续的数据采集的版本。这将引发更广泛的问题,事关如今日益占主导地位的特定类型的互型秩序。对此,我们将在第10章进行探讨。在此,我们只追问最根本的问题：深度融入社会的数据处理对现象学社会学的影响是什么？

7.1 数据与经典现象学社会学的前提

伯格和卢克曼正确地将社会经验中的一个关键的组织动力明确化，即社会行动者如何"将日常生活现实理解为**井然有序**的"(Berger and Luckmann, 1966, p.35)。这种思想仍然具有解释力：凡是我们**无法**将日常现实理解为井然有序的之时，都让人深感痛苦并破坏了人类的基本进程（届时社会崩溃，城市瘫痪，政治恐怖，民不聊生）。但是，数据处理引发的问题已经使我们面临现实**如何**有序化与它的秩序是**什么**之间的冲突。舒茨认为，"生活世界中个体的境遇如何"是社会知识的基础(Schutz and Luckmann, 1973, p.105)。但是，与舒茨所说的那个"如何"相冲突的解释如今所在多有：数据过程产生了许多这样的解释。数据收集和处理的经济制度现在是广泛的市场经济及政府运作的一个关键方面。数据收集不是通过社会互动的给予和接受（相互理会）来进行的，而是通过任何可能的人类反身行为之外的自动提取过程来操作的。对此，社会行动者有时可能会试图进行抵制。然而，这种抵制不可能完全成功，因为许多种行动似乎都以这种事先的处理及其所依赖的分类作为前提。

因此，伯格和卢克曼的社会世界现象学的两大前提都受到了挑战：第一，"日常生活是**人们所理解**的现实，是一个具有主观意义的**规整的世界**"；第二，社会中的普通人不但将日常生活世界视为理所当然的现实，而且"这是一个**源于他们的思想和行动的世界**，并且**由这些思想和行动维持其真实性**"(Berger and Luckmann, 1966, p.33，强调另加)。我们并不是说，仅仅因为数据处理的**自动化过程**深深地融入社会行动者每日的生活中，他们在日常生活中就不再试图在自己的思想和行动中产生常识性知识。毋庸置疑,社会世界的"常识性知识"仍然是"在常态的、不证自明的例行生活中,由我和他人所共享的那些知识"(Berger and Luckmann,1966,p.37)。但时至今日,社会世界中已有其他类型的并非总是不证自明的知识在起作用[①],**社会行动者深受这些知识的影响**,然而,这些知识却不受社会行动者的控制。我们现在需要将这一事实纳入对人们每天所想所做的理解之中[②]。

伯格和卢克曼当然知道社会行动者对多种类型的知识与制度化知识生产的依赖。他们承认语言在不受"此时此地"所限中的作用(Berger and Luckmann,1966,p.54)。他们解释了制度如何在更大范围内支撑作为社会秩序根基的知识体系,使合法化不仅是一个规范性的事实,而且是一个认知性的事实(Berger and Luckmann,1966,p.111)。但是他们的论述并不适合解释自动化的数据处理在今天日常生活中的作用。他们所举的"系统"在知识生产中的例子——电话系统在日常通信传输中的幕后作用,官僚体制在签发新护照中的幕后作用(Berger and Luckmann,1966,pp.56-57)——与今天的数据处理系统并非同一类型,对社会知识的内容的影响要小得多。伯格和卢克曼无法预见数据和信息系统为当代生活生产**知识**的作用,即在支持和塑造日常互动**本体方面**中的作用。对于伯格和卢克曼而言,"制度化"虽然被广泛地定义,但最终取决于**人类主体自身**如何在这个世界中行动,以及如何理

[①] 萨维奇和伯罗斯(Savage and Burrows,2007,2014)两度提醒社会学家要注意出现的基于数据的新型社会知识,但他们的着眼点是对专业社会学家的研究方法和目标的影响。而我们在这里关注的是对**社会行动者自身**的影响,以及对经典现象学所要描绘的日常行为领域的影响。

[②] 为接下来的论证做准备,参见 Calhoun(1992b)。卡尔霍恩(Calhoun)引用的不是舒茨,而是美国实用主义学者库利(Cooley)。卡尔霍恩扩展了库利对社会关系的论述(基于角色的初级社会关系和基于全体的次级社会关系)。到 20 世纪后期,社会关系不仅包括"第三级关系"(我们意识到的与远方基础设施的关系),还包括相关性最强的"第四级关系"(Calhoun,1992b,pp.218-219)。这种"第四级关系"(包括信息处理过程)在无需社会行动者意识的情况下**自动**运作。

解这个世界:"当不同类型的行动者之间的惯例活动呈现为交互类型化时,制度化就出现了。"(Berger and Luckmann,1966,p.72)无论这类意义创造和知识生产的制度形式在个体行动者看来有多么令人困惑,对于个体而言的制度世界**仍然是**"一个由人生产和建构的客体"(Berger and Luckmann,1966,p.78)。

那么,这种知识社会学对于数据在今天日常生活中的作用的解释力如何?可以肯定的是,身处社会世界之中,我们对数据的依赖似乎已经成为一种**社会**必然。互联网已经发展成为一个信息空间,潜在地连接地球上每台计算机和基于计算机的设备,以及在那里可以找到的每个文件。这种信息规模的巨大扩展需要对之进行自动化处理才能为我们的认知能力所及。如果不是搜索引擎(包括 Apps)的自动化处理,我们以为互联网"为我们在那里"在线提供海量的图和文、人和事就不可能"在那里**为我们**",毕竟人处理信息的能力有限。因此,重要的是,要把当代传播的更广泛的基础设施(包括数据方面)视为伯格和卢克曼所称的"客体化"["人类活动的外化产品获得客观性的过程"(Berger and Luckmann,1966,p.78)]的一个关键维度,社会现实因之而得以建构。然而,这种"客体化"的运作逻辑却与经典现象学的设想大不相同①。

---

① 我们深知,通过从某种扩展的经典现象学的角度来思考这一基础设施,我们已经与那些认为当今社会学或社会理论分析的唯一起点是已经融合的"社会物质性"过程的人背道而驰。然而,正如本书第一部分讨论的,我们对社会建构的理解理所当然地认为社会与物质相互交融,以及人与物质相互缠绕(Pickering,1995,pp.15-20)。这正是埃利亚斯(及舒茨)的观点,包括伯格和卢克曼也这样认为,只是没有特别强调而已。但如果更进一步,认为我们的出发点"不是由扮演角色的人承担的任务,而是通过同时**构成现象和组织现象的设备所发生的**物质性话语实践"(Scott and Orlikowski,2013,p.78;参见 Orlikowski and Scott,2014),那么这在我们看来是于事无补的。我们也没有通过阅读诸如量子力学之类的自然科学方面的论著来找到研究"社会物质性"的有效方法的灵感。毕竟,这些科学领域的解释与日常意义形成的条件相去甚远(Barad,2007,依据 Scott and Orlikowski)。正如乔纳森·斯特恩(Jonathan Sterne)指出的,"物质性"与"建构主义"之间无休止的争论已经"徒劳无益"(2014,p.121),一旦认识到我们在研究传播技术时**总是**对那些"不仅是物质的,而且具有不可简化的物质维度"的过程感兴趣,而这恰恰是唯物主义现象学的旨趣所在。

这不仅仅是一个复杂性增加和授权增多的问题。伯格和卢克曼已经预见到这一点。他们认为,通过"为整个社会建立起一个稳定的象征性的苍穹",便可克服由客体化产生的对总体秩序的压力(Berger and Luckmann,1966,p.103)。这种苍穹甚至将与社会行动者的经验相距甚远的现实安排在一种等级关系中(Berger and Luckmann,1966,p.110)。数据过程之所以具有颠覆性,不仅因为它与我们相距遥远,还因为它涉及计算、排序和配置数据(生成新的认知形式)过程中不可思议的大规模自动化重复。更加普遍的是,如今被我们视为"社会知识"的很大一部分不是由人掌控的,而是在(互联网)累积的文本和图像的非个人"储备"之中,因其浩如烟海,我们无法直接获得这些社会知识,但可以通过自动化搜索引擎(Halavais,2009)和其他类型的自动化处理间接得到。在这种新的情势之下,伯格和卢克曼的如下论断当年无可争议,而今遇到了问题:

> 社会知识库中的知识究竟是如何被分配的,这本身也是一种知识。即便只是概括性的描述,它也是隶属于同一个知识库的重要元素。在日常生活中,我至少粗略地知道,**对某人我可以隐瞒什么东西**,对于不清楚的事情我可以找**谁**来获取信息,以及更宽泛一些,**哪类人**应该会有哪类知识。(Berger and Luckmann,1966,p.61,强调另加)

不过,伯格和卢克曼的如下观点仍然正确无误:事物"维系在一起"的压力很大,极有必要优化"相关性"的整合(Berger and Luckmann,1966,pp.81-82)。社会行动者之间"意义交互"(Berger and Luckmann,1966,p.82)的**影响**仍然很重要,即使人类与(积累、计算和配置关于他们的数据的)自动化过程之间不可能存在伯格和卢克曼意义上的相互作用。

在社会世界中,如果知识社会学承认,除了社会行动者生成的知识之外，还存在**其他**类型（有影响力）的"社会"知识，那会是什么呢？（我们所追寻的）结果不必是这种意义上的"物化"——伯格和卢克曼所定义的，忘记了人在建构现实中的作用，以至于"客体化的世界失去了它作为人类事业的可理解性"（Berger and Luckmann, 1966, p.106）。数据过程本身毕竟就是（在一定程度上涉及人类的）各种社会、文化和政治过程的中介化产物。但一个重要的事实是，"数据"涉及的过程超出人类主体本身具有的直接能力，无论是执行还是建模①。在这种意义上，数据涉及某种形式的**物质化**（通过媒介及其基础设施），进而带来特定的知识**制度化**。这些过程的目标、规范和"知识"不同于人类行动者的，因此，"社会"知识与合法性、价值观和社会秩序问题之间的关系就不像伯格和卢克曼所认为的那样简单了。现在，让我们在若干特定领域来探讨这个问题。

7.2 新的"社会"知识制度

与所有基础设施一样，"数据"的基础设施也会**沉潜**到社会安排的内部（Star and Ruhleder, 1996）。若非如此，它就不能使我们的生活按照正常的轨道运行。然而，由于数据基础设施是社会**知识**的结构，因此，如果想要对社会世界是如何建构的有一个满意的解释，我们就必须对它进行明晰的思考。

通过数据使知识制度化的过程由多个部分构成，在操作层面通过网络来实现。网络如此复杂，以至于认为它是由一种单一的逻辑或"主导性的形塑力量"所驱动是毫无意义的。在这一点上，它与所有的技术相似（MacKenzie and Wajcman, 1999, p.18）。换言之，它的目的是尽可

---

① 正如软件研究指出的，代码中包含过多内容："代码会按人的指令行事，但在精确程度上永远无法百分之百达成人的意愿"（MacKenzie, 2006, p.177），"编码的实际规则能够转译/扩展人的能动性，但永远无法实现百分之百的精确"（Introna, 2011, p.113）。

能地**充当**一种基础设施,**充当**一个实用系统。从广义上讲,**这**就是当人们在异国他乡下飞机时,或是在一个国家的千里之外下火车时,相信自己的信用卡、电话或笔记本电脑能正常使用的时候所期望的。社会行动者的这类期望,与无数企业追求实现产品和服务与其他企业产品和服务之间无缝**互通**的目标密不可分。如果没有数据追踪,企业的这种理想就将成为镜花水月。正如阿芒·马特拉(Armand Mattelart)所说:"如今网络追踪技术使得行星间的通信成为现实。"(2010,p.2)这种基础设施对于更广泛的政治和社会秩序的重要性是不可否认的,"技术创新类似于为公共秩序建立框架的立法行为或政治基础……在钢筋和混凝土、电线和变压器、螺母和螺栓的有形布置中"(MacKenzie and Wajcman,1999,p.33),我们现在还可以加上无形的代码。

7.2.1 数据库和社会分类方法

数据库对于这种转型至关重要。"采用分类法将有关实体的信息排序编入列表的能力是当代国家和科学实力的关键所在。"(Bowker,2008,p.108)数据库有一种被鲍克(Bowker)定义为"命令"的独特权力,一种基于"排除性原则"的排序权力,决定什么可以存储、什么不可以存储在特定表格中(2008,p.12)。从这个意义上说,数据库最终的运行结果是这样的:"未被分类的内容将变为不可见的。"(2008,p.153)数据库运行的要点是确定数据运行(计数、聚合、排序、赋值)的**起点**(出发点)。从这种意义上讲,一旦"数据"被纳入数据库中,"数据"便与它的来源之所"脱离"关系(Kitchin,2014,p.72)。如果底层数据库的结构保持不变,那么在底层数据架构基础上开发的某些进程本身,便会根据数据中新出现的模式不断进行调整,而这对数据库的运行过程没有影响[①]。在任

[①] 有关数据库与算法之间的区别,以及它们发挥作用的不同层面,参见 Manovich(2001, ch.5)、Gillespie(2014)、Kallinikos and Constantiou(2015)。

何情况下，这类调整都不是由收集数据的过程中存在的某种独立的"意愿"所驱动的，而是由（从数据过程的角度来看）被定义为足以触发此类调整的数据特征的出现所引起的。在所有这些情况下产生的"知识"都无法与建立数据库之时或随后对之进行调整的有目的的数据选择区分开。当结果被视为（由数据重现的过程的）**直接**知识时，它们是具有误导性的。用鲍克的话来说，"我们的记忆实践是意识形态和知识相融合之处"（Bowker, 2008, p.228）。本书在第 3 章就已经指出，这些发展可以被视为潜在的第四次媒介化浪潮——在更广泛的数字化浪潮中，出现了数据化浪潮。在此浪潮中，我们的相互依存关系通过持续生产和交换**数据**的基础设施逐步**深化**。

组织社会生活所涉及的大部分数据都是"从人类经验的原始资料中提取的"（Gandy, 1993, p.53），并且被用于社会**分类**。数据收集的目的并不是中立的，而恰恰是具有歧视性的，即"协调和控制人们对现代资本主义经济生活中的商品与服务的访问"（Gandy, 1993, p.15）。这种歧视性需要集中大量数据资源进行计算，单个数据库是不够的。因此，将独立的数据库聚合成更大的数据库至关重要，这样就可以实现无数个数据收集点之间的模式匹配，从而能够进行预测（Gandy, 1993, pp.71-84）。从 20 世纪 90 年代和 21 世纪前十年"分布式关系数据库"的发展，到今天不断增长的数据行业的业务，包括谷歌、智游（Expedia）[①]和艾克希姆（Acxiom）[②] 全球规模的业务（Kallinikos, 2009b, p.232; Nissenbaum, 2010, pp.41-45），起初从特定位置和特定情境基于某种价值[③]而聚合数据，现已成为社会生活的一个基本组成部分。

忽视这种数据收集所依据的选择原则对特定的权力分配和对长期组织社会世界可能产生的后果是幼稚的。正如西奥多·波特

[①] 总部位于美国华盛顿州的旅游服务公司。——译者注
[②] 总部位于美国阿肯色州的数据库供应商。——译者注
[③] 指获取利润。——译者注

(Theodore Porter)在更宽泛的语境下所说的,"量化是一种差别技术",由于它受"排除判断"的驱使,而非出于追求"真实情况"的目的(1995,p.ix),通过重塑社会世界本身,使得特定类型的判断成为可能的和高效的。"如果用于研究社会和经济生活的量化技术旨在描述的世界能够**按照它们的意向重塑**,那么它们就能发挥出最佳效果。"(Porter,1995,p.43,强调另加)事实上,由于大型机构的行为不可避免地与它们试图影响的现实之间存在很大距离,因此,数据过程的运作在将一个不太清晰的、难以处理的"世界"**变成**一个有序的、可精确测定的、可解释和可治理的现实方面起着至关重要的作用。正如人类学家詹姆斯·斯科特(James Scott)所言,"可读性"(legibility)……是治国之道的核心问题,需要"把握分寸的权术"(1998,p.2,27)。除此之外,恰如一些法学理论家指出的,我们必须将这一分析扩展到当代商业和信息技术环境下的整个监控系统(Cohen,2012;Pasquale,2015)。

我们会忽略这个复杂过程的社会形式,除非将数据函数固有的抽象与嵌入这些函数的**经验过程**联系起来(Cohen,2012,p.20),从而注意到以数据为基础的"表征和分类……过程"的潜在暴力(Cohen,2012,p.24)。为此,以现象学为参照至关重要[1]。但是,数据基础设施的一个核心特性与经典现象学的预设有很大的矛盾。这就是它的**不透明性**[2]:"网络空间的配置……对用户来说越来越不透明。"(Cohen,2012,p.202)数据持续的选择和比较过程具有跨越无穷无尽领域的概括力,这使**社会知识**必然具有更大的不对称性。正如克里斯蒂娜·阿莱莫

---

[1] 科恩(Cohen,2012,p.52)将她的方法称为"后现象学",因为在运用现象学方法的同时,坚持关注我们与技术的关系。然而,正如我们自始至终论证的,如果发展得当,现象学的视角**能够**处理好我们与技术的关系。

[2] 此外,经典现象学提出过社会世界不透明的问题,但将其视为社会知识相对程度的一个特征和我们对于未来所知有限(Schutz and Luckmann,1973,p.168)。对于舒茨来说,这里没有解决不了的问题:"所体验的生活世界只是相对不透明,但原则上是透明的。"(Schutz and Luckmann,1973,p.169)然而,可以说,数据过程造就了一个原则**上始终**不透明的世界。

(Christine Alaimo)和詹尼斯·卡利尼克斯(Jannis Kallinikos)所说的，恰是由于数据的抽象性和编码在逻辑上的简单性，社会可以被表征为各种(兼容的)高度可塑的形式(2015，pp.15-16)。**一旦社会被刻录进数据之中，它就不再与既定的类别和习惯相关联**。它被转置到生成它的逻辑上，并因此而根据该逻辑来展开。或者正如何塞·范·迪克更为简明扼要地指出的，"将社会性编码为算法比将算法解码为社交行为更容易"(van Dijck，2013，p.172)。因此，将社会生活转化为"数据"就投下了一个巨大的阴影：**无法被数据过程捕获的描述符(descriptors)域**(Balka，2011)。

这导致人与基础设施的关系的改变，一种潜在的影响深远的改变。从根本上说，基础设施是人类活动的工具，在最复杂的层面运作，是"普通"人活动的"黑匣子"底层。在数字世界中，我们作为工具使用的基础设施(例如，我们在社交媒体平台上的页面)越来越与既**强大**又**遥远**的各种进程缠绕在一起，我们无法解析或挑战这些进程。所有工具都包含一些机制，这些机制的详情在我们使用工具时或者被遗忘，或者我们可能永远都不会知道。我们也许可以猜测到锤子是如何组装的，尽管大多数人对现代汽车是如何制造的知之甚少，然而，对于作为日常生活工具的锤子和汽车而言，我们对于它们的制造方式(它们的"黑匣子")的无知并不影响使用它们的质量。但如今许多"数字工具"是与上例所言种类不同的"黑匣子"，当我们使用它们时，黑匣子"**同样在利用我们**"①。它们根据算法自动追踪我们的活动，不是为了使这些工具能够更好地为我们服务，而是为了生成供"**工具制造商**"所用的数据，换言之，使我们能够更好地被广告商和营销人员纳为其目标用户(Turow，2011)。这就是大肆宣传的"物联网"的基本原理，但是由此导致的我们

---

① 这就是弗兰克·帕斯奎尔(Frank Pasquale)对"黑匣子**社会**"(black-box society)的有力批判(2015)。

与基础设施之间正常关系的转型,似乎还没有引起注意。

其结果是一种与舒茨设想的极为不同的抽象的社会关系。舒茨将人工制品视为**人类**对其世界进行**类型化**(抽象化)的各种方式的极端①(Schutz,1967,p.201)。但如今,基于数据的**人工制品**本身主要是为了商业目的和监控而**将人们类型化**,从而为商业和控制建构一个无缝的世界。我们可以称之为**工具可逆性**(tool reversibility)。当我们使用基于数据的工具时,工具可逆性不是立竿见影的,但是通过我们的使用实践及其遇到的障碍,它变得显而易见:无论我们在何时何地使用一种基于数据的工具,它都总是在利用我们。这是算法嵌入日常生活中深层次的文化和社会影响之一(Napoli,2014)。

7.2.2 分类

数据过程反过来依赖于分类。一个多世纪以来,分类在社会理论中一直占有重要地位。在涂尔干和莫斯(Durkheim and Mauss,1969[1902])看来,分类(作为所谓"原始社会"的分类系统的产物)是实际上的社会分工本身和社会观念自身的衍生物。在随后的大多数研究中,因果关系的顺序却被颠倒为分类影响了"社会的信息环境构建"(Bowker and Star,1999,p.5),"类型化"在经典现象学中正起着相似的作用。但为了把握基于数据的分类所涉及的抽象程度,我们需要更具体地研究它们的特征。

正如大卫·贝里(David Berry)解释的,除非创建一个"对象",否则任何基于计算机的分类过程(以及基于它的排序、组合或赋值)都将无法运行。"在以这种模式分割世界时,必须丢弃世界的有关信息,以便在计算机中存储一个表征……那些解读现实的减法……生产了新的知

---

① 人类通过将世界分解为各种类型的事物(如人、动物、物体等)来解释世界。每种解释都忽略了事物的某些特殊性,因为人类专注于更抽象的东西,即存在的事物类型。——译者注

识和方法来控制现实。"(2011,pp.14-15)因此,为了在一个数据库中构成**对象**,第一,需要进行诸如此类的抽象。如前所述,并不存在原始数据,只有"通过测量、抽象和概括技术产生的用来执行某种任务的数据"(Kitchin,2014,p.19)。第二,当大量对象需要通过自动化功能或算法进行处理时,处理过程需要事先组织,数据库**结构**的设计"要尽可能快速而高效地提取位于其中的数据"。从这个意义上讲,"在寻址机器内存的过程中,数据结构形成了一种中间层,一种抽象机制"(Fuller and Goffey,2012,p.84,85)。第三,要完成的运算越复杂,就越需要**合并**数据层,从而实现更复杂的处理。富勒(Fuller)和戈斐(Goffey)称之为"抽象层":"一个过程或软件的各种功能通过一个实现层集成得越多,它循环和合并的范围就越广。抽象的普遍性越强,其有用程度就越大;它在自我稳定方面的韧性越强,围绕它布置的活动就越多。"(2012,pp.88-89)通过这种方式,越来越多原本异构的(heterogeneous)信息可以一起处理,但代价是要进行更高层次的抽象。第四,对数据进行的**计算**过程必须通过算法实现自动化。算法经常被随意地认为是基于数据的日常经验转换的整个过程,但是,作为"基于特定的计算方法将输入数据转换为预期的输出的编码过程"(Gillespie,2014,p.167),算法仅仅是渐进抽象序列中众多要素之一,尽管必不可少。

除了数据过程(涉及产生社会影响的分类)之间的关系之外,我们还需要考虑当这些数据过程的结果**被回放给社会行动者**时会发生什么。它们被回放(Isin and Ruppert,2015,p.113)**这一事实**,则是认真对待数据的知识社会学必须理解的另一个因素。分类①是所有组织形式的基础,包括社会组织。没有它,就不可能与世界进行有效的(或至少是非随机的)互动。然而,在社会领域中,分类具有现象学对类型化进

---

① 伊辛和鲁珀特(Isin and Ruppert,2015,ch.7)更倾向于用"分离"(closings)一词来涵盖分类和排序行为,包括用来限制解释的可能性的一系列其他行为。我们更喜欢"分类"(categorization)这个词,因为它与社会理论直接相关。

行论述时所忽略的独特特征,(这一特征)甚至可以说在涂尔干和莫斯的社会驱动模型中是不可想象的。正如伊恩·哈金(Ian Hacking)所指出的,以人类为目标对象的分类方法是互动的,而以非人类为目标对象的分类方法并非如此①:

> 对人进行分类的方式与被分类的人相互作用……分类不仅存在于语言的空洞空间中,而且存在于制度、实践、与事物和他人的实际互动中……人们知道别人对他们说了什么、想了什么、做了什么。他们思考并概念化自己。根据定义,无生命的事物并不会以同样的方式意识到它们自己。(1999,pp.31-32)

哈金的洞见对于数字时代尤其重要,因为在这个时代,出于各种目的,行动者和行动不断地以无数种方式被分类。

我们与分类互动的方式并不容易理清。它们不是随机发生的,而是在一个高度结构化的环境中发生的,这个环境与"以收集数据为首要目的"相关联。最简单的例子就是社交媒体平台。正如丹尼尔·尼兰(Daniel Neyland)指出的,算法并不会对社会世界产生简单的或自动的递归性影响,而是涉及"一种配置,通过该配置模拟用户和/或客户端,然后促使他们采取与运行中的算法相关的各种立场"(2015,p.122)。社交媒体平台的配置异乎寻常之处在于,我们对其进行操作并通过它们进行活动,在很大程度上却好像**没有**这种配置一样。"平台"的概念本身就是一个建构的空间。在此空间中,日常互动与商业交易之间的对接**看起来**很自然,是一种无缝对接的数据流(Gillespie,2010)。由于我们在社交似乎会迁移到那里的各种新配置空间中维持社交承诺的内

---

① 有人质疑以非人类为目标对象的分类是非互动的(Knorr-Cetina,2014),但那并不是我们在这里关心的问题。

在渴望,出现了"日益增长的**社交**功能承诺"(Plantin,Sandvig et al.,即将发表)。这对社会世界如何建构有着重大影响。

7.2.3 将数据转化为实践

从社会经验中提取出来的数据,至少可以通过五种主要方式转化为社会实践的框架。它们与本书第二部分其他章节和第三部分所依据的维度相对应。

第一种方式与**空间**的组织有关①。基钦(Kitchin)和道奇(Dodge)对此进行了全面分析。现在许多(物理的、组织的、信息的)空间都被"代码化"了。它们的运作通过处理各种数据输入的软件精心组织起来,高度受控的机场安检的空间就是一个明显的例子(2011,Chapter 7),如果没有按照规定的次序满足各种与数据相关的条件,则无法进入该空间。广而言之,这是社会发展过程中自动化管理兴起的一个方面。与传统监控方式不同的是,这种控制形式是无缝的,因为它是通过"一种行动语法"来运作的,即通过"一种表征世界的各个方面的系统性手段……和处理这些表征的有条理的语言"来进行的(Kitchin and Dodge,2011,p.80,借鉴 Agre,1994)。在这种情况下,基钦和道奇所称的"代码/空间"是一种特殊的、高度组织化的(用我们的术语来讲)"**互型**",是由当今复杂的相互依存形式②所驱动的。社交媒体平台给人的**感觉**就像一个"空间",简单地说,我们在此与他人相遇,但他们的存在由平台软件的底层运行及其计算过程的基础设施决定。就社交媒体平台"创造公众"而言,这是"可计算的公众"(Gillespie,2014,pp.188-191)。这并不是说"可计算性"(calculability)本身是新的,韦伯早在一个世纪前就将其视为"现代文化的特质"(Weber,1978,p.975),但是,它

---

① 亦可参见我们在本书5.3节中的相关讨论。
② 基钦和道奇称之为"持续的关系问题"(Kitchin and Dodge,2011,p.78)。

在今天所起的**构成性**作用是前所未有的。

第二种方式与**时间**有关。关于在线媒体的时间，我们的看法类似。在线媒体鼓励我们在一个与互动平台所"预期"的节奏相关的特定反应时间内进行操作，比如脸书的时间线、推特的标签流(Weltevrede et al.，2014)。这种时间并不是自然的，而是在一个特定的阵列中配置**时间序列**数据的结果，以引发更多互动。这个阵列好像是参与交流的各方的自然产物，但是如果没有基于数据的平台呈现，在时空中就不会有相互导向，因此也就不会有"互动"。许多平台设备的设计(如电子邮件提醒)旨在使从平台上溜走的人们重新融入所谓的"社交媒体时间"(Kaun and Stiernstedt，2014)。这有助于稳定可作为"社交节拍器"的新的基于数据的互型(Neverla，2010，p.183)。

第三种方式的转化是在**自我**层面进行的。我们每个人都熟悉在各种描述①下作为一个自我运作的必要性。当对我们自身的矛盾描述汇聚到一次单一的互动中时，困难就出现了。这一点在现象学社会学中是司空见惯的。但经典的现象学社会学不常见的情形是，**相对于人们必须与之打交道的政府或公司，我们每个人不仅具有一个基于自我的身份**，而且拥有一个不断更新的"数据替身"(data double)②，这是我们每个人在不同的数据追踪站点上不断生成的海量数据流的合成物(Ruppert，2011，p.223，借鉴 Lyon，2003)。与多个相互依存的数据捕捉系统具有内在关联的"数据替身"，完全依赖于"标准化的分类系统，从而使它们具有可比性，并且可以将数据库汇合起来"(Ruppert，2011，p.221)。"数据替身"有时会给个体带来严峻的挑战，因为这些个体的总体数据流可能会生成个体不希望有的或相互冲突的数据，并且如前所

---

① 指人的各种社会角色，如父亲、教师、公民等。——译者注
② 指各种机构(如公司、银行等)采集到的关于个体的数据的总和，例如银行可以根据它迄今掌握的关于个人的数据的总和来决定是否提供贷款。——译者注

述,"数据替身"是与数据暗体(the shadow body of data)①相分离的,而数据暗体不会(也许无法)进入相关计算过程(Balka,2011;Gillespie,2014,pp.173-174)②。

第四种方式的转化是在**集体**层面进行的。数据是分类的,因此,数据过程不仅可以具体描述个体们的唯一性,而且可以生成无数群组,这些(具有"聚合力"的)(Ananny,2015,p.8)群组被视为个体们的归属。这些群组是否对应于可能被社会行动者视为在数据生成过程之外的集体,仍是一个悬而未决的问题,但是我们熟悉持续使用数据标识会生成某类行为的情况。想想脸书上的"好友",其中有一些以前就是朋友,另一些很可能通过在平台上发送和接受交友请求的做法而获得。正如泰纳·布赫(Taina Bucher)所言,"朋友已经成为一种基本的手段,通过这种手段可以对**信息的生产和屏蔽**进行设定"(2013,p.49)。在日常的行为和适应中,行动者已经习惯于最大限度地利用此类以数据为基础的群组(例如推特的粉丝数量)。集体是通过数据过程产生新的行动和应对准则的所在。然而,如我们所知,数据过程正在为政府和民间的社会行动者创造新的需要面对的对象。因此,2015年10月,在巴西青少年厨艺大赛期间,当网上出现对一名12岁女参赛者的攻击和性骚扰的评论时,一位非政府组织的工作人员创建了一个名为"普里米罗骚扰"(primeiroassédio)的标签,在多个平台上迅速产生了8万多个类似报道(Gross,2015)。在全球许多重大抗议活动中,公开的标签作为吸引人们采取政治行动的重要性已经得到关注,例如2011年西班牙兴起的"5月15日愤怒者运动"(Postill,2014)。

第五种方式的转化是在**组织和秩序**层面进行的,并且直接源自第三种方式的转化。对于政府和公司来说,持续激增的数据流带来的问

---

① 指真实存在却被数据处理忽略的数据。——译者注
② 比较梅佳斯(Mejias,2013)关于作为节点结构的网络一般如何通过定义来排除"旁节点"(paranodal),即位于节点"旁边的"从而位于网络流"旁边的"未联网和未排序的域。

题是如何监控所谓的"风险"。据地理学家路易丝·阿穆尔（Louise Amoore）的看法，政府越来越不依赖于评判或商议（也许在面对如此巨型的"信息"之山时，评判或商议已经不再可行），而是依赖于一种"关联性"（ontology of association）①，这种关联性"将分散的数据融合到一种关联之中，跨越差异进行推理……从而推断出一种新形式的数据衍生物"（2011，p.27）。阿穆尔认为，这种新的"可能性政治"涉及一种**对时间流本身进行操作**的基本抽象，它面向预期的未来，面向"未来人口"。必须将"数据"变成"可操作的"（Amoore，2011，p.29），这就意味着选择和排除，"使得其他潜在的可能性变得不可见或阻止其发生"（Amoore，2011，p.38）。这些排除性的做法成为治理和管辖全部领土的基础。对此问题，我们留待第 10 章再谈。

通过上述转化方式，社会世界领域及其实践和知识在某种程度上通过基于数据的分类过程重构。在我们看来，分布在这些过程中的复杂性，是唯物主义现象学必须理解的当代"互型之互型"和"互型之间的其他大规模关联"的显例。由此产生的新兴的互型秩序改变了在家庭和学校等特定社会领域我们所置身的相互影响的互型中的基础。它还可能改变社会领域的基本特征，而政府等有权势的行动者认为自己**是在此基本特征的基础上行事**。在本书第三部分，我们将考虑这对个体和集体在社会世界中如何行动的某些影响。

7.3 我们如何在社会世界的数据中生存

在线媒体呈现给我们的表象具有很大影响，我们在这些表象上花费的时间越来越多。但是，这些表象并不是从人际互动中产生的涂尔干意义上的"社会事实"，而是至少在一定程度上受到所在平台的经济

---

① 指一组相关的东西。——译者注

因素和其他外部因素的影响。当使用在线媒体时，我们会在适应这些平台的习惯的基础上与习惯类似的其他人进行互动。这不同于人们一直以来与有形之物和基础设施的复杂关系，原因有二。第一，由于在线媒体植根于日常的社会性和知识，因此，它构成了一个由**规范**（包括对合法性的期许）所约束的空间（van Dijck，2013，p.174）。第二，由于这些规范的出现与互动和交流的特定基础设施所塑造的行为有关，而基础设施已经受到企业目标的引导，以**产生**和**促成**某些类型的效果。当然，这并不是要否认能动作用，而仅仅是强调，当考虑我们如何在"有"数据的世界中生活时，像所有数据化的"事实"一样，我们在网上所做的事情的"事实"，必须通过参考促使它们发生的情境动机来仔细权衡（boyd and Crawford，2012）。（数据化的）目的是衡量**任何**于在线情境中发生的事情，将之作为评价数据，并且不断激励相关表现，从而产生**更多**此类可以进行衡量的数据。人们不必在推特这样的平台上活跃太久，就能够理解伯罗斯（Burrows）和萨维奇（Savage）所说的"社交生活的计量化"意味着什么（2014）。

7.3.1 监控

虽然在线平台本身能直接进行监视（surveillance），但数字传播技术提供的新的监控（monitoring）能力涉及我们所有人：从最基本的问题（她/他"为什么还没有发短信？"），到我们与他人在会面之前通过谷歌等搜索引擎搜寻其信息，再到通过多种形式的"社交媒体"进行不断的相互监控，这些"社交媒体"不仅包括社交网站，还包括发布"用户生成内容的站点"、"贸易和营销网站"、"娱乐和游戏站点"[①]。为此，法学理论家海伦·尼森鲍姆（Helen Nissenbaum）避用"监视"一词，因为它与政府之间存在强烈的贬义联系，而提议使用更为开放的术语"监控"

---

① 这种分类来自何塞·范·迪克（van Dijck，2013，p.8）。

(2010, p.22)。实际上,"数字踪迹"是影响儿童生活的重要因素,在美国这样的国家,孩子们受到父母的持续监控(Schofield Clark, 2013, p.213)。**自我**监控和**自我**跟踪(Klauser and Albrechtslund, 2014)是这幅图景的另一个重要组成部分,有时目标明确(例如,患者愿意接受一种可以提醒当地医院关于患者心脏病即将发作的症状的测量仪器),但更多时候目的不清。这种情形在日常实践中就是何塞·范·迪克(Jose van Dijck)所说的"数据主义意识形态……人们普遍相信通过在线媒介技术可以对人类行为和社会性进行客观的量化与可能的跟踪"(2014, p.2)。在卫生等制度化领域,持续监控已成为一种新的且迫切的趋势。在其他领域(如教育),持续监控的实践建立在数十年来学校不断增强的评价和监视的基础之上(Selwyn, 2015, pp.74-75)。事实上,将庞大的数据库网络与强大的计算能力结合起来的能力不断增强的后果是,"数据越多,就越不可能说它是私有的,因为数据的丰富性使得精确定位人们在'算法上成为可能'"[Tucker, 2013, 引自普林斯顿大学计算机科学家阿尔文德·纳拉亚南(Arvind Narayanan),参见 Narayanan and Felten, 2014]。随着时间的推移,其结果可能是一种宿命论。我们可能开始接受一个以持续的和增强的相互监控为特征的社会世界,将之作为思考社会的**起点**。倘若如此,这就是我们所说的"**深度媒介化**"的一个鲜活例证。

伯格和卢克曼关于"人类'知识'是**在社会情境中**发展、传播和保持"的原理(Berger and Luckmann, 1966, p.15)(在这些情境中,人类因为相互依赖共享资源,所以必须**聚集在一起**行动和思考),现在有了一种极其不同的含义。数字化浪潮(第3章)创造了一种基于中介化传播技术的持续互动的境况。在这种情况下,从原则上讲,任何行动者(无论他在天涯海角)都可以(基于中介化传播技术)与他人建立联系。社会情境的时间性(第6章)也以更加微妙的方式发生了转型,使人们能够接触到以前逝去的、经历过的日常岁月的各个方面。由此带来的丰富体验,与新的**社会形态制度化**程度密不可分。正如何塞·范·迪克所说,"由于社交媒体,这些(往昔日常生活中)随意的言行已经转变成**程式化的文字**,这些文字一旦融入更大的公共经济领域,便会产生不同的价值"(van Dijck,2013,pp.6-7,强调另加)。我们不妨再想想其中的深意。

7.3.2 数据化

由于越来越多地卷入测量和计数的生态之中,社会情境与数据作为经济价值来源的地位密切相关。虽然社会空间计量化的许多方面对于社会行动者来说是隐而不彰的,但这并不能阻止数据处理与日常生活的情感缠绕在一起。"算法不仅仅是工具,还是信任的稳定器,是实用且具有象征意义的保证。它们的评价是公正且准确的,并且没有主观性和错误,也并不试图去影响什么。"(Gillespie,2014,p.179)如果用经典现象学的话来说,算法和数据基础设施的其他方面成为"客体化"的一种形式,是"人类活动的外化产品获得客观性的过程"的一部分(Berger and Luckmann,1966,p.78)。这就是为什么对我们所信任的搜索引擎结果的**搜索者**敏感特性的揭露令人震惊(Pariser,2011)。

对于伯格和卢克曼来说,制度化取决于知识生产中实现的"关联结构的普遍性"(Berger and Luckmann,1966,p.97)。社交媒体平台和在线互动的可互操作的计量化空间,通常会在几乎没有阻力的情况下构成一种用于生成社会知识的新结构。根据最近的一项调查,在使用社交媒体的美国父母中,有75%的人去社交媒体上寻求解决育儿问题的建议(Duggan et al.,2015)。用美国实用主义的语言来说,规范社会行为的"一般化他人"(Mead,1967[1934])如今越来越受到商业上鼓励的在线交流的支持。吉莱斯皮(Gillespie)指出,"算法会影响人们如何寻找信息,如何感知和思考知识的轮廓,如何在公共话语中和通过公共话语理解自己"(2014,p.183)。如果与特定平台、网站和实践相关的算法获得了合法性,那么任何依赖算法合法性权力的人和组织都必须面对"什么出现"在互联网无限连接空间中**某处**的后果。管理这种"新的可见性"(Thompson,2005b;参见 Brighenti,2007 和 Heinich,2012)成为一项艰巨的挑战,其给自我带来的新挑战是,"被人'无意'地发现是不可能的,错失有目的的展示成为一种困境"(Izak,2014,p.362)。

私营企业领域的一个值得注意的例子是,通过基于数据的系统收集顾客的反应,旅游服务业及其与顾客和员工的关系发生了转型。正如奥利科瓦斯基和斯科特(Orlikowski and Scott,2014)指出的,诸如(在写作本书时广受欢迎的)"猫途鹰"(Trip Advisor)之类的平台的**威力**是惊人的。在一个以顾客对优质服务的预期为主要资产的行业中,"观感空间"中被认可的新机制正在发生深刻的转变,当这类推荐的结果如今作为数据在企业领域更有效地分销时,尤其如此(Hayward,2015)。对于那些必须通过控制对自己历史和有能力管理整个社会的未来的描述来维持合法性的政治组织来说,其合法性和信息相互作用的方式更为复杂(Bimber,2003)。这里出现了新的相互依存形式,不是基于数字化,而是基于数据化及其与分类之间的联系。"人们将事物分门别类,并且从中学习如何为人处事。"(Bowker and Star,1999,p.311)无论社会行动者是否意识到许多层面的数据处理在塑造其行动环境,他们都会与基于数据的环境(如社交媒体平台)进行互动,就**好像**它们是用于社会分类和规范化的场所一样。

因此,这就好像一场飓风正在社会世界的各个领域和我们对这些领域的知识中刮过,从而有可能颠覆知识生产的每个参照点和以前有界的知识生产情境。在此过程中,有两个重要因素限制了这种混乱,尽管它们并不能保护社会免受数据化和由此产生的潜在规范性问题的影响。第一,存在一种稳定的力量,正如伯格和卢克曼所言,"制度的确倾向于'维系在一起'"(Berger and Luckmann,1966,p.81),意义或(如他们所说的)"相关性"在社会语境与制度环境之间的交集限制了有分歧的解释,确立了比较的规范,并且(我们将补充)生成标准以确保**不会**出现问题。可以说,这将有助于通过布迪厄称为"惯习"的结构性力量与结构性结果之间的循环反馈的当代版①,将数据化过程固化**到**社会现实中去。第二,社会经验的实际纹理与它在网上的呈现形式之间存在持续且不可化约的张力。社会行动者可能会加大努力来对抗这种紧张关系,并且取得不同程度的成功②。我们将在第 10 章讨论这些抗争对社会秩序的影响。

7.3.3 数据及其对社会知识的挑战

如果我们认真面对这样一种可能性,即测量在线行为和活动的自动化数字工具如今已成为日常生活背景的一个关键组成部分,那么现象学就不可逆转地复杂化了。唯物主义现象学必须说明行动者在每日生活中是如何将这些工具的工作方式带入他们的日常意识中去的。所有这些都是分门别类的过程。正如鲍克(Bowker)和斯塔(Star)所言,分类创建了"社会和道德秩序"(1999, p.3),但对于与数据相关的分类而言,不太可能毫无争议。

构成分布式数据产业的互型之互型和依赖它们的领域正在改变社会行动的空间。我们在本章重点强调了数据在社交媒体平台中的作用,因为这恰恰是建构社会现实的过程被以具体的形式**重塑**的地方。正如卡利尼克奥斯(Kallinikos)和康斯坦提努(Constantiou)所说,社交媒体平台精心设计了架构安排,通过这种架构安排,将群体互动和日常生活转化为随时可以进入计算过程和所谓的个性化服务的数据(2015,

---

① 参见帕帕查里西(Papacharissi, 2015, pp.122-123),我们从他那里见到了数据化时代"惯习"概念的有趣改写。
② 这就是笔者之一在"社会分析"方面所做的研究(Couldry, Fotopoulou and Dickens, 2016),即研究社会行动者为了更好地实现自己的社会目标(可能会借鉴与数据化相关的价值观以外的价值观),如何利用和反思数据驱动的对于自身实践的测量。关于类似的论题,参见 Nafus and Sherman(2014)和 Knapp(即将完成)。

p.73）。数据过程正深度嵌入社会行动的构件之中，社交媒体平台只是其中一个领域，另一些则是卫生领域中用于生成数据的"可穿戴"设备的增长，而这只是更广泛的"物联网"的一部分，"物联网"对社会世界纹理的影响目前尚不确定。

我们可以从更广阔的哲学视角来看待这一切。哲学家约翰·麦克道威尔（John McDowell，1994，p.84）思考了我们的"心智"（我们作为人类展现出的与世界之间的意识关系）如何以互动和才智的形式具体表现出来，这是他称为我们的"第二自然"（人类倾向于与其最初的生物"自然"一起发展的一套不断演化的社会制度）的一部分。对于麦克道威尔而言，体现"面向世界的可能性"的形式具有悠久的历史（McDowell，1994，p.125）①，并且这种历史是可以不断改写的。这种阐述使我们能够特别清晰地框定数据给经典现象学所构想的社会世界带来的问题。

伯格和卢克曼认为，我们的心智形式**仅仅**是由**人类**社会行动者的意义累积演变而来。但是，如果今天存在**另一种**"心智的化身"呢（McDowell，1994，p.124）？如果"数据"（无论是直接的还是间接的）被设置成一种替代心智的**且外在的**认知基础设施，通过它，不仅**我们**变得头脑清晰，而且整个世界都会**注意到我们**及我们所做的一切，那会怎样？由于本章讨论的数据过程是正在全球飞速铺开的信息基础设施的一部分，这意味着媒介化的进一步深化。其规模和范围取决于将知识生成与知识应用**委派**给自动化过程。一旦被委派，这些自动化过程便在经典现象学所构想的社会知识过程之外了。在麦克道威尔的基础上，它们变成了我们可以称之为"**第三自然**"的东西，由数据产业的经济需求和资本主义扩张的宏大目标所驱动，进而带动这些产业。如果这种"第三自然"想要使社会生活有序化，就需要社会行动者在一个过程

---

① 亦可参见第1章的结语。

中适应它。受阿甘本(Agamben,2009,p.15)的启发,我们可以将这个过程称为"主体化":生产能够在这种新型的社会秩序中**充当主体**的实体。唯物主义现象学的一大功绩就是提醒我们,我们**就是**那些实体,除非我们拒绝成为。

总而言之,在数据化浪潮中,已经出现的生产社会知识的新方法具有两个关键特征。第一,它们通过自动化过程生产貌似真实的社会知识,而这种自动化过程必然外在于人类日常的意义建构过程。第二,它们面向的目标是由更广泛的经济力量驱动的,这些目标的类型不同于具体行动者所能实现的目标,除非他们完全放弃自己的自主权。结果是,一种新的尚未定型的社会性在现阶段出现了,我们可称之为"计算的"或"平台化的"社会性(Kallinikos and Tempini,2014;van Dijck,2013,p.5),这改变了日常自反性和社会学思考的起点。现在,社会秩序(这是经典的现象学社会学着手解释的)通过其本身形成的条件,被一种已经"合理化的理性"形式占据(Bernstein,2002,p.239,强调另加)①,(这种已经"合理化的理性"形式)不能轻松地融入个体社会行动者们的反思之中。对这个世界进行正面的解读[帕帕查里西称之为"算法化的物质性"(Papacharissi,2015,p.119)]是可能的,但它们无法掩盖社会知识本身生产过程中产生的裂痕。为此,有人要求"断开连接的权利"②并不奇怪。对此裂痕的修补唯有寄希望于社会生活不同层面的能动作用,我们将在本书第三部分讨论这个问题。

---

① 伯恩斯坦(J. M. Bernstein,2002)对麦克道威尔进行了耐人寻味的解读,将麦克道威尔极其抽象的作品置于批判理论的语境中,特别是阿多诺(Adorno)对于理性祛魅的解释中。
② 叶夫根尼·莫罗佐夫(Evgeny Morozov,2015)写道:"唯一值得为之奋斗的自主性将是在不透明、无知和脱节之中蓬勃发展的自主性。"(笔者翻译)吉尔·德勒兹(Gilles Deleuze)更是早在20多年前就预言:"关键的事情可能是创建无通信的真空,即'熔断机制',这样我们就能够避开管制。"(1995,p.175)

第三部分

社会世界中的能动作用

8 自 我

前面的章节为更全面地探讨社会世界中的能动作用(agency)如何变化奠定了基础。这是本书第三部分的主题。为什么要从关于自我(self)的章节开始本书对能动作用的探讨呢?因为我们将社会视为自我。从自我开始,可以使我们理解社会世界的建构如何以各种形式的能动作用实施,以及这些能动作用如何被媒介和传播(包括数据过程)改变。

事实上,在 21 世纪第二个十年中,本书第 7 章讨论的社会知识生产方式的变化,**为自我**生成了异于往昔的角色,从而导致新的社会化机制。在 21 世纪第一个十年中期,网络的连接空间从静态的网域转向平台组织(Gillespie,2010)。这些平台组织邀请,甚至要求个体们(数据化的个体们)的积极**投入**。在过去十年中,作为整个数字化浪潮中新出现的数据化浪潮的一部分,已经可以看到任何一个社会行动者生存的**基本条件**的**如下**改变:在许多社会中,自我都被人们期望为可以通过数字平台进行互动;由于"连接文化"的影响,自我在这些平台上展示自己甚至会感受到一定的压力(van Dijck,2013)。

任何无助于在连接的、存档的网络空间中进行**自我表现**的行为,似乎都等同于自我的失败。以手机的使用为例,不仅手机在世界上大多数国家已经普及,而且随着企业对智能手机用途的推广,我们使用手机的主要目的并不是"打电话"(通话),而是连接侪辈的在线网络(社交媒体),后者正成为占主导地位的手机使用方式。一项针对多国大学生的调查中的受访者说:"即使手机既不响铃也不振动,我仍然会不断查看手机上是否有新信息……我不由自主,每天只要一有时间就这么做。"(引自 Mihailidis,2014,p.64)媒介也会对更具战略意图的自我表现产生影响,例如试图找到工作。如南非一所大学的就业指南所说:"要有个性:利用不同的平台**展示**你个性的不同方面。"[1]其结果便是在使用社交媒体平台的过程中将自我表现包含在内(这是深度媒介化的又一个例证)。

上述就业指南继续指点道:"但也不要过度分享。"在一个要求人们在线**管理自我**的世界里,天知道你的在线个人资料或在线活动将在何时何地被谁看到并评价呢? 自我面临新型的**风险**和**机遇**。这种**风险**与其说太大或太小,不如(用管理学的术语)说未能很好地在"自我分享"(为了眼前的收益)与"自我暴露"(将自我的某些方面暴露给会带来无法估量的风险的陌生人)之间找准最佳平衡点。人们在一次又一次展示自我的过程中始终会遭遇风险。在复杂的社会环境中,人类生活面对的一个持续不断的挑战就是"面子工作"(Goffman,1967[1955],pp.5-9,41-45)。然而,互联网大规模增长的**互连互通**,使这些风险在特征上发生了在时空上持续但又没有可靠或完整的边界的转变。**机遇**则是人们安排自我生活的新的可能性——通过媒介技术,通过数字设

---

[1] 《开普敦大学就业服务指南 2015》(University of Cape Town Careers Service Guide 2015),第 30 页。我们引用该指南作为这类指南的一个范例:这本指南的清晰性和明确性使它成为值得注意的证据。非常感谢开普敦大学就业服务部的瑙瓦尔·布雷(Nawaal Boolay)为我们提供资料。

备,帮助自我更好地应对当代生活的多重期望和自我呈现的新的可能性。其中,"自拍"不过是近年来的一个例证而已(Senft and Baym,2015)。从根本上说,个体只是在追求和实现自己的需求上有了一个更大的可以跨越空间和时间的活动范围。

这种空间和时间的变革(第 5 章和第 6 章讨论过),改变了**保持**自我的方式。成为"某人"已从与自我和他人可以从该自我的日常行为习惯流中抽象出来的某种内在品质相联系,转变为一个持续不断地进行管理的"项目",即自我**对于**社会世界的"**外在**"责任。如今,自我以一种不同的方式"**进入**"社会时空。数据(第 7 章讨论过)是"自我"在空间和时间上的重新定位如何改变权力关系,以及如何改变数字自我所能拥有的各种痕迹的关键维度,它也在性质上改变了自我的自反性。**自我**正在发生转型,而这可能是过去十年中传播如何塑造社会现实的最重要的转变①。

除了多层面的新自由主义煽动和经济推动之外,这种深刻的变革可以解释为什么今天在像美国这样的国家谈论"品牌化"的自我似乎并**不完全**令人感到奇怪(Banet-Weiser,2013)。例如,想想前文引用的大学生就业服务指南中有关如何"管理个人在线品牌"的建议:

> 个人品牌是关于**识别**和**传播**什么能够使你独一无二、**具有价值**且**与众不同**。你的在线品牌(数字足迹)通过以下方式建立:照片、博客、文章、评论、推荐、点评、喜好、收藏、转发等

---

① 虽然意大利的某些马克思主义自治论者是在对资本主义内部不断变化的劳动和异化形式的广泛批判中对此进行阐释,但他们提出如下重要论断:"从事简单工作的人和企业职业经理人都清楚地认识到,他们依赖于不间断的持续流动,并且没有退路,否则便会被边缘化。"(Berardi,2009,pp.88-89)正如我们所分析的,至关重要的是,这种新的流动取决于空间和时间的变化——"数字网络是使劳动力在空间方面和时间方面的全球化得以可能的领域","信息领域广阔无垠"(Berardi,2009,p.89,101),尽管只是从个体接入网络的设备(移动电话)的角度(而不是基于当代互联网的整个基础设施)来分析这种网络连接的实现的(Berardi,2009,p.89;参见 Agamben,2009,p.21)。

等。管理你的在线品牌……可以既提升你的**个人**品牌，**也**提升你的职业品牌。

以下的话说得更直率："如果你在领英（LinkedIn）上没有一个活跃的个人形象，你（在找工作时）可能就'死'定了。"①如果将这种话语简化成一种新自由主义的意识形态表现，那就忽略了其中很多重要的东西。第一，它谈到在线**品牌**，这与提取你的"数字痕迹"（你在网上留下的"数字足迹"的总和）分不开。第二，个体需要调整的不是她的独特性（这是可以想见的），而是她对外部世界的独特**价值**，是她的"相关性"和"差异性"（与其他人在特定评价空间中的差异）。第三，除了职业品牌这个显而易见，或许也无异议的理念之外，还相应地需要一个"个人"品牌，因为这也会被评判。第四，仅仅与众不同是远远不够的，在线品牌必须被**传播**，并且它的数字痕迹已存放在相关评价空间（如领英）中。

因此，在深度媒介化时代，自我是通过高度中介化的新的互型来建构的。在这种情况下，曾经毫无疑问地被视为"社会化"（这里指成年早期的社会化）的问题，就变成了与情境学习相关的系统校准②问题。自我被记录下来的表现变成了自己的数据——需要保护、编辑和管理的数据。如本书引用过的就业服务指南所说，"使用'虚荣搜索'（自我搜索）来汇集社会中提到你的信息，并且删除其中有损自己形象的内容"。现在市场上出现了优化这一过程的在线工具，并且冠以诸如"社交清尘"（Socioclean）③等形象的名字。我们又回到了80年前马塞尔·莫斯（Marcel Mauss）郑重提出的话题——自我的社会**建构**：

---

① 《开普敦大学就业服务指南2015》，第30页（强调另加）。
② 指个体根据技术系统的要求调整自己的行动。——译者注
③ 一款用于消除用户在社交媒体上负面信息的软件。——译者注

> 很明显……从来没有一个人不知道自己的身体,同时也不知道自己的个性(无论是精神上的还是身体上的)……我的主题截然不同并与此无关。它关系到社会历史……是如何缓慢演变的——不是"自我"意义上的演变,而是人类由此形成的观念或概念的演变。(1980[1938],p.3)

自我作为一个必须解决各种价值观及意义冲突的所在,一段时期以来被现代制度施加了极为独特的压力(Illouz,2012)。我们如今正在新的基础设施条件(深度媒介化)之下经历这些冲突的加剧。

分析社会行动者日常涉及的不断变化的互型和互型之互型,为理解这些冲突提供了一种路径。现在,数字媒体平台设置自我**影像**和自我**推广**,作为在妥善照看的持续在线的时空中部署自我的基本手段的一部分。这些手段是通过对特定互型中的一系列表现和预测而制定出来的。由此产生的自我在网上所作所为的**重构**,改变了个体们**在世界中**的生活方式,并且在此过程中重新校准了个体们与社会制度之间的潜在关系。

在本章的分析中,有两点需要强调。第一,我们并不是在假定一个已经存在的独立的自我,就像传统的"自由个人主义"所预设的那样。相反,我们所说的"自我",仅指与特定的具体意识相关联的对于社会世界的观察角度。但这种观察角度和言说立场只出现在个体与他人的相互作用过程中,以及个体与一个由制度和个体们构成的社会世界的交往过程中。这是埃利亚斯"型构"概念的基本洞见(Elias,1978,p.132)。自我的概念在本质上是辩证的,"自我是通过与他人及与该自我自身建立的沟通过程而生成的",这是一个不断地"与他人进行意义协商"的过程(Salgado and Hermans,2005,p.11)。由于这种相互作用的过程永远是未完成的,并且包含无尽的新的摩擦和机遇,因此,我们不能将"自我"视为静态的。正如埃利亚斯指出的:"一个人总是在动,他不只是经历一个过程,他**就是**一个过程。"(Elias,1978,p.18)因此,有必要在观念上**超越**①个体和社会的二元对立,并且理解它们之间不断演变的**网络化**关系。

第二点也适用于第一点,自我不仅总是处于过程之中,而且必须特别注意形成和维持自我的物质过程。个体与他人产生关联所依凭的互型及其依托的基础设施本身随着深度媒介化而持续变动。此时,涂尔干所说的"社会形态学"(social morphology)——"观察(社会基础)的演变以指出其形成过程"的一种分析(Durkheim,1982[1895],p.242)——便具有特殊价值。自我是一个很好的观测点,(通过自我)可以理解这种(在一定程度上受到大公司在寻找**它们的**新经济价值来源方面的利益所驱动的)变动中的社会形态的运作。对此,接下来我们将依次通过思考社会化、自我不断变化的资源和自我的数字痕迹来作出阐释。

8.1 社 会 化

埃利亚斯将社会生活解释为"网络化现象"时,给出的第一个例子是"社会化"过程(Elias,1991[1939],pp.26-27)。由于"社会化"概念暗含一种功能主义的解释,在这种解释中,社会的价值观可以毫无问题地传递给最年轻的社会成员们,这些成员继而会再生产它们,因此,我们将谨慎地使用"社会化"概念。非功能主义的解释会是这样:使用"社会化"概念时,我们所指的仅仅是在社会生活中传递某些合法性规范的各种各样的尝试和主张(无论成功与否)。埃利亚斯指出,为媒介机构在(人的社会化过程中)建立基本的人际关系时会起作用而争论是荒谬的,即使孩子不知道其玩耍的某些玩具背后的商业品牌推广和媒介过程(参见 Wachelder,2014),媒介也毫无疑问地介入了孩子们如何与重

---

① Sewell(2005,p.369),比较 Elias(1991,p.9)、Martuccelli(2002)和 Lahire(2007)。

要他人维持关系的问题之中。而到 20 世纪六七十年代(两位笔者的童年时代,广播和电视在欧洲大多数家庭中持续存在),为儿童制作的电视节目、动画片和电影、体育实况转播等大量地从外界涌入家庭中,意味着媒介在儿童对世界的**想象**中发挥了重要作用。就这些信息来源有时为游戏和扮演(卡通人物、体育偶像)提供参照点而言,毫无疑问,媒介的作用就值得重视(Kress,1986),而这种重视在伯格和卢克曼对"社会化"的解释中(无论是始自父母和家庭的初级社会化阶段,还是源自制度,特别是教育的次级社会化阶段)却完全看不到(Berger and Luckmann,1966,pp.149-166)①:在儿童成长的世界里,媒介对他们的初级社会化或次级社会化都毫无影响。诚然,在当时的社会环境中,家长、老师和同学很可能就是面对面地传递社会规范和价值观。

今天,许多儿童的处境已经大不相同,至少在发达国家是这样。他们的父母(和同龄人)能够通过手机和其他设备与他们保持持续的"在场感"。儿童的日常游戏可能会涉及复杂的媒介界面(如平板电脑)的"景深"②。书籍(无疑也是一种媒介形式)至少从 19 世纪起就扮演了这种角色。然而,直到近年,孩子们才拥有可以与世界进行互动的提供**操控界面**的媒介(Ito et al.,2010,pp.1-28)。笔者之一曾站在上海最高的摩天大楼——上海环球金融中心③第 100 层,与其他人一样,对于眼前的美景惊叹不已,而人们脚边的一位大约两岁的女童却对这种迷人风光视而不见,全神贯注地玩着她的平板电脑。同一时期,平板电脑在学校中已司空见惯,这既与学校的公司化环境有关(Selwyn,2014,

---

① 伯格和卢克曼在书中解释社会化的时候首次提到媒介。他们设想了一个例子:一位成年人乘坐城郊火车去上班,路上看《纽约时报》并看到其他乘客也在读此报。作为最广泛的公共世界的参照点,《纽约时报》当然能够使个体在协调现实生活时确认自己的坐标。无论是天气预报还是招聘广告,都能使个体确信自己生活在现实世界之中(Berger and Luckmann,1966,p.169)。
② "景深"原本指摄影时相机对焦点前后相对清晰的成像范围,此处借指媒介界面所能实现的连接范围。——译者注
③ 在 2016 年上海中心大厦建成之前,上海环球金融中心曾是上海第一高楼。——译者注

pp.120-124），也与生活在当代媒介环境中的一代的新能力密不可分（Bolin，2014）。索尼娅·利文斯通（Sonia Livingstone）和朱利安·塞夫顿-格林（Julian Sefton-Green）所谓的"班级"，如今已成为一个深度媒介化空间，其中与媒介相关的"个人自主权和控制权"（2016，p.236）具有巨大价值：这里关键的问题在于，教师是否有权限访问学生的社交平台资料（反之亦然）。

  这里涉及两个重要步骤。第一，孩子越来越依赖于她早期对媒介基础设施的认识，以便与父母在一起。这种最初社会化的基本形式曾经并不涉及媒介，现在则越来越多地涉及媒介。因为正如伯格和卢克曼正确地指出的，孩子通常并不将他们的生身父母视为这世上众多父母中的一对，而是"当作整个世界——唯一存在和唯一可以想象的世界"（Berger and Luckmann，1966，p.154），而现在中介化的联系作为"这个世界"本身运作的条件，早期就被植入了。第二，媒介基础设施是游戏空间本身所固有的，是一个中介化的时空（包含游戏、数据库搜索、聊天、看照片、播放影像），当孩子玩耍时，无论父母在不在身边，**孩子都会进入其中**。这种转型已经远远超出精英阶层的范畴，至少在发达国家如此①。弗利尔（Fleer，2014）提供了澳大利亚五岁以下儿童在游戏中使用平板电脑进行视频编辑的例子，阳光系统公司的约翰·盖奇（Sun Systems'John Gage）则很好地表达了这种正在进行中的总体转型，尽管并非基于事实的角度：

>   如今，世界上任何一个孩子只要能上网，就可以在互联网的影像数据库中穿行，在屏幕中飞越地球表面，或缩放查看家园和街道，或掠过山尖俯瞰河谷。如今，这个上网的孩子可以

---

① 截至2014年10月，超过60%的英国儿童在家中使用平板电脑[Gibbs，2014，根据英国通信管理局（Ofcom）的调查]。

看到旧金山国际机场跑道上的飞机,可以参观东京皇宫内的医院,可以在喀布尔街头的汽车和卡车上悬浮,可以在珠穆朗玛峰上空盘旋,可以在大峡谷底部探险。(Gage,2002,p.6)

在这种意义上,中介化连接已成为儿童想象中的世界的一种运作条件,同时也成为后来的次级社会化制度。

谈论媒介和用媒介做事成为社会化的基本组成部分。媒介环境及其以计算机为基础的信息基础设施,如今已经成为孩子随着年龄增长开始思虑的互动世界的一部分。与这个世界进行顺畅互动的才能,成为孩子在成长中**很好地**融入这个世界的一部分。在不同的文化中和不同的贫富条件下,上述情况以不同的方式发生(Banaji,2015)。然而,这种中介化依赖成为世界各地社会化的一个**潜在的**特征却是不可否认的。换言之,社会化的条件已经发生变化,**社会化在其基本方面已经变得媒介化**。

一种迹象是,父母对基本够用的读写能力的界定,也许正在从传统的书本读写能力转变为包括在日常生活中使用数码技术的能力,从而导致家庭环境与学校环境之间日益脱节——假如学校限制五岁以下儿童使用平板电脑,而家长们却鼓励他们用①。当然,媒介通过游戏**提高**孩子技能的潜力还有很多尚待发现。一些人主张采用"参与式学习"和"媒介素养"的新型教育机制(Jenkins et al.,2016,pp.90-119)。该机制明确承认跨媒介界面的作用:首先,源于深化儿童在游戏中建构世界及随后就这些世界进行交流的方式;其次,通过数字设备的存档和编辑功能,能够便利儿童在游戏中的记忆组织;再次,可以增强儿童在不同媒介中使用多种方式表达同一想法的意识(Alper,2011,pp.184-

---

① 这是对英国、希腊、马耳他和卢森堡四国的五岁以下儿童进行比较研究推测出的(Palaiologou,2014,p.1)。

188)。特别值得注意的是"分布式认知"(distributed cognition)这一概念,即"没有人工制品或信息设备就不可能实现的推理形式"(Jenkins,2006a,pp.65-66)。数字设备具有提高人类认知能力的潜力,因此,社会化的认知维度非常重要(Mansell,2012,pp.188-190)。媒介内容在多媒体环境中的**通用性**已经成为学习和思考的实践方式的内在要求(Drotner,2009)。同时,文化社会学家丹·库克(Dan Cook)有力地指出,早期学习的世界可能不再涉及文化环境与商业消费环境之间的任何隔阂:

> 消费和市场的世界是研究儿童与社交行为的一个关键和绝对必要的场所,恰恰是因为它打破了关于孩子和权力中心的最宽泛的理解。在我们的学习和工作中,保持消费文化、大众文化和媒介文化与孩子及其童年的分离和疏远,便是要重申一种与生活经验相脱节的社会生活幻象。(Cook,2005,p.158)

倘若如此,那么对于新型中介化媒介素养的鼓励至少是含混不清的。这里还有很多要说的,例如关于孩子们早期的在线搜索技能、为交流而拍照、网上分享、在线聊天、评论彼此的数码技能。对于在深度媒介化环境中成长起来的人而言,最主要的问题是,他们融入了一个媒介多样体在其中是理所当然的世界。虽然这并不意味着年轻一代的媒介和传播实践模式是同质的,但我们在探讨"数字原住民"(digital natives)时发现了这种误解(Hepp et al.,2014,pp.22-31),认为年轻人的各种媒介和传播实践会对媒介环境的转型产生相同的基本反应,认为这对于他们来说是"自然而然的",并且为他们在社会世界中的定位提供了基础。

不过,同样重要的是,儿童从小就期望他们会留下数字痕迹。而笔者两人是在这样一个时代中长大的：相机虽然并不罕见，但相对来说不那么灵便（无论是使用还是冲洗照片），因此，只有在假日或重大家庭活动等相当重要的场合才会拍照或录像。这与当今世界（至少在发达国家）不断的影像交换和发布截然不同。如今，无论什么样的家庭场合，一般都不需要请别人拍照，而是通常用自己的手机拍摄，然后分享给不在场的人品评。这就是众所周知的"自拍"。今天，儿童的所作所为与后来被评论的可能性建立关联已经**平淡无奇**。"看起来不错呀！""那天你很漂亮！""你玩得开心吗（我在脸书上看到了照片）？"这并不是技术本身所致，技术决定论的路径恰恰会忽略这里正在进行的社会建构活动。这是我们在数字技术及围绕数字技术的实践中产生的结果。数字技术打造了一个媒介资源的**组织**（tissue），围绕日常成长构建了诸多基于媒介的映像。在物换星移的成长过程中，笔者的童年几乎没有留下任何"此情可待成追忆"的雪泥鸿爪。对于当代儿童而言，情况则并非如此：童年日常生活的**纹理**已经改变，并且这种纹理主要是由中介化的材质与媒介设备和基础设施提供的用于交流的外部化的基本平台编织而成（Christensen and Røpke，2010，p.251；van Dijck，2007）。

我们现在可以适当地讨论社会化的媒介化了。这在成年早期以多种方式表现出来。成年早期包括仍在接受教育的青少年和新近进入工作领域的年轻人（无论是否为青少年，因为年轻人正式开始工作的平均年龄因国家和地区而异），这些年轻人开始在家庭之外建立重要的情感伙伴关系。成年早期介于伯格和卢克曼（Berger and Luckmann，1966，p.150）所说的"初级社会化"与"次级社会化"之间。在初级社会化阶段，个体通过与父母和越来越多的同辈的关系使自己成为社会中的一员；在次级社会化阶段，社会化的个体被引入社会世界的新领域（继续教育中心、俱乐部和职场）。

年轻人与同辈间的初级社会化表现出比童年早期更加引人注目的媒介化。我们讨论过媒介作为儿童与父母之间的中介的作用，这种情况一直持续到青少年时期,用手机发短信和打电话、通过智能手机进行在线聊天,在父母和青少年的移动生活中扮演着连接他们的关键角色(Schofield Clark,2013)。对于无数青少年而言,中介化的空间和平台已成为他们远离父母和其他权威来源①的**特定**场所。正如丹娜·博伊德(danah boyd,2008)在一篇有关美国年轻人成长的重要文章中指出的,在家里、公共场所或商场、学校等,言论自由和相对不受监管的行为对于这些年轻人而言是不可能的,因此,社交媒体提供了一个至关重要的**可在其中**自由活动的空间。从这个意义上说,(进入)社交网站并不是一种生活方式或时尚选择,而是对其配置完全取决于互联网空间特性的**必需品**的反应:

> 互联网的独特之处在于,它允许青少年在家里和学校等受成人监管的场所参与不受管制的公共生活……他们这样做(并非背弃成人,而是)源于他们寻求进入成人社会的通道。他们的参与深深植根于他们对参加公共生活的渴望。(boyd,2008,pp.136-137;也参见 boyd,2014,pp.19-20)

对于自己的身份在成人社会中被边缘化或污名化的人(如性少数群体)来说,这一空间**变得**尤其重要(Gray,2012)。不过,从这一基本观点出发,与同辈的初级社会化现在如何运作,必然会产生一些后果。平台的基本结构及其商业需求创造了某些独特的条件,这些条件影响着青少年和年轻人在公共空间的存在方式。不同于面对面的相遇,这种公共存在是"可搜索的",留下了一串永久性的易于被复制的数字痕迹,因此,可能不受最初参与者的掌控,在多种语境和行为中启动**意义链**②。

---

① 例如青少年可以向其学习如何为人处世的长辈、社会名人等。——译者注
② 指在庞大的人际网络中的意义交流。——译者注

这些长期后果,在一定程度上展现在最初参与者不知道也不可能知道的观众(丹娜·博伊德称之为"隐形观众")面前。正如博伊德指出的:"在非中介化空间中,年轻人通过评估结构边界来决定谁是观众、谁不是……在中介化空间中,则没有限制观众的(空间)结构;搜索会摧毁所有的虚拟墙。"(boyd,2008,p.132)这并不意味着随着时间的推移,年轻人找不到应对这些后果的办法,博伊德后来的研究(boyd,2014)勾勒出至少美国青少年可以完全做到这一点的方法。但这确实意味着,随着年轻人的成长,他们在行动的"时间"和"地点"上面临不确定性,因此,无论他们是谁,其日常活动最终都将受到控制。

然而,在成长过程中,在线的表现只是一个方面,年轻人现在需要思考和选择他们想要的中介化沟通方式。雪莉·特克尔(Sherry Turkle)在《群体性孤独》(*Alone Together*,2011)一书中解释了美国学龄青年如何越来越多地节制自己与他人的实时媒介交流,因为开放式交流(例如电话或在线聊天)会带来压力和风险。例如,一位16岁的中学生告诉特克尔,她更喜欢发短信而不是打电话,因为在电话里"对人的约束少了很多"(Turkle,2011,p.146)。鉴于数字媒介使年轻人接触到的是如此庞大的潜在群体——同辈和其他人,因此,他们正在开发甄别人群的方法也就不足为奇了。但正如特克尔指出的,这可能会导致工具化的不健康的人际交流。哲学家康德的忠告——应该永远把人当作"目的而不是手段"(Kant,1990[1795]),如果不进行相当大的调整,那么甚至与一个人在早年正常的生活中拥有数百个脸书好友和数千名推特粉丝的日子也无法**相容**。特克尔提出的问题是:如今,中介化关系的持续可用性是增强了归属感和共同体建构,还是更确切地说,只创造了一种肤浅的联系,而没有深度的持续参与?特克尔认为,面对面交谈对于社会化很重要,但是也承受着来自社交平台的新形式的"(量化的)自我报告"和由此产生的"算法自我"的压力(Turkle,2015,pp.79-99)。数据过程于此处进入自我的自反性结构。

当一个人开始工作挣钱并第一次经历来自雇主的次级社会化的新制度时,上述压力可能会加剧,但条件是个体特别易于接受某种塑造,实际上是接受某种培训。戴夫·艾格斯(Dave Eggers)的小说《圆环》(*The Circle*,2013)为此提供了一个精彩的寓言。小说讲述了一位工作热情很高的新员工梅·霍兰德(Mae Holland)的发展轨迹,她就职于一家科技公司,该公司的目标是为所有的在线互动、交易和数据积累构建一个全覆盖的界面。这类生意模式背后的商业要求的要义在于,它们依赖于个人不断地**输入**(源于"自然"的社会交往中的)数据的承诺,以便可以对数据进行聚合和处理,从而产生更广泛的价值——如艾格斯想象的那样,以实现更加完满的知识"圆环"。在服从这一要求的过程中,梅·霍兰德发现她冒着打破"界限"的风险——关于她的非正式的自我与她的父母和朋友的非正式的自我之间的界限,而这些界限正是她作为社会自我的日常运作所隐含的依赖。这堵界限之墙——不仅包括特定的情境①,还包括她的社会自我——都坍塌了。有一段时间,她无法继续前行。小说中一个年纪比她稍长的人对持续连接的压力反应更加剧烈,"直播"(在社交网络的众目睽睽之下)自杀。艾格斯戏剧化的是一种在许多社会中越来越被人们察觉的状况。在这种状况下,无所不在的社交压力(不是源于爱或情感,而是为了牟利)与自我对自由,对"活动范围"和"喘息空间"的需求相冲突(Cohen,2012,p.149)。

这些问题不仅影响年轻人,而且影响所有成年人。不过,它们对那些处于成年早期、正为今后的生活而在家庭之外**打造**工作和朋友关系网的人的影响尤为强烈(Marwick,2015)。出现在社交媒体平台上,就必须接受同辈和非同辈(例如潜在的雇主)的外部评价。正如一项针对挪威学生的焦点小组研究的参与者所说,"在脸书上,你可以评判彼此

---

① 指任何有明确界限的互动情境。——译者注

的生活。这就是你要做的事情"(引自 Storsul,2014,p.24)①。许多当代年轻人的故事的重要性在于,这些年轻人突然发现,成年人工作环境的监管压力干预了他们与同伴的社交活动。当雇主可以搜索到潜在雇员**过去的**和现在的社交媒体资料——在其中可以查找不端和轻率行为或言论失当的迹象,却又无法进入赋予这些迹象特定含义的语境时,社会化结构出现了根本性的断裂。互联网能够不加区分地存档所有内容,通过互联网架构的这种运作对社会角色或社会边界进行健康性试验的过程,在未来某个任意时间点会被转化为有问题的东西的"证据"。这损害了社会化的**逐步转变**。当年轻人为进入完全负责任的成年期做准备时,社会化的逐步转变允许对其成年早期减少问责。关于日常生活运转所依赖的**语境完整性**的深层次预设(Nissenbaum,2004,2010)在这里被存档法则推翻。年轻的成人自我越来越多地发现自己处于一个新的、超链接的、不确定的时空**情境**中,这种扩展的"情境"是年轻的自我必须不断反思的一部分。

这种儿童时代和成年早期社会化**形态**的当代转型,与诺伯特·埃利亚斯(Norbert Elias)在20世纪30年代对现代国家形成条件的思考,有着尽管时间久远但惊人的相似之处:

> 影响个体发展的整个社会机制,塑造其社会性的社会好恶的运作方式,在其生活中起作用的**各种各样的恐惧**,都发生了决定性的变化。(1994[1939],p.xv,强调另加)

恐惧是社会化的关键力量,塑造了我们对安全的空间和环境、舒心或不舒心的时光的感觉。恐惧催生了对新的规章和新的行为基

---

① 然而,这里可能仍然存在隐性的限制。2015年9月推出的一款名为 Peeple 的应用程序的整个目的是,使人们能够基于固定的标准对自己认识的人打分。尽管这个程序的开发者声称这是一款"为力争上游的人提供正能量的 App"(引自 Hunt,2015),但还是引起骂声一片。

本准则的需求。早在欧洲文艺复兴时期，像伊拉斯谟（Erasmus）这样著名的哲学家就曾建议年轻人如何打理自己的身体①。如今，年轻人乃至越来越多儿童，不仅要打理他们生理意义的身体，还要打理他们"数据意义的身体"。现代版的伊拉斯谟的建议肯定需要有一章关于如何在社交媒体平台上表现自己的建议。因为正如一位雇主在本书引用的就业服务指南中对一位潜在雇员的社交媒体痕迹的评论："这是我最先要看的。"社会世界的现象学必须留意这种不断变化的社会形态。

8.2 自我的资源变化

写到这里，我们论证了媒介和传播正改变自我在社会世界"之中"的形态，以及他们成为社会行动者的过程（社会化）。但这种转型离不开自我**基本特征**的变化。

自我，不应被理解为一种实质，而应被理解为一个极其复杂的过程。社会心理学的一个重要观点强调，自我的形成既不是与外部的"社会"世界相对立，也不是与社会世界中的特定"他人"相对立，而是与外部的"社会"世界及其中的"他人"的持续对话（Hermans,2004）。认识到自我的复杂性和过程性总是在变化和发展，总是在反思和改变自己，永远也不会完成，与认识到自我使用包括媒介在内的许多手段来与世界相互作用是完全一致的。但重要的是，自我如今通过媒介平台来面对社会世界，不要以为媒介平台的扩展这一事实本身不意味着**自我发生任何质变**。以**这种**方式框定事实，例如通过声称我们的自我现在只是被其技术实践"扩展"或"分散"了（Belk,1998,2013；Helmond,2010），在新的充满挑战的条件下，恰恰忽略了维护自我的自由和作为一个项目的完整性的努力所产生的紧张关系（Touraine,1981）。被扩展的不是

---

① 参见 16 世纪伊拉斯谟的畅销书《论儿童的教养》（*De civilitate morum puerilium*,1530）。

自我,而是现在暴露、经营和约束自我所**贯穿**的时空。

这种变化的积极方面是,自我现在有了新的资源来维持它作为一个自反性的行动项目的完整性(Martuccelli,2002)。现在,让我们来考察某些通过媒介,特别是通过数字信息基础设施提供给自我的新资源。我们将在下一节中讨论从数据基础设施上获得的资源所产生的特定问题。

自我始终依赖从社会化和日常生活过程中获得的资源。所谓"资源",指客观存在的东西(无论是制度、空间、工具、设施、资本)①,它们增强了自我以各种方式行动的能力。从本章到目前的分析来看,很明显,媒介如今是自我的资源的组成部分。我们可以将这些资源划分为三种不同类型:第一,**自我叙述的资源**(通过叙述来维持身份);第二,**自我表现**(或呈现)**的资源**;第三,**自我维护的资源**,即保持自我作为一个正常的社会行动者的资源。在打拼过程中,"自我"总是带有一种对自身的描述。这种描述乃是出于一种欲望,即叙述自我在世界中所走的人生道路的特殊性(Cavarero,2000)。然而,只有在某些社会和文化背景下,个体才有实际的手段、资源和地位来传播关于他们人生的特殊性的叙述。能够创建和不断修正数字媒介所带来的叙述(文本、图像、声音、档案)是自我历史书写中的一个重要篇章,它可以补充以日记等方式对自我的早期历史的叙述。无论何时,只要有人在国外工作一年,或踏上一段特别的旅程,或经历一场改变人生的挑战(如癌症)时,这些内容就会不出所料地出现在博客和后来的社交媒体平台的时间线上,因而已经变得平淡无奇。但是,这种在频率上不断增加的自我叙述不应遮蔽其中所蕴含的一点也不平常的地方——自我叙述的时空延伸,这是数字化时代所独有的。一位受访者在回答两位韩国研究者(Jinyoung Min and Hweseok Lee)的提问时说,"我的博客"是我的所思所想与世

---

① 有关这些过程的为数不多的详细描述,参见 Martuccelli(2002)。

界相遇的地方(Min and Lee,2011,pp.23-47)。

根据一个人所处的社会结构,特别是该社会关于发声权的等级制度,自我与世界之间的这种连接可以是革命性的,例如古塔(Guta)和卡罗莱克(Karolak)分析的中东(尤其是沙特)女博主(2015)。如果在公共场所发表言论受到严格限制(就像许多中东国家的女性一样),那么该博客就是一个受限的网站,否则那些沉默的自我就可以由此进入公共生活,尽管仍然是受约束的,例如沙特女性无法在网上发布自拍(Guta and Karolak,2015,p.122)。

一旦我们超越了向社会世界敞开自己思想的这种**基础性**创新,一个值得注意的底层结构就会浮现。持续地维护一个博客或一个活跃的平台页面涉及在比欧文·戈夫曼分析的面对面的表演更加不可控的条件下保持"存在感"(Couldry,2012,pp.33-58)。由于渴望展示自己(Hogan,2010,pp.381-382),博客自我维持了它的叙述性存在,却变得依赖于第三方管理者或平台(毕竟一个人的博客文章总是可以被删除,抑或平台可能中止运营)。不同于面对面的表演,在线展示总是被它使用的平台及其算法过滤(Litt,2012);同样,通过开放式的网络架构,人们可以依靠搜索引擎在新的难以预知的语境中阅读它。

即使有像安妮·弗兰克(Anne Frank)的日记这样的自我叙述范式(它的读者在某个不可知的未来),自我叙述一般仍然总是围绕**某些**可能的读者。这源于叙述作为一种预期的交流所固有的社交属性(MacIntyre,1981;Couldry,2010,p.7)。然而,线下的叙述既可以将日记锁在抽屉里或者其他隐秘处,也可以将读者范围限制在一两个好友之间。不过,对线下叙述的这种掌控程度与我们如今将自我叙述外在化的方式并不相容。正如安德烈亚斯·基茨曼(Andreas Kitzmann)所说:

> 电子媒介出现之前,日记属于私人空间……但对于网络日

记作者而言……读者不仅是可以预见的,还是被期待的,这就影响了作者表达、组织和分发自我文档的方式。(2003,p.56)

也正因此,数字时代的自我表露在某种程度上总是"非直接"的(Jang and Stefanone,2011)。一个旅游博客的写手猜测,为了实现受众所预期的内容与出乎其意料的内容之间的精细平衡,远方受众的期望乃至标准会影响博客写作,甚至会影响写手拟报道的**生活过程**(Magasic,2014)。当博客写作实践被数据评价的动机笼罩时,这种可能性就更大了:写手渴望与目标读者之间实现包括"受欢迎"在内的有效互动(Bucher,2012a;Magasic,2014;Papacharissi and Easton,2013)。毫无疑问,这里的人们生活在相当复杂的"私人公共性"或"公共私人性"之中(Lange,2007),而对自我的过程性理解必须承认这一点。除此之外,如果今天的自我维护必然涉及会接触到**不良**受众的风险(撒播信息的广播机构曾经遇到的风险,Peters,1999),那么自我维护的过程在很大程度上便是难以预料的①。

另一种挑战人们的自我边界感的方式是自拍。我们很容易想都不想就简单地把自拍仅仅视为自恋,尽管看到的自拍让人感觉有难于理解之处:人们手持自拍杆,走到精选的地点进行自拍,却在取景时将自我作为焦点。什么是自拍?对此可以有多种解释:试图将一个不稳固的自我具象化为存在(Fausing,2014);作为一种场景营造的实践(Losh,2014);作为(情感或意图的)一种表示(Senft and Baym,2015);作为一种酝酿中的争取关注和获取好处的努力(Marwick,2015)。然而,两位韩国研究者(Yoo Jin Kwon and Kyoung-Nan Kwon)可能最好地捕捉到自拍的要义:自拍是一种"不动声色地"维持**连续的**自我叙述

---

① 因此,简单地将博客视为一个自由表达的空间是有问题的。正是由于这些不确定因素,人们在表达自己的想法时会有顾虑(Storsul,2014;参见 Couldry,2014a 关于新的"沉默的螺旋")。

的实用手段(Kwon and Kwon,2015)。一旦领会了自拍的**平淡无奇**的目的,我们就可以认识到它通常具有很深的自相矛盾性。以色列的一个例子可以表明这一点:

> D是一个来自特拉维夫的16岁男孩,热衷于拍照,经常在各种各样的场景中拍摄很多照片:在学校里,和朋友们在一起时,和女孩们相处时,或者独自一人时。然而,这个男孩对摄影本身并不是特别感兴趣。在一次受访中,他将自己拍照的取材范围极其狭窄地描述为"我的眼里只有我"。(Schwarz,2010,p.163)

自拍将"自我"的标识印在一个人想要记录的任何东西上,以此来增加其价值。但为什么**这**在近年来变得如此重要呢?毫无疑问,这里有许多叠加因素在起作用,包括智能手机不断变化的可用性。然而,我们想指出的一个背景因素是日益**贬值的内省**[通过有条理的思维来反思、比较、构建记忆的基础是"内部的"(尚未分享的)]。在习惯性的自拍中,内省被自拍生成的可交换的个人"体验"痕迹的"更高"价值取代,这种"体验"的形式完全根据社交媒体平台基于数据的需求而量身定制。

换言之,自拍是(自我)反复示现的**外化**(externalization)。坚持持续的自拍是异乎寻常的,尽管并非没有先例。18世纪晚期,当一个人走在乡间时,一段时间流行随身携带凸透镜("克劳德玻璃",Claude glass)。它可以将美丽的景色压缩成一幅小而焦点明确的图像,人们因而可以更加清晰地欣赏这幅"如画"一样的风景,"如画"需要一种可靠的制作风景本身的技术(Andrews,1989,pp.67-73)。如今,带有自拍杆的相机也能产生一个可靠的记录**自我**的图像,追踪一个人在世界上的旅程,不是为了立即欣赏,而是为了通过社交媒体进行传播的延期价值。自拍将延期在线传播的可能性完美地融入当下,从而印证了塞奇·埃尔韦尔(Sage Elwell)的观点:"我们不再'去上网',因为互联网已与信息空间融为一体,我们已经身在其中,并且日益成为其中的一部分。"(2013,p.235)

但这并不是要否认通过媒介技术来实现更具感情色彩的和不那么庸常的自我外化形式的可能性。毫无疑问,媒介使人们对于所爱之人有了新的亲密方式:发送刚刚看到的事物的影像或评论(Villi,2012),或者像"电话诉衷情"①的年轻恋人那样情话绵绵(Habuchi,2005)。显然,这种"增强版"的外化带来了风险,因为它在强度和频次上与20年前日常生活中稀疏的自我影像生成截然不同,人们无法完全掌控这一量级的符号性材料的存储或分配(Schwarz,2011)。

在这里,深化中的媒介化变得清晰起来。对于生活在一个持续"连接"的世界里的人来说,自我面临新的压力——为了使自己**真正地**成为一个社会人而需要在线表现自己。这些压力远远超出身份的表达。身份的表达是对日常生活方式的一种可选的补充,在贝弗·斯基格斯(Bev Skeggs,1994)看来,根据阶层和性别的不同,它对个体们的吸引力也因人而异。我们在此讨论的资源变化是非常基本的,只是在特定的平台上且在特定的交流中出现的要求,并且只是认知世界的前提。基本的社会认知需求和基本的实践功能需求汇聚在一个人的"数据替身"的生产上。自我的生存和完整性越来越**依赖于**数字基础设施②。数字基础设施的运行条件成为自我运作条件的一部分。

我们已经注意到**过多的**社会记忆的一个后果:有必要去遗忘,以便拥有宽恕当年所作所为的可能性(Bannon,2006;Dodge and Kitchin,2007)。但这只是自我在社会中的处境更广泛地变化的一个(时间)维度。那么,是否存在过度连接?本·阿格(Ben Agger)通过他所谓的

---

① 原文为"telecocoon",直译为"电话茧",此处指情侣在分处异地时,通过媒介等方式与恋人保持持续的联系。——译者注
② 这方面成果丰富:boyd,2014;Cohen,2012;Mansell,2012;Marwick,2015。

"实时追踪"(iTime)概念来探讨这一问题。实时追踪使人处于"随叫随到"的……无处可藏的状态,这一点非同小可。老板、同事和家人都希望有"随叫随到"的人(2011,p.123)。在所有这些情境下,一致性①的表现似乎是必要的(van Dijck,2013),但也许是无法实现的。在我们屈从于这种一致性的要求之前,值得牢记的是,这个问题在古希腊和古罗马是完全不同的。古罗马哲学家塞涅卡(Seneca)有一句名言:"相信我,保持个人的一致性②是一项重大成就。"(引自 Hermans,2001,p.276)两千年后,在一个家庭生活、友谊和工作都是在一系列连续的相互关联的空间中进行的时代③,我们提出一个不同的问题:现在,允许一个自我有多大程度的**不一致**?

在下一节中,我们将讨论这些张力和潜力的一种特定情形:自我从其"数字痕迹"中生产意义的能力与日俱增(也许是必要的),以及随之而来的对基础设施的依赖性。

8.3 自我的数字痕迹及相关基础设施

在深度媒介化时代,自我的一个显著特征就是**留下数字痕迹**。我们无论做什么,都会留下数字媒介使用的"足迹",这些构成了数字痕迹。我们有意识地这样做,例如上传照片或在数字平台的"时间线"上写评论。更常见的情况是,我们留下数字痕迹的时候自己并没有意识到,这是我们在基于媒介的领域活动时预期之外的副作用。例如,当我们使用智能手机或汽车的导航系统时,留下了我们所在位置的

---

① 指人们在网上的行为方式从一个时间和地点到另一个时间和地点都是一致的。——译者注
② 原文为"act as one person",在此处的意思是,保持足够的一致性,使个人的决定和行动看起来像一个人的决定和行动,而不是许多不同的人的决定和行动。——译者注
③ 参见如 Agger(2011)和 Vaast(2007)。

痕迹；当我们使用信用卡、手机支付或折扣卡购物时，留下了交易的痕迹。除此之外，更有甚者，数字痕迹不仅是由我们制造的，而且是由（在线交流时涉及我们的）**他人**制造的，例如当他们将其地址簿与我们的数字地址、标记图片、文本或其他写有我们名字的数字产品等同步时。伴随着"亲子关系的媒介化"(Damkjaer,2015)，甚至可以说，数字痕迹在一个人出生之前就开始了：怀孕期间伴随着借助于应用程序和平台的不断的交流，这些应用程序和平台生成了孩子在子宫中成长的数字痕迹。有人认为，如今"我们无法**不**留下数字痕迹"(Merzeau,2009,p.4,强调另加)。

8.3.1　语境中的数字痕迹

我们如何才能详细了解数字痕迹呢？数字痕迹不仅仅是（大）数据，它们是数字信息系统的数据的一种形式。只有当一连串"数字足迹"与某个行动者或行为（通常指个人，但原则上也可以指集体或组织）相关时，数字痕迹才有意义。正是数据与独特个体之间的**联系**，才使得市场营销人员和其他数据处理机构对收集与汇总数据极其感兴趣。不是任何信息都可以称为数据，数据总是与计数过程相关的信息，正如法语中对数字痕迹的表达：**追踪数字**(traces numériques)。数字痕迹是由我们在数字化媒介环境中的实践生成的不同类型数据之间以数字方式产生的关联。由于这种联系总是与社会世界中的某个实体或过程相关，因此，数字痕迹是社会实体如何获得其"数字身份"的主要参照点，尽管并非唯一参照点。

毫不奇怪，自我的这种深度媒介化引发了许多关于社会学如何才能继续触及自我的本来面目的争论[1]。某些学者进一步认为，自我的数字痕迹（理论上）远不止通过现有途径（观察、倾听）所能触及的自我痕

---

[1] 参见如 Savage and Burrows(2007)、Ruppert et al.(2013,p.22)和 R. Rogers(2013)。

迹。他们认为,这些痕迹首次为我们提供了**直接**进入正在进行的社会建构过程的途径。也许最重要的例子就是布鲁诺·拉图尔(Bruno Latour)将对数字痕迹的研究纳入他的社会分析总体方法之中(2007)。于是,"数字溯源"(Venturini and Latour,2010,p.6)成为一种**就地**分析社会建构过程的可能方法:"对社会现象的建构感兴趣意味着跟踪每一个参与者及他们之间的每一次互动。"(Venturini and Latour,2010, p.5)这种方法试图超越先前的微观/宏观的鸿沟(社会学中的经典话题)①,主张统计学的方法使我们能够通过对个体们在线活动的分析**直接**触及"宏观"现象。他们声称,人们可以通过数字痕迹直接目睹集群过程的发生(Latour et al.,2012;Venturini,2012)。

  这种观点在我们看来是根本错误的,因其误解了与自我相关的数字痕迹的本质。错误始于将社会世界曲解为"扁平的",因而只需通过在媒介基础设施支持的各种数据域中注册的②追踪模式的聚合即可进行分析。这类模式可能具有一定的价值,但是此举将当代社会世界的复杂性降低到一个没有等级差别的平面上,因此,在相当大的程度上重复了我们在第4章就批判过的装置概念的问题。更加根本的是,这种方法将数字痕迹误解为一种"中性"的东西,为我们提供了进入社会世界的"直接通道"。然而,它们并非"中性的现象",而是依赖于产生此类信息的**监管机构**的技术性程序。因此,自我痕迹的建构已经通过其本身的过程写入社会的某些**利益**及其**愿景**。雅克·德里达(Jacques Derrida)坚持的观点——主体性("活在当下的自我")始终是与超越其自身的"时间性"和"空间感"③相联系的"痕迹"(1973,p.85),在这里以一种陌生的方式回响。数字痕迹并不能提供进入"原生态"的社会世界

---

① 参见 Knorr-Cetina and Cicourel(1981)。
② 指作为数据进行收集和存储。——译者注
③ 作为一个主体或自我,需要(在时间和空间上组织起来的)资源结构(在背景中)的存在,这种资源结构超出自我所经历的任何一种特定的时间的长度和空间的广度。——译者注

的途径,而只是提供一种进入程序(世界)的途径。在这些程序中,强势的组织试图**建构一个他们可以对之采取行动的世界**。

因此,唯物主义现象学必须对自我的数字痕迹采取一种截然不同的分析方法,非但不能将它们视为是什么的直接"痕迹",而且要坚持从两个方面对之进行探讨:一是从它们对个体日常世界的**影响**来看,二是从它们在监管机构改造世界的战略中的**起因**来看。由于所有的社会分类方法都是"互动的"①(Hacking,1999,pp.30-31),因此,这两个方面在实践的过程中会有交集,但它们在任何时候都不会转化成自我的数据痕迹提供直接访问社会的可能性。这使我们对当代运动(这些运动试图通过基于精确的数据化过程来改变自反性)的评价变得更加复杂。我们接下来就讨论这一点。

8.3.2 量化的自我

当我们回顾伯格和卢克曼对于自我意识的创见时,数据实践要求社会学思考自我所用的传统方法做出相当大的调整出现了。如他们所言:

> 日常生活世界乃是理所当然的现实。此现实**植根**于人们的思想和行动,并且依赖两者来**保持**真实性……我们先要阐明日常知识的根基……这就是主观过程(与意义)的客体化。正是通过这一环节,主体**间**的常识世界才得以建构而成。(Berger and Luckmann,1966,pp.33-34,前两处强调另加)

至少在某种程度上,这一起点是无可争议的,但是在某些关键方

---

① 指被分类的人可以对自己被划入的类别做出回应。例如,银行将我划入"穷人"类别,但我可以对银行的分类提出质疑:"我并不穷。"——译者注

面,它如今正与通过自动化的数据收集而出现的自我意识和自我认识的新观念相冲突。加里·沃尔夫(Gary Wolf)是"量化自我"运动的重要倡导者,虽然意识到"通过数字来实现自我认识"这一想法的矛盾性和潜在的奇怪感(Wolf, 2009),但也提供了某些明显支持这一主张的关键论据。例如,认为"我们的日常行为包含模糊的量化信号,一旦读懂它们,便可以用它们来了解我们的行为"(Wolf, 2010, p.4)。这当然是建立在本章所有讨论的实际出发点之上,即"社交媒体使分享一切看起来很**正常**"(Wolf, 2010, p.4,强调另加)。这个过程是自我激励的:"人们想要分享的越多,他们想要拥有用来分享的东西就越多。"(Wolf, 2010, p.6)这是一种中介化建构的具体协同常规,随着其频次和强度的增加,它会与每个具体个人一起产生一个"数据替身"(Haggerty and Ericson, 2000)。从某些角度来看(例如,从量化的自我运动的角度,或者从某些当代政府的角度)(Ruppert, 2011),这种"数据替身"包含的"真实情况"比一个人独自的自我省思要多。我们于此见证了与用于描述和衡量自我的基本语言有关的创新,因而不能误以为它们与权力毫无瓜葛。相反,社会权力和政治权力**的**转型正在进行中,就像朱莉·科恩(Julie Cohen, 2015)所说的,"我们正目睹一种明显的西式民主型监控社会的出现,在这种社会中,监控首先被概念化为效率和方便的问题"。

在卫生领域进行自我量化的情形尤其富有启发性。越来越多人正在使用跟踪设备来生成关于自己的连续性数据(如心率、代谢率等)。狄波拉·勒普顿(Deborah Lupton)指出,这不仅仅是又一种"自我技术"(Foucault, 1988),它是一种将自我及其"数据实践"嵌入更广泛的数据生成、聚集和分析的基础设施之中的方式,这可能会改变卫生行业中的资源分配,使其从治疗转向持续的预防活动。除了将自我测量纳入日常生活的基本过程(一种"个人泰勒主义")(Lupton, 2014, p.8),所谓的"自我量化者"使用"数据来建构他们的自我描述"(Lupton, 2014, p.8,引用 Davis,2013),不但改变了什么**算作**自我意识,而且改变了面向自反性自我意识的规范①。

截至目前,这些做法只是热情高涨的第一批采用者小范围内的活动,但它们背后蕴藏着巨大的推动力和影响力②。卫生行业的某些人士认为,患者持续共享他们的健康数据是"自我管理"(越来越具有强制性的)实践的一部分(Hawn,2009,p.365)。尽管有时被视为一种游戏、一种玩法,但自我监控"通过利用人们自我实现的最高需求和自我发展的能力,使其进行自我管理"(Whitson,2013,p.170):一旦我们承认自己正常记忆中的空白,为什么不用连续的数据采集自动生成的"更具客观性"的材料来补充它们呢(Whitson,2013,p.175)?然而,伴生的代价是接受数据采集和数据共享的基础设施的规则是不可协商的(Whitson,2013,p.175)。当然,也存在诸如跟踪设备方面的问题,这些设备可能会产生过多信息,以至于无法解释(Choe et al.,2014)。但这些担忧可能很容易被更有影响力的说法取代。例如,数据收集工具使受试者能**够意识到**他们原本无意识的行为及其模式(Kido and Swan,2014);这就是个体们对预防医学**负责**的方式(Swan,2012);或者更笼统地说,这就是个体们如何在各个维度**优化**他们的"表现"的办法(Swan,2013)。

对这些进展的正面评价是现成的:作为一条包裹着自我的防护性"技术层"(Swan,2012,p.97);作为一个"'改善的'更高质量的自我"(Swan,2013,p.93);作为协同记忆的一种形式(Frith and Kalin,即将发表)或"宏观透镜"(Wolf,2009);乃至用最重要的一位倡导者凯文·凯利(Kevin Kelly)的话来说,作为"外在自我"(exoself)的一种形式(Kelly,2012;参见 Bostrom and Sandberg,2011)。毫无疑问,至少在最富裕的社会及其资源丰富的健康和个人发展行业中,建立这样一种全

---

① 作为对自我跟踪有益于"自我实现"的一种颂扬,它无意中指出"跟踪设备……推动了在日常生活中接近常态和病态的新机制"(Ruckenstein,2014,p.81)。而这正是问题之所在。
② 对于这些发展的犀利阐释,参见 Andrejevic(2013)。

方位的个人数据跟踪含有须重视的商业企图。若把这种数据跟踪的发展说成是"自我"的转型,则恰恰回避了一个关键问题:这种量化实践是否与自我的其他意义相容?即使相容,它们要求自我付出的代价是否过高?一旦我们撇开更为粗劣的花言巧语(例如,内斯塔网页上的"以人为本的健康"①),那么每个人都拥有"算法皮肤"的想法就与"商业、政府和医学研究"的未来紧密相关(Williamson,2015,p.139),并且为独特的机构目的组织了一种关于自我意识的话语。正如威廉姆森(Williamson)所说:

> 自我量化产生了一种"可计算的公众",这种公众通过(其可跟踪的健康活动的算法近似值所组织和协同的)数据呈现给自己。(2015,p.143)

增强自我意识和更加可持续的自我改善的动力是如此强烈,以至于我们很容易忘记它正在对我们日常的自我意识观念造成的潜在损害,而我们日常的自我意识观念此前从未需要依靠采集数据的外部基础设施来验证它们关于自我、他人和社会世界的主张。风险已经出现,甚至在我们考虑日常生活中引入的量化和数据化过程的影响之前就已经出现。

8.3.3 走向制度化的自我

我们在本章中对"自我"进行了探讨。通过媒介多样体的运作,"自我"在社会世界的扩展领域中越来越多地相互影响,而这又日益通过数据化的过程反作用于"自我"。这种"自我"处于矛盾之中,它本身对自我意识的要求与从新的自动化数据收集技术中衍生出来的"增强的"自

---

① 参见 http://www.nesta.org.uk/project/people-powered-health。

我意识的新观念之间存在矛盾。自我的这些潜在的新转型是有代价的。虽然表面上增加了自我的自由度,但它们在自我的结构之中植入对基础设施的依赖——一种**制度化**和**物质化**的过程,由于相关媒介领域中不对称的权力关系的影响,今天的自我必须面对因之而来的**不自由**(Cohen,2012)。

深度媒介化,也就是将基于媒介的过程和关系整合到自我保持**是其所是**的要素之中,因而给日常生活带来了新的矛盾。我们将在第 10 章更全面地考察这个问题。不可否认的是,如果"自我"被媒介化形塑,那么通过自我分组而聚集在一起的"我们"也将被媒介化改变。我们在某些方面相互模仿,从而在网络平台上的言行举止中千人一面的这种风险,已经被察觉一段时间(Agha,2007)。在下一章中,我们有必要以更加开阔的视野来探讨深度媒介化时代的"集体"是如何建构的。

9 集 体

上一章讨论了深度媒介化对"自我"的影响。我们在本章中要回答的问题是：深度媒介化对于"集体"(collectivities)意味着什么？有史以来，人们曾使用"大众"(masses)、"群众"(crowds)、"公众"(citizen publics)和"共同体/社区/社群"①(communities)等一系列概念②来描述各种群组，"集体"这一术语不过是其中最新的一个而已。由于数字化，新型的集体打造和与媒介相关的"小型"集体等变得重要起来。最近出现的则是以个体们留在网上的"数字痕迹"为基础，通过自动化计算而产生的集体。尽管我们用来描述群组的概念变动不居，但有一点是不变的：媒介被视为形成复杂的集体的必要手段，因此，媒介的变化改变了集体的动态。于是，我们有必要对集体的各种形态和通常情况

---

① "communities/community"可以译为"社区"、"社群"、"共同体"。由于"社群"具有较强的政治学含义，本书在翻译时有意不用"社群"概念，而是交替使用"共同体"和"社区"。在直接表述社会类型概念时，多用"社区"；在理想类型意义上使用时，多用"共同体"。——译者注

② 关于这些概念的学术史，参见 Briggs(1985)、Butsch(2013, p.93)、Butsch(2008, pp.1-19)、Ginneken(1992)、Lunt and Livingstone (2013)、Schnapp and Tiews (2006)、Williams (1976)。

下形成集体的语境进行更加详细的分析。

本书将"集体"定义为:**共享某种意义归属感的个体们的互型,这种意义归属感为共同的行动和取向提供了基础**。意义归属感的形式不拘一格。它可以是一种"自己人"的感觉,就像传统的面对面的社区一样(Knoblauch,2008)。它可以是基于"共享的有组织的情境行动",如"聪明行动族"(smart mobs)(Rheingold,2003)。它也可以是基于数据化过程的,如"被量化的数字所涵括"的集体(Passoth et al.,2014)。同时,当我们思考与"共同体"有关的问题时,转换视角或许有助于理解"共同体"的含义。"共同体"并不是一个给定的实体,而是一个始终处于"现在进行时"的"共同体"形成过程。用韦伯的术语来说就是"共同体化"(Vergemeinschaftung)①。在所有这些具体的情形中,"集体"的关键特征在于其对于所涉及的行动者具有特定的**意义**,而媒介在支持这种意义的建构中发挥着重要作用。如此这般理解"集体",要比近年在媒介和传播研究中(Stäheli,2012)采用的论述装置的著述所使用的"集体"概念(Falb,2015,pp.273-342;Latour,2013,pp.296-325;参见第 4 章)更加具体而明确。回顾塔尔德(Tarde,2000[1899],p.35)的相关论述可以发现,他强调"重复"导致"集体"的出现(Latour,2007,p.14),这类集体是具有某种协同的能动作用形式的人类和非人类的装置②。这些思考使我们有可能探讨集体中与媒介密切相关的问题(Schüttpelz,2013,pp.3-18)。但是,将人类行动者和媒介的任何联系都与集体混为一谈是无益的,因为这无法界定那些不仅仅是一个装置的群组,毕竟它

---

① 早在百年以前,马克斯·韦伯就在他的著述中提出"Vergemeinschaftung",字面意思是"共同体化"(communitization)(Weber,1972[orig. 1918/1919],p.21)。

② 对此,拉图尔(Latour)认为,"旧时代"与"现代性"之间没有区别,除了当今非人类所具有的技术特征之外,这种技术特征导致人类与非人类在集体中更深层次的纠葛(Keller and Lau,2008,pp.319-320;Kneer,2008,pp.295-302)。正如拉图尔所言,"现代集体是人类与非人类之间关系如此密切、交易如此频繁、中介如此复杂的一种集体,以至于没有理由将人工制品、法人和主体完全区分开来"(Latour,1999,p.197;也参见 Latour,2013,pp.296-325)。

们涉及通过传播来建构有意义的"边界"①。

在深度媒介化时代,我们如何理解集体转型的方式？它们的特征和不寻常之处是什么？首先,我们将解释群组内集体形成的基本过程；然后,再来探讨纯粹基于想象的和纯粹基于数据化的集体。

9.1 群组、集体和深度媒介化

虽然以前的"共同体"形式需要稳定性、一致性和嵌入性,与共享的经验或共同的历史相联系,但基于"网络社会性"的社会关系与其说是"叙述性"的,不如说是"信息性"的②,主要涉及"数据交流和了解情况"(Wittel,2008,p.157)。许多学者认为,网络社会性与共同体的**丧失**③有关,并且通过"传播技术、运输技术④和管理关系的技艺"而得以实现(Wittel,2008,p.177)。对于"网络化的个体主义"也出现过类似分析(Castells,2001,p.131;Wellman et al.,2003,p.3),认为网络化的个体主义涉及跨地域的中介化传播,而不再只是基于一个地方来建构⑤。

不过,上述解释都是有问题的,因其将这些转型简化为一种(像"网

---

① 或者,用我们喜欢的术语来表达：并非每个互型都能够构成集体。例如,一家网店的顾客们仅仅是在那里买过东西的一群人而已,他们之间没有任何有意义的联系形式,因此不能被称为一个集体。
② 意思是网络社会性是一种基于信息的社会性形式(例如,谁是哪个网络的一部分？谁能帮我做什么？谁能推广什么？),而不是叙述一个共同的故事(例如,我们有哪些共同的经历？这如何使我们更紧密地联系在一起？)。——译者注
③ 这里的"共同体的丧失"也作为一个与个体化相关的普遍的社会变化被讨论过(Sennett,1998)。
④ 指用于运送人员的技术,如铁路网、汽车、飞机等。——译者注
⑤ 从这个角度来看,当代社区的特征是非常具体的：网络化的个体主义认为,人们加入多个网络往往会限制他们对其中任何一个网络的参与和投入；他们的集体越来越成为"有限责任社区"(Rainie and Wellman,2012,p.124)。网络化的个体主义的典型实践是,即使是"弱联系也能提供一种共同体感"(Rainie and Wellman,2012,p.132),并且网络个体拥有"组织松散的"个人社区(Rainie and Wellman,2012,p.135),这意味着大多数网络成员彼此之间没有直接联系。换言之,"社区继续存在,不过这种社区只是一种空间上分散和分化的个体网络,而不是邻里关系或紧密联系的群体"(Rainie and Wellman,2012,p.146)。

络"与"社区"这样的)二元之间的转换(Postill,2011,p.102),并且他们还将与媒介相关的转变简化为单一方式的转型。然而,我们很难准确地找到任何**一种**正在使集体发生转型的单一途径:多种形式的集体彼此不同,也有一些集体界限模糊。仅仅将这些集体简单地描述为"网络"也是不够的。准确地说,它们通过某种特定形式的行动者群组打造了复杂的互型,我们可以将这种**群组**称为网络。然而,集体仍然是通过意义过程建构的现象;即使是地方性和情境化的集体(如"聪明行动族"),它们也具有意义明确的边界。不过,通过使用媒介技术,集体的多样性得到扩展。

由于媒介及其基础设施在集体互型中扮演着不同的角色,在分析上区别两种基本类型的集体是有益的。对于某些集体来说,媒介在其中起的作用是**构成性**的(若无媒介,这些集体就不可能存在,例如在线群组),伴随着媒介化,这些由媒介构成的集体出现了,我们称之为"基于媒介的集体"。对于某些集体(如家庭)来说,媒介在其中起的作用不是构成性的,集体通过与媒介相关的传播逐渐**得以建构并由其塑造**,我们则称之为"媒介化的集体"。

9.1.1　基于媒介的集体

媒介可以通过两种方式来构成集体。第一种方式:它们可以通过**自身的内容**为建构集体提供一个相关框架。第二种方式:它们可以为集体的建构提供其所需的**传播的空间**,无论实际内容是否与它们具体的相关框架相符。在第一种情况下,媒介在建构这些集体的意义边界方面是构成性的。在第二种情况下,媒介在支持这些集体得以建构的传播实践方面是构成性的。尽管上述每种情况都有自身特定的动态,要求我们对之进行细致的分析,但这两种情况都需要以"基于媒介的集体"作为其标识。

基于媒介的集体,最明显的例子就是那些围绕特定媒介内容聚集起来形成的集体(Friemel,2012)。媒介和传播研究中经常探讨的一个例子是"受众",尤其是在特殊的媒介事件中(Dayan and Katz,1992; Hepp and Couldry,2010;Scannell,2002)关注作为集体认同来源的事件的人,这些事件包括电视直播体育赛事、典礼、特别受欢迎的节目或其他类似"事件"。我们稍后将更详细地讨论集体认同在建构(民族或其他类型的)"想象的共同体"的过程中于何种程度上起作用。我们在此想要指出的是,即使这些人未必觉得自己是某个共同体的一部分,他们作为特定的媒介奇观的观众,仍然可以建立一个有着较为松散的联系的集体(Kellner,2010,p.76)。

根据某些形态的媒介内容,我们还可以看到以"粉丝社区"或"粉丝文化"为代表的更为稳定的集体的出现(Fiske,1989,pp.146-151; Jenkins,1992;Winter,2010)。媒介的重要性在这里具有双重含义:第一,媒介为这类互型定义了相关性框架;第二,媒介是使这些集体持续地聚在一起的重要手段。随着数字媒介的发展,这些集体可能的影响力也增加了,因为新的"参与政治"成为可能,"不仅通过产生和传播新思想(批判性地阅读喜爱的文本),而且可以通过利用新的社会安排(集体的智慧)和文化生产的新模式(参与性文化)"(Jenkins,2006a, p.246)。摄影的数字化和轻而易举地分享(以数字化方式生成和保存的)影像的平台的兴起,使新的集体能够乐于以新的方式分享记忆(MacDonald,2015;van Dijck,2007)。正如一名参与者在理查德·麦克唐纳德(Richard MacDonald)的研究中所说的,"我之所以在网上展示我的照片,是因为它可能会唤起某人的记忆"(引自 Macdonald,2015, p.28)。很明显,数字化扩展了这些集体文化的规模、范围和规律性。但我们必须注意不要美化它们(Carpentier,2011;Cordeiro et al.,2013; Jenkins and Carpentier,2013)。尤为重要的是,一些以媒介为基础的集体如今可能会以跨地区的方式运作,例如日本等外国电视节目的中国台湾地区的粉丝群经常会通过各种非官方的在线渠道实时收看(Tse, 2014)。除此之外,我们必须意识到,用"社区"这个词来描述它们不一定有益。很早就有关于"解释性社区"的讨论(Grossberg,1988;Lindlof,1988;Radway,1984),探讨它们在多大程度上必然构成相互了解的群体并自视为一个群体,抑或它们实际上是否可能是有着较为松散的联系的集体。随着新的数字环境加快了粉丝沟通的速度,产生了(某些通过数字平台和与其他媒介使用形式并行的"第二屏幕"体验的)"即时粉丝"(Jenkins,2006b,p.141),这种讨论再次变得重要起来。这些粉丝集体的互型不但变得更加多样化,而且与媒介技术的关联越来越深。因此,与其将每种粉丝文化都理解为**一个单独**的社区,不如将其更好地理解为在一系列相互依存的活动中将不同的地方性群组联系起来的一种复杂的互型之互型。

其他基于媒介的集体包括各种各样的"在线群组",它们在多大程度上是社区,这同样是一个悬而未决的问题。数字平台的所有者尤其倾向于自己的平台被称作和被理解为"社区",而不是一种功能性的论坛(Deterding,2008;Yuan,2013)。然而,我们应该注意的是,不要将"对于'社区'的这种技术性的界定"(Baym,2015,p.83)与来自社会学的定义混为一谈。从根本上讲,在线群组是根据特定平台和平台上的交流主题而构建的互型。除此之外,这些集体**是否**会及**在多大程度上**会形成一个共同体(韦伯所提的"共同体化"问题),乃是一个经验性问题。当代数字平台为在一个平台上创建**各种各样**不同的在线群组提供了可能性。其中每个群组都可以基于兴趣不同的话题,而各种软件也为创建在线群组增加了可能性。例如,在多用户的网络游戏中,与游戏相关的集体,如"帮会"(guilds)相互对抗,游戏软件以各种方式为这种集体的建构提供支持(Williams et al.,2006)。这种"帮会"可能是通过与游戏并行的文本或视频聊天构建的:这类与游戏相关的集体可能源自或导致线下关系,或者仅仅停留在线上关系的层面(Domahidi et al.,2014)。集体参与的**程度**取决于个体情况及其对于个体而言所具有的意义。

基于媒介的集体也可以是地方性的和情境化的,如"快闪族"(flash

mob)或"聪明行动族"。"快闪族"可以被定义为,一大群人借助数字媒介聚集在某个预定的地点,执行某些简短的行动,然后迅速解散(McFedries,2003,p.56)。"聪明行动族"这一术语(Rheingold,2003,p.xii)原本有更明确的政治焦点,尽管(有无明确的政治焦点的)区别已日益模糊(Houston et al.,2013,p.237)。无论我们使用何种确切的术语,这些以拥有(数字化)媒介为其存在前提的族群都既是集体的表现形式,也是与特定地点的聚集或情境相关的一种互型。在这方面,它们与其他新形式的情境化集体相类似,比如"移动俱乐部"(通过移动媒介的联系而从酒吧到酒吧的群组)(Kaulingfreks and Warren,2010,p.211)或"移动玩家"(Frith,2013,p.251)或抗议者的"城市群"(Brejzek,2010,p.110)。无论存续的时间长短,就它们与媒介的紧密联系而言,这些互型都是深度媒介化时代特有的产物。

9.1.2 媒介化的集体

即使是**不依赖于**媒介而存在和形成的集体,也可以构成我们所说的"媒介化的集体"。家庭、同辈群体、移民群体或被排斥的人群如今都是集体,它们有意义的归属形式在某种程度上是**通过**使用媒介来**建构**的。我们由此发现了南希·贝姆(Nancy Baym)所说的"网络化集体主义":"一群人现在通过互联网和相关的移动媒介及个人通信建立网络关系,从而创造了一种虽然共有但分散于各处的群体认同。"(2015,p.101)

在家庭中,无论是过去还是现在,利用媒介(特别是电视)来维持家庭成为一个集体都是至关重要的(Hirsch,1992;Morley,1986;Peil and Röser,2014)。然而,如今的关键点是,维持家庭生活成为一种跨媒介的努力(Hasebrink,2014)。当家庭照片在网络平台上分享,并且通过分享构成家庭记忆时(Lohmeier and Pentzold,2014;Pentzold et al.,2016,p.2),或者当运用数字媒介来表达家人关系时(Cardoso et al.,

2012，pp.49-70），涉及的都是所能使用的全部媒介组合。家庭的这种媒介化使得家庭互型的新形式成为可能，尤其对于天各一方又与家人保持密切联系的家庭来说（Greschke，2012；Madianou and Miller，2012，pp.128-135），家庭成员拥有的**不同的**媒介组合（手机、基于互联网的可视电话、电子邮件、短信、数字平台）使得即使远在千里之外，仍然可以扮演好家人角色，例如做个合格的母亲。但是媒介改变了家人之间关系的"感觉"、"纹理"和"意义"。例如，通过视频会议、打电话和手机监控来建构的父母与孩子之间的关系，仍比主要通过面对面交流来建构的关系更加疏远（Madianou and Miller，2012，pp.103-123）。

同辈群体也是如此。虽然并不是什么新鲜事，但同辈群体（尤其是年轻人）如今在很大程度上是通过他们对媒介的使用而形成的，特别是中介化的大众文化为他们提供了一个相关的参照点。事实上，**作为一个族群**的年轻人同辈群体之间的交流越来越多地通过媒介（手机、数字平台、聊天客户端）进行（Buckingham and Kehily，2014）。同辈群体的成员们在得心应手地使用媒介方面和遵守他们特有的交流规则时感到有压力（Hepp et al.，2014，pp.175-198）。群组的成员资格**由**能够使用特定的媒介组合而**定义**，因此，如果未能使用某种媒介，那么可能会导致被群组排除在外。换言之，在深度媒介化时代，同辈群体的成员资格是**通过**其所使用的媒介组合来**付诸实践**的。

关于媒介化的集体，下一个证据来自移民群体。如今，迁移行为本身已经与媒介高度交织在一起：迁移目的地的"印象"和可能的迁移网络①是在迁移行动**之前**通过互联网建立起来的（参见 Braune，2013）。迁移本身是由数字平台和智能手机组织安排的，它们一起提供详细的路线导航、行进的实时信息和迁移过程的记录。媒介所具有的这些使

---

① 此处的迁移网络指迁移过程中出现的人际网络，例如你先迁移到一个朋友的所在地，他再介绍你去另一个人那里。——译者注

人心安的重要性与大型难民营中的"信息不确定"（Wall et al.，2015，p.2）密切相关：难民们没有技术手段和社会渠道获得相关信息，不相关的、有时甚至是危险的信息盛行，无法控制自身形象的传播，并且处于政府当局持续监视的危险之下。而"连接的移民"（Diminescu，2008，p.568）在旅途中参与各种媒介化的集体，沿途建立媒介化的支持群组，同时与故乡的家人、朋友和其他人保持联系。媒介始终使移民能够通过各种各样的、主要是"微型媒介"，与更广泛的移民群体保持联系（Dayan，1999，p.22）。除此之外，这些可能性随着数字化显著增加（Leurs，2015，pp.103-242）。

深度媒介化也可能改变被极度边缘化的群体的体验。一个显著的例子是无家可归者。长期以来，媒介一直为人们提供娱乐资源和在安居之所及其他地方建构共同体关系的机会（Fiske，1993，pp.3-5）。随着数字媒介的普及，在媒介饱和的社会中，无家可归者成了使用数字技术，特别是智能手机的常规用户（参阅美国，Pollio et al.，2013）。除了组织性事务之外，他们还使用这些技术来保持与朋友和家人的联系，并且打造集体（Woelfer and Hendry，2012，pp.2828-2831）。这一群体的媒介使用超出像无家可归者的报纸[①]那样的自我表征（Koch and Warneken，2014）。对于无家可归者而言，重要的是通过媒介保持与外界的联系和持续的集体归属感，即使仍然露宿街头[②]。

9.1.3 若干新兴的法则

我们所讨论的集体的特性及其可能的转型显然不会仅仅与媒介有关，其他过程其实也是驱动力——个体化（Beck and Beck-Gernsheim，

[①] 这种报纸是欧洲许多城市的一种社会项目，是无家可归者为谋生而出售的一种特殊的报纸，目的是改善无家可归者的处境。——译者注
[②] 这种包容对无家可归者而言可能很重要，因为它为露宿街头提供了某种本体意义上的安全感（Hepp et al.，2015，pp.186-189）。

2001；Burzan，2011）、全球化（Tomlinson，1999；Slater，2013；Waisbord，2013a）、商业化（Lash and Lury，2007；Lupton，2013）。但是，考虑到这些更进一步的变化的元过程，并且比较"基于媒介的集体"和"媒介化的集体"，就会发现，集体性构建并没有消解为单一形式的个体化关系网。在深度媒介化时代，集体仍然是人类生活的一种有意义的单位，只是由于媒介化而在一些方面发生了改变。有三点值得注意。

第一，媒介内容成为界定集体的重要资源，当媒介内容成为这些建构的集体所围绕的"主题"之时。这在基于媒介的集体中表现得尤其明显，例如粉丝文化主要是由对某种媒介内容（系列、题材等）的共同热衷所定义的。除此之外，它也适用于媒介化的集体，如家庭和同辈群体。这些媒介化的集体利用各种媒介来建构他们的道德、规则、边界和共同体验。十年前，这类媒介内容通常是由大众媒介（报刊、电影、广播、电视）传播的，并且接触这些媒介内容的机会在某种意义上是有限的；时至今日，人们可以通过网络传播获得种类繁多的符号资源。因此，**可能的集体的范围从根本上增加了。**

第二，媒介成为建构集体的手段，特别是对于天生依赖网络交流空间的在线群体而言，也适用于与媒介（如智能手机）使用相关的同辈群体和家庭。即使在个体们或整个集体高度流动的情况下，行动者群组仍然可以"天涯若比邻"，跨越空间的阻隔而得以存续——身处四面八方的集体成员拥有同步的体验。由于各种媒介组合及建构集体的不同机遇，出现了新的集体感。总的来说，一个集体的具体特征及其媒介组合的交往力决定了其转型的可能性。

第三，媒介引起集体的动态变化。这里的重要之处并不是单个媒介，而是整个媒介组合①。整个媒介组合对集体的影响变化很大：拥有

---

① 正如查尔斯·赫希金德（Charles Hirschkind）指出的，至少到21世纪前十年中期的前数字化时代，在埃及极为流行通过盒式磁带进行布道的背景下，媒介组合可以"影响人们的感官、情感及感知习惯"，从而改变"公众的社交活动"（2006，pp.2-3）。

某些媒介的使用权限,可能会成为基于该媒介的集体成员的基础,抑或媒介也可能会影响集体内部的交流(例如,以"争吵"行为而著称的在线群体,其根源在于群体成员之间缺乏共同在场)。即使在媒介化的集体中,成员们"一直在线"的程度也会影响他们的交流质量。

在阐发休伯特·诺布洛克(Hubert Knoblauch,2008)思想原旨的基础上,我们可以称之为从"**纯粹的**共同在场的集体"向"**多模式**交流的集体"转变。在今天的传播媒介扩展之前,人类的集体涉及彼此相识者的共同在场,通常具有共享的实践,并且核心信息是整个集体所独有的。这是关于共同体的经典著作中所提出的共同体概念(Tönnies,2001[1935])。然而,随着持续的媒介化浪潮而来的机械化、电气化和数字化,其他类型的集体(我们称之为"多模式交流的集体")变得越来越重要。这些"多模式交流的集体"建立在一种多样化的媒介组合的基础上并由其塑造。它们不那么植根于直接的体验,而是建立在共享的中介化交流过程中。当它们建立起一种"自己人"之感和长期的结构时①,就变成了一个共同体。不过,深度媒介化的一个重要特征是,这些多模式交流的集体**强度不一**②,并且媒介模式**间**的选择(媒介多样体中的媒介选项)在形成独特的集体(使之成为"多模式"交流的集体)中所发挥的作用的**力度不一**。在深度媒介化时代,我们看到的绝不是向纯粹的"个人"关系网的一般性转变,而是**一系列**更加**分化**的集体,在某种意义上是因为即使原先"共同在场的集体"如今也变身成为"媒介化的集体"。

9.2　想象集体的政治方案

到这里,我们讨论了成员之间彼此互动的集体。除此之外,我们也

---

① 这里指较长期的永久性结构,而不是现场体验。例如,在摇滚音乐会的观众席上感受到的"我们",并不能代表一个共同体,因为音乐会的观众并无与之相关联的永久性结构。——译者注
② 这里的"强度不一"指不同的集体使人们体验到的集体性的强度不一。——译者注

有必要思考通过**表征**该集体的特定方式所建构的集体。因此,我们可以同时指称(或多或少的)一群人,尽管这群人彼此之间并无个人联系。回眸历史,我们可以把想象的集体与宗教共同体联系起来,晚些时候,则可以把由印刷媒介和电子媒介(如广播电视)等大众媒介建构而成的民族国家视为一个"想象的共同体"。建构这些集体的行动者通常都是有权有势的——教会、政府机构及其代表。不过,伴随着深度媒介化,"想象中"的集体已经成为一个越来越有争议的场域。

9.2.1 想象的政治共同体

民族,最初作为一个"想象的共同体",涉及民族的公共媒体的观念,这对于建构这个想象的共同体至关重要。在本尼迪克特·安德森(Benedict Anderson)发人深省的分析中,他强调"小说和报纸"乃是"'重现'民族这种想象的共同体"的技术手段(1983,p.25)。在这样的视角下,"作为商品的印刷品的发展"是理解交往空间如何建构起来的关键,这个交往空间提供了想象"民族意识"的可能性(Anderson,1983,p.37)。后来,电子媒介(主要是广播电视)继"作为商品的印刷品"之后也参与到这一进程中,而这在百年以前是根本不可能的(Anderson,1983,p.135)。基于此,使民族的建构成为可能的沟通过程得到加强。

然而,倘若将这种关于民族的中介化重现理解为作为政治单位意义上的民族国家的**明确**论述,那就上当了。确切地说,这是一种"庸常的民族主义"(banal nationalism),即以"平常的方式"习惯性地将民族作为一个认同点来再现(Billig,1995,p.6)。通过在媒介中将"祖国"表达为"这里",并且将居住在此国土中的一群人称为"我们××民族"来实施这种建构过程。与其他族群的竞争和冲突变成了"民族"之间的较量,甚至天气也自动成为与一个民族国家的界域相关的东西。对民族国家的这种"不间断的标记"确保了"在这个信息超载的世界里,无论忘记什么,我们都不会忘记自己的祖国"(Billig,1995,p.127)。即使时至今日，这种将世界建构为一个由各民族组成的世界的进程仍在继续，例如在没有必要与民族国家的界域绑定在一起的网络平台之中（Hepp et al.，2016，pp.112-121；Skey，2014）。对于各种政治行动者（政治家、政党、政府和记者）而言，想象中的民族共同体仍然是建构社会秩序的参照点。这使得想象的民族成为生活和身份认同的"准自然"单位。"这是一种生活方式，'我们'在这种生活方式中不断地受邀在家园里放松。"（Billig，1995，p.127）

不过，随着全球化，特别是媒介的全球化，这类社会想象弱化了（Hepp，2015，pp.10-34；Taylor，2004）。**除了把民族国家建构成一个集体的"方案"之外，其他类型想象集体的"方案"也变得更加普遍。**其中一个典型例子就是"欧洲共同体"，它可以被理解为与民族国家类似的"沟通共同体"（Risse，2010，p.157），是通过集体沟通的过程想象出来的。这里潜在的交往空间是一个**跨国的**和**多语种的**公共领域，它源于对欧洲跨国问题与日俱增的讨论，以及在布鲁塞尔对欧洲政治事务进行越来越多的监督（Koopmans and Statham，2010，pp.63-96；Risse，2015，pp.144-153；Wessler et al.，2008，pp.40-54）。虽然在日常经验层面，这种想象的集体并不具有民族国家的"自然"特征，但我们仍然可以看到正在进行中的"庸常的"（而又不无争议的）欧洲性（Europeanness）建构（Hepp et al.，2016，pp.217-231）。

9.2.2　想象集体的其他方式

然而，这种与界域相关的共同体只是想象集体的一种方式而已。伴随着深度媒介化，我们有了各种各样的其他公众和想象中的集体。在某种意义上，这些公众和集体既相互冲突又相互联系（Baym and boyd，2012，p.321）。这种想象中的集体和其他公众，始于围绕某些个体们聚集的"个人公众"（Schmidt，2013，p.121）或"私人领域"（Papacharissi，2010，p.161），一直到数字平台的"网络化公众"（Benkler，2006，p.11；

boyd,2008,p.61),这些平台的特点是通过特定的交往架构来使上述沟通领域成为可能(Loosen and Schmidt,2012,p.6)。围绕某些主题,由情境形成的"话题公众"(Lippmann,1993[1925];Marres,2007)出现在包括手机本身(参见 Wasserman,2011,关于手机和非洲的政治参与)在内的各种数字媒介上。我们可以留意这里倍增的各种政治传播空间出现了巨大分化,特别是受到潜在的社会经济资源不平等的影响。这使得影响集体形成的媒介的"以情境为中心的模式"变得至关重要(Wasserman,2011,p.150)。因此,即便我们不知道诸如此类的公众所表明的诸多想象的集体的全部,但我们知道,它们远远超出以民族国家或联邦作为参照点的范围。

在线博客的情形有助于我们更细致地探讨这一问题。"博客空间"(Schmidt,2007,p.1409)是指或多或少相互关联的博主们的在线空间。这些关系通常在技术上(Bruns,2007;Reese et al.,2007)或语义上被可视化为个人(相互)推荐的网络链接(Tække,2005;Vicari,2015)。我们所提的主要问题是:这些博主们建立了什么样的集体?在某种意义上,他们被理解为一种"实践共同体"(Wenger,1999),专注于某个话题,或多或少地互相提及,从而建立起一个话语空间①。然而,我们需要追问"共同体"这一术语到底有多大帮助?或者这个集体是否仅仅是由相关博主的共同兴趣来定义的?如果考虑到博客的读者群,那么情况将变得更加复杂。在情感上关于某一博客主题的"爱憎分明"(Stage,2013,p.216)可能会导致具有自己动力机制的"网络集群"。这一集体的成员聚集于某些网络站点,将自己想象成具有某种政治利益的集体,并且通过情感来表达其政治立场②。在出现这种"网络集群"的情况下,我们看到了公众通过共同的情感实践(Stage,2013,p.216)和共有的感觉结构

---

① 参见 Ekdale et al.(2010,pp.218-220)、Schmidt(2007,pp.1411-1418)。
② 参见 Olofsson(2010,pp.770-772)、Striphas(2015,pp.401-403)。

(Papacharissi,2015,p.116,借鉴 Williams,1958),在某些政治问题上实现了团结一致和相对同步。

可能的公众的激增,也使得建构想象的集体类型的可能性成倍增加。这方面最突出的例子是社会运动。社会运动在想象集体方面(最明显的例子是国际社会主义运动)有着悠久历史,诸如环境运动或反全球化运动等所谓的"新"社会运动(Porta,2013;Rucht and Neidhart,2002)的特征是,它们对集体的**全球性**想象超越任何民族国家或超民族国家的政治单位。借助于媒介,这些运动旨在实现全球范围的变革(Klein,2000),基于共享的"规划性认同"(Castells,1997,p.421)提出对集体的新想象并提供"希望之网"①(Castells,2012)。不过,我们有足够的理由对这类主张持谨慎态度。如今,社会运动无疑比数字化之前有更好的资源来打造集体。对此,近年来发生的"占领运动"就是显例②。然而,互联网同时为政治精英们提供了许多机遇来强化和变化其维持权力地位的方式(Chadwick,2006,p.202)。因此,新型政治集体的变革潜力可能比他们自己想象的要有限得多。不过,社会运动本身的特征也在随数字化进程而变化。一方面是联系更松散、更个性化的政治行动形式,另一方面是实际上建构政治集体的新方式,两者之间出现了张力。虽然乍看之下它们似乎是对立的,但实际上两者都是社会运动的互型变化及其对集体的想象的表现。

兰斯·贝内特(Lance Bennett)和亚历山德拉·西格伯格(Alexandra Segerberg)在一部重要的著作中,将社会运动的这种转变描述为从"集体行动的逻辑"转向"连接行动的逻辑"(2013,p.27)。他们认为,我们借助数字媒介平台可以区分出三种社会运动的互型:第一种,"集体行动"的互型,出现在由"有序组织的网络"构成的互型中,其特点是行动

---

① 指给彼此希望的人们的网络。——译者注
② 参见 Crane and Ashutosh(2013)、Juris(2012)、Kreiss and Tufekci(2013)、Penney and Dadas(2014)、Salvo(2013)。

的组织协调性很强,媒介技术用于管理"参与"和协调"组织的目标",以及"其他目的性"传播;第二种,"连接行动"的互型,是由组织性的网络①实现的,行动的协调性较为一般,媒介技术支持的交往实践使行动的形式更加个性化;第三种,"连接行动"的互型,是在极少乃至毫无正规组织协调的情况下,由能够实现集群的网络所支持的"连接行动"。在这一点上,我们拥有一种以新兴的个人行动为中心的大规模的个人访问多层级媒介技术和通信的能力。上述三种划分虽然是相当理想化的,但阐明了数字媒介对于今天社会运动的构成影响各异:数字平台**不仅**支持等级分明的有组织的社会运动,**而且**支持高度个性化的政治参与,这种政治参与更加"以自我为中心"(Langlois et al.,2009,p.418;也参见 Fenton and Barassi,2011,p.180)。

但是,我们必须非常慎重,不要把这种可能的转变与想象的集体的慢慢消失混为一谈。即使是更为松散的互型也仍然致力于建构想象的(政治)集体。阿纳斯塔西娅·卡瓦达(Anastasia Kavada,2015)通过对占领运动的细致分析证实了这一点。在占领运动中,抗议活动和以媒介为基础的传播实践将活跃的抗议者联系在一起,这些活跃的抗议者构成的极为开放的互型支撑着这种没有正式组织的抗议活动。在这种开放的互型中,"社交媒体的追随者形成了一个外环,而内环包括经常到抗议现场参加占领运动的活跃抗议者"(Kavada,2015,p.879)。利用数字媒介平台,可以建构两种集体:一是由街头、公园的抗议群体构成的集体,二是由事件形成的集体(一种想象的支持者集体)。占领运动之所以具有跨国影响力,在某种意义上源于它提供了将自己想象成一个更广泛的集体的一部分的**符号**资源,并且通过这种做法为占领运动的扩散提供支持,使其超出本地抗议活动的互型。这种更加开放的组织抗议活动的结构并不会自动导致"以自我为中心的抗议活动",而是

---

① 指有组织能力的网络。——译者注

会使人们对"抗议集体"的想象更加多样化(参见 Kavada,2015,p.883)。在把他们自己定义为反对全球资本主义的运动的成员——"我们是99%"的集体中,"以自我为中心的抗议活动"和"抗议集体"都可以找到自己的位置。

9.2.3 媒介变革的集体

社会运动现在已经注意到媒介技术对于社会发展过程的重要性,特别是对于打造集体的重要性。因此,它们越来越多地将媒介和媒介基础设施本身视为政治参与的**对象**。其根源可以在 20 世纪 70 年代"另类的"和"激进的"媒介运动中找到(Atton,2002;Downing,1984;Rodriguez,2001),这些运动旨在实现公共领域的"另类"形式[①](Negt and Kluge,1993,p.94,127)。网络基础设施和数字媒介方面可供参考的重要例子是"黑客运动"和"开源运动"。"黑客运动"的政治目的是将日益普及的计算机和数据化的影响公之于众,从而成为政治谈判的筹码(Levy,1984)。"开源运动"的重点先是促进某种形式的非专利软件的开发,后来,它成为与"开放获取"信息("开放数据运动")的一般政治参与交织在一起的政治运动(Baack,2015)。一个引人注目的混合例子是混沌计算机俱乐部(Chaos Computer Club),它是世界上最大、欧洲历史最悠久的黑客组织之一(Kubitschko,2015)。最近的例子包括技术驱动的"修复运动",它将黑客的能力与对可持续发展和零增长经济的参与结合起来(Kannengieβer,即将出版)。这些集体不但**利用**媒介及其基础设施来支持他们为了特定目标的政治参与,而且认为媒介及其基础设施**本身就是**政治参与的**一个焦点问题**。

深度媒介化时代的一个普遍特征是,某些社会运动集体高度重视对于**媒介**的争夺。在这样一个时代,媒介和思考媒介的方式成为社会

---

① 指不受政府支持的公共领域。——译者注

世界赖以建立的质料的一部分,而更大的集体**就是这样**聚集在一起的。近年来引人注目的例子是"与媒介相关的先锋社区"(Hepp,2016),如"量化自我运动"(Boesel,2013;Lupton,2015;Nafus and Sherman,2014)或"创客运动"(Anderson,2012;Hyysalo et al.,2014;Toombs et al.,2014)等①。尽管它们都声称自己为"运动",但是这些集体实际上是介于社会运动与智库之间的混合体。与社会运动相似的是,先锋社区有非正式的网络、集体认同和共同的行动目标。更具体地说,它们非常接近像开源运动(Tepe and Hepp,2008)那样"面向技术和产品的运动"(Hess,2005,p.516)。然而,先锋社区一般不涉及像社会运动那样与可识别的对手之间的冲突驱动型的关系,事实上,它们更多地以创新者或出谋划策者的形式出现,这使其更接近于智库(McGann and Sabatini,2011;Shaw et al.,2014;Stone et al.,1998)。先锋社区与智库的共同点在于具有产出思想的能力,并且致力于影响政策制定者和公众。

所有这些集体特有的想象力都是面向媒介技术的。通过集体的自我测量及个人和集体数据的积累,"量化自我运动"想象着更好的保健形式。"创客运动"设想新技术将使生产形式和新的价值创造集体的分散化成为可能,从而取代传统的(工业)生产形式。这类先锋社区以跨文化的方式传播着它们的想象力②。

我们可以继续分析和讨论更多例子,无论是宗教性集体③还是跨国

---

① 这些先锋社区属于基于互联网媒介进行集体打造的悠久传统,比如"虚拟社区"(Rheingold,1995)、"互联网文化"中的"虚拟社区文化"(Castells,2001,pp.36-63),以及"从政治行动转向将技术和意识转型作为社会变革主要来源"的"新社区主义者"(Turner,2006,p.4)。这方面可供对比的总体研究有 Streeter(2010)。
② "量化自我运动"和"创客运动"都始自美国沿海地区,但其影响很快遍及北美、欧洲和世界其他地区。详见 Hepp(2016)。
③ 特别需要关注的文献包括:Hoover,2006;Hjarvard,2011;Lundby,2013;Clark,2011;《媒介、文化与社会》(*Media, Culture and Society*)2016 年第 1 期"媒介与宗教"(Media and Religion)专辑。

政治暴力，它们越来越多地以通过媒介打造集体作为基础①。但我们想重申的是一个更一般的问题：我们正在经历**一种转变，即为政治目的而想象集体的方式正在发生变化**。长期以来，尽管通过媒介对集体的想象主要与对民族国家的想象有关，但如今我们面临更加多样化和相互冲突的想象过程，这些想象不再能够轻而易举地融入整合良好的"民族国家方案"的容器之中。回首过去，想象民族国家的方案既依赖于与机械化和电气化浪潮的紧密契合，也依赖于它们所基于的民族国家的媒介基础设施，无论是法国、美国还是殖民地时期的尼日利亚皆是如此（Flichy, 1995; Larkin, 2008; Starr, 2005）。民族国家的交往建构的高峰出现在20世纪下半叶。随着深度媒介化及其配置的更加多样化的媒介基础设施，用于想象集体的政治方案本身变得更加多样化，甚至相互矛盾。

有两点特别引人注目。第一，建构这些想象的集体的交往空间越来越脱离于领土边界。这并不意味着想象民族国家共同体的方案已经终结。但这类想象日益面临媒介化的"新兴的"和"从前的"集体性想象的对抗：**超国家的**想象与民族国家的想象争夺优势地位，社会运动则为跨国和跨文化的政治归属感提供了新的想象力，并且出现了新型的面向媒介的集体。深度媒介化的一个特征是，这些相互冲突的集体性想象与由此产生的政治价值观和政治方案无法调和的多样性**并存**。

第二，我们对集体生活的想象与媒介密切相关，这已经变得习以为常。朝此方向迈出的第一步是将媒介及其基础设施视为一个政治问题来关注的各种社会运动。或许更具深度媒介化特征的是与媒介相关的先锋社区，它们自称为"运动"，却与现有的权力中心更紧密地联系在一起。它们对集体的想象涉及通过和利用媒介技术更好地一起生活的想

---

① 相关讨论，参见：Freedman and Thussu, 2012; Seib and Janbek, 2011; Weimann, 2004; Berger, 2015; Gates and Podder, 2015; Zelin, 2015。

法。这些想象不仅受到使用中的媒介的影响,而且受到以媒介为重点的范围更广的实践的影响,这些实践构成了希尔德·斯蒂芬森(Hilde Stephansen)所说的"公众的社会基础"(2016)。用我们的话来说,与媒介相关的实践使得新型的具有公共意义的互型得以形成。随着深度媒介化,这些想象具体化为基于媒介和传播的物质基础设施的政治方案。

9.3 缺乏共同体化的集体

当代集体还有一个必须讨论的更深层次的特征。我们在此所指的是集体的建构涉及各种形式的中介化传播和数据化,但丝毫不涉及**共同体化**。这类"缺乏共同体化的集体"通常是由公司利益驱动的,特别是与"数字劳动"有关,即在数字媒介领域从事的各种劳动,而身处其中的劳动者个体们通常并没有将此理解**为**工作。这类集体表现出多种形式。

9.3.1 为品牌和数据经济"打工"

为品牌和数据经济"打工"可以追溯到"品牌社区"的理念。乍一看,它们与粉丝文化的特征非常接近,是围绕某些(媒介)产品乃至生产这些产品的公司(如苹果公司)本身而打造的集体。不过,这一现象值得我们更深入地探究。在最初的意义上,品牌社区是基于品牌崇拜者之间的一组结构化的社会关系而建立起来的专门的、不受地域限制的社区(Muniz and O'Guinn, 2001, p.412)。由于这一集体的视域所及并不仅仅是某种人造产品(比如一台电脑或一辆汽车),还包括产品所代表的品牌,因此,品牌社区"在很大程度上是想象出来的社区"(Muniz and O'Guinn, 2001, p.419)。"品牌社区"的要义在于,它们不是公司能够"制造"出来的,而是植根于人们使用这些品牌的日常实践之中(Pfadenhauer, 2010, p.363)。时至今日,这样的集体超出了公司自身的营销策略,包含社区成员之间的中介化交流。这类品牌社区并不属于"亚文化"或"粉丝文化",因为它们的成员认为自己既不"特殊"也不"边缘",只是对于某种**公认的**品牌感兴趣的普通消费者而已(Muniz and O'Guinn,2001,p.414)。即便如此,与粉丝社区一样,品牌社区打造本身也是通过线下会面或线上互动进行的(Bagozzi and Dholakia,2006,pp.46f.)。

打造品牌**社区**已经变成自上而下的营销策略,这与品牌社区的本意相矛盾,从而导致"品牌集体"的共同体化程度大大降低。数字平台的出现促使公司尝试与消费者中的"在线群体"建立关系,并且增进在线的消费者相互之间的关系(Andersen,2005,pp.41f.;Arnone et al.,2010,p.97)。消费者们与同一个品牌的极其相似的关系已经形成一种互型,尽管这种互型的特征是强烈的不对称。公司通常期望与消费者之间建立更加牢靠的关系(Tsimonis and Dimitriadis,2014,pp.333-336),但当它们这样做时,却事与愿违:建构的是一个可见的、因而有意义的"追随者"集体,而这些追随者们未必认为这种互型涉及"社区"。那些只"喜欢"数字平台上某些品牌的网页的人群和这些品牌的用户自己在数字平台上建立与品牌相关的群组,两者之间有很大的区别(Zaglia,2013,p.221)。在第一种情况下,人们只是对一个品牌持正面看法,但通过数据累积**相当于**一个集体。在第二种情况下,人们之间有着充分的互动,他们不仅对这个品牌及其产品有着共同的兴趣,还就此形成了一种共同的话语,并且有可能影响彼此之间的关系(Habibi et al.,2014)。只有第二种情况才接近于"品牌社区"的本意。

随着深度媒介化及其带来的中介化相互依存的扩展,上文中的第一类品牌集体变得更加普遍,尤其是在商界(corporate sector)。但是,公司越来越希望鼓励以更可感的方式创造价值的集体实践形式——在线"劳动的集体",由正式聘用之外者或组织成员以外的人参与数据流和活动流的互动生产,以便从中提取商业价值。让我们撇开对于这种

"在线劳工"或"玩工"(Mejias,2013)地位的激烈论争①,把焦点放在**隐含的社会学问题上**:这种"劳动"在大规模的情况下建构了何种**类型**的集体?以所谓的"品牌志愿者"(Cova et al.,2015,p.16)为例,它是通过一组复杂的互型来实现的,本地品牌社区(对某个品牌感兴趣的"俱乐部")的互型与在线平台和营销活动的互型联系起来,以打造某种劳动的集体。围绕某家汽车公司品牌志愿者的一项研究表明,诸如品牌社区之类的东西只出现在当地的品牌群组或面对面的活动中(Cova et al.,2015)。"品牌志愿者"有很多疑虑,包括作为品牌支持者却不信任公司的整体战略和被剥削的感觉。然而,对品牌的**兴趣**促使品牌社区的某些成员成为"品牌志愿者"。这就要求围绕品牌打造的互型和这种"工作邀请"所置身的广泛的社会语境有相当的影响力,至少足以促使人们将宝贵的时间投入"集体的"项目中,这些项目面向一个抽象的参照点——一种价值观的**代表**。

对于另外一些"劳动的集体"来说,情况并非如此。这些集体是围绕在线平台打造的,个体作为"在线劳动者"集体中的一员为此集体"出力",彼此之间根本没有或几乎没有直接互动的可能性(在这种意义上,他们不是一个"共同体"),例如整合个人贡献的平台(对人员、餐厅、地理位置等的打分平台)或连接个体们提供的服务(住宿、驾驶等)的平台。在这两种情况下,这些平台通常被标榜为"省钱攻略"和"口碑所在",但它们似乎也被视为无偿的剥削形式。评级平台的基本理念是,公司提供在线的基础设施来评价某些服务。个人所做的无偿工作是在公共论坛上贡献他们的评价。这么做的回报是,假定其他用户正在关注评价者的意见。这样的平台起到了一个"自反性反馈回路"的作用(Zukin et al.,2015,p.3),既反映了公众对特定服务的看法,也有助于形

---

① 参见 Ritzer and Jurgenson(2010)、Burston et al.(2010,p.214)、Fuchs(2014,p.120)、Scholz(2013)。

现实的中介化建构

成这些看法。从这个角度来看，这个互型中的行动者及其角色是由所有参与者期望的"收益"来明确定义的。该平台的提供者通过出售此平台产生的信息而从**经济层面**获益：评论者可能把有机会表达自己的观点视为收益，读者则大概会认为他们受益于能够获得最新的信息。

在这种（无偿）工作的集体中缺乏共同体化，其产出由平台运营商出售。相反，可以说，这类劳动的集体具有破坏共同体的副作用。例如，朱克因（Zukin）、林德曼（Lindeman）和赫森（Hurson）对餐馆与夜总会地理位置的评级平台的研究（2015）指出，该评级平台通过强化在其"工人们"的实践中嵌入的象征性和其他形式的特权，破坏了现有共同体的结构。这种"劳动的集体"远非共同体化，其副作用可能会破坏其他地方打造共同体的实际进程。类似的动态体现在将个体们提供的服务（住宿、乘车等）连接在一起的平台上。这样的经纪平台是"共享经济"的一部分（Zervas et al., 2014, p.5），其典型样式是提供一个方便的界面，以可信的方式匹配供需（参见 Rosen et al., 2011）①。这类平台在住宿、乘车或就业等不同领域取得了极大的成功（Guttentag, 2015；Irani, 2015；Yannopoulou, 2013；Zervas et al., 2014）②。我们可以将围绕这些平台构建的集体理解为"劳动的集体"，只要集体的成员们是为获取经济收益而提供待客劳务、运输服务或数据劳动。但是，这类互型主要是围绕为了赚钱的企业平台而打造的，也带来了令人不安的副作用。例如，住宿平台上的种族隔离模式，包括通过自动收集从房东发布的照片中生成的种族数据而产生的不同报酬率（参见 Edelman and Luca, 2014）③。

---

① 令人吃惊的是，这些平台在多大程度上被视为一种用来解决美国中产阶层因收入下降而面临的财务问题的改善模式。相关文献参见 Sperling(2015)。
② 在撰写本书时，这些平台中最突出的例子包括 Airbnb(住宿)、Uber(打车服务)和 Amazon Mechanical Turk(提供数据劳动服务)。然而，我们关注的并不是这些具体的产品，而是围绕这些产品形成的劳动集体，其互型基本相似。
③ 研究表明，Airbnb.com 平台对房东存在种族歧视，非黑人房东的收费比同等条件的黑人房东的收费高出约 12%。——译者注

我们并不否认,在一些基于"共享经济"的民间社会平台上,包括与"开放街区地图"(OpenStreetMaps)(Lin,2011)等社会运动密切相关的平台,劳动的个人化程度要低得多,并且基于社会运动和地方群体的具体利益。不过,我们关心的是总体趋势,该趋势是由遵循另一种动力的商业上成功的平台所主导的。

其他平台产生了一"群"低技能的数字劳工,他们执行大量次要的数据任务,并且因这种"微工作"而获得薄酬(Irani,2015,p.721)。这类平台将数字劳动者组织起来,以适应数据化的需求。劳务需求者发布一个"任务",然后由"微工"(microworker)按照编程或数字行业的要求来完成。在这种模式下,"人类(被)变成模块化的、由协议定义的计算性服务"(Irani,2015,p.731),以一种大规模的、完全可监控的方式劳动。我们由此开始看到深度媒介化所基于的庞大数据基础设施,如何以隐性的剥削劳动的形式产生其**自身的成本**。同时,这些劳动形式本身只有在新的互型(缺乏共同体的集体)的基础上才有可能。通过这种劳动,个体们真正成为数据化过程的**一部分**——"人即服务"(Irani,2015,p.724)。

9.3.2 源于数字的集体

由当今数据基础设施产生的新型集体还有第二种方式——"数字包含"(numeric inclusion)(Passoth et al.,2014,p.282)。量化媒介受众(Ang,1991)或全国人口(Porter,1995)并不是什么新鲜事。但是,通过数据化,在一个数据点上的精确测量几乎可以实时校准存储(或同步收集到的)在多种其他数据库中的信息,从而实现即时分类和"得体"的行动。基于我们所有人在网上留下的数字痕迹,不断产生具有某些特征的人群,以支持广告行业通过定制广告来接触个体们的目标(Couldry and Turow,2014;Turow,2011)。这种累积的数据随后被回传给个体们:由网店制作的购买同样商品的人还买的其他商品的清单,由网络电台参照用户的某些偏好制作排行榜、访问统计和排名,由新闻页面根据其他用户此前的阅读选择等提供进一步的信息,等等。"数字包含"过程因此致力于建构"如果不将测量和活动评估委托给算法和统计程序就不可能实现的"集体(Passoth et al., 2014, p.282)。这里建构的是在"大数据"处理的网络化过程中被视为有着共同特征的个体们的**累积**。

然而,当"数字包含"重新融入日常实践中时,它会促使人们为工具性目的而建构一个有意义的视域,主要包括偏好、兴趣和取向①。在此视域中,个体们**可能**会将自己定位为某个集体的成员②——被视为喜欢同一乐队(或同一类型的书,或任何其他分类特征)的人。但是,这类基于"数字包含"的集体是在缺乏(或极为有限的)共同体化的情况下产生的,实际上与集体中的其他成员之间不存在任何情感关系的参照点,彼此之间仍然是隐秘的,除非彼此通过**设想**,他们③也是以同样的方式被归类。尽管如此,这些集体具有潜在的影响力,代表了大量的为了重要目的而被建构出来的**同一类别**的人,这些人可以相应地定位自己的行动。就此而言,这些集体同样初步地促成新兴的社会秩序。

9.3.3 集体的重造

现阶段悬而未决的问题是:这类由"数字包含"形成的集体(或者说,由数据化形成的集体)与我们在本章讨论过的基于媒介的和

---

① 有学者特别强调"偏好"的作用(Barile and Sugiyama, 2015, p.413),但我们想指出的是,这类集体同样与兴趣和整体取向有关。
② 比较尼古拉斯·卡拉(Nicholas Carah, 2015, p.13)所说的"算法品牌"。关键点在于,它超越以品牌为参照并由数据驱动而产生的集体,更像是基于数据的对某些集体的**想象**。这种想象涉及某些"风格"和"偏好",但这些"风格"和"偏好"既可能与品牌有关,也可能与品牌无关。
③ 指集体中的其他成员。——译者注

媒介化的地方性集体,有多少共性可言?在深度媒介化时代,它们似乎处于范围已扩展的中介化集体的两端。是否有新兴的实践可能将这些不同类型的集体联系起来,从而进一步改变共同体化的性质呢?

其中一种重要实践是将机器人技术(更确切地说是"社交机器人技术")融入日常生活,"将机器人置于人类社交空间之中"(Sandry,2015,p.335)。目前这些"社交机器人"最常见的形式并不是实物机器人,而是与我们的智能手机相关的各种"客户端助手"(Barile and Sugiyama,2015,p.407;Turkle,2015,p.339)。借助语音识别软件,我们可与这些类人(quasi-human)的互动客户端进行语音交流。实际上,这类(客户端)"助手"是大型计算机网络的接口。这类大型计算机网络能够处理我们可能提出的问题,并且结合我们输入的数据,参考(所提问题)与可用的问答数据集的相似性,从而给出答案。通过这种关系,我们成为一个缺乏共同体的集体中活生生的人机对话成员。

我们不难想象这类"关系"中面对面的各种社区成员聚在一起比较他们的(人机互动)体验。这可能只是社交机器人进入社会互动领域的众多切入点之一:关于机器人护工或护理痴呆患者的机器人木偶已有较多探讨①,同样重要的还有"智能化"的生活环境,以及汽车和火车"智能化"的自动驾驶。实际上,智能手机和智能手表的主要特性已经在培养我们与这类系统进行交流。

当然,并不存在简单的全球故事②可以表明这种以技术为中介的建构集体的新方式如何无处不在地改变"世界"("我们的世界"或"任何人的世界")。这类故事仍然只是**修辞**,掩盖了极其不均衡的进程,而这些进程在深层次又牵涉到背后的社会经济资源的不平等,并且这类故事

---

① 这里的机器人被用来创造一个交谈的理由,甚至被用来创造围绕人工制品的整个交流环境(Pfadenhauer and Dukat,2015,pp.401f.)。
② 指全球各地的情形都一样。——译者注

加剧了这种不平等①。正如近年来对秘鲁 IT 实践的分析所指出的,这种修辞即使在诸如先锋社区中已经常规化,也不过是依赖于使用极为特殊的"中心"和"外围"的概念,这些概念使全球大多数日常生活场所沦为"已经创造出的未来场所和其他地方的**复制品**"(Chan,2013,p.x,强调另加)。

  我们留意与这类修辞缠绕在一起的某些做法的目的,绝**不**是为了再生产这些言论。但是,不承认这种变革的压力同样危险,因为它们无异于试图改变我们的社交模式,无异于一种有强烈动机的对集体基础的调整。正如雪莉·特克尔(Sherry Turkle,2015,p.338,强调另加)所言,"甚至在制造机器人之前,**我们就已经把自己改造成**随时准备成为它们同伴的人"。如果真是如此,那么我们别无选择,只能在一些重要的方面重造我们的集体和可能的社交。但是,更大的代价是什么?对于社会秩序的可能性有什么影响?这是我们在本书最后两章要讨论的问题。

---

① 关于新媒体使用与中国社会分层之间联系的重要研究,参见 Pan et al.(2011)和 Zhou (2011)。

10 秩 序

我们现在来讨论本书一直关注的双重问题：当代社会生活有着什么样的**秩序**？从最广泛的意义上讲，媒介在建构和维系这种秩序方面又扮演着什么样的角色？

我们在这里只提出一个极简的基本的"社会秩序"概念。"秩序"，指的是一种比较稳定的相互依存模式。这种相互依存不仅存在于个体、群体和机构之间，而且（在更高的维度上）存在于社会生活所涉及的各种类型的关系之间。所有这些相互依存都依赖于众多资源和基础设施的稳定性。这里所说的"秩序"并**不是**指两种熟悉的观念：一种是对社会生活的功能主义的看法，无论其规模如何，都被视为一种动态平衡和自我维持的秩序，其中无数过程、价值观和行动都在无缝地促成社会功能的更广泛的目标（参见 Couldry,2006）；另一种是仅在被称为"社会"的"国家容器"层面运作的社会秩序（参见 Beck,2000a,2000b）。实际上，我们的论点绝不依赖于这样的假设，即我们生活在"由不同的、离散的实体组成的社会中，这些实体形成了连贯的整体或系统"（Wrong,1994,p.8），或者媒介确实塑造着相应的离散而连贯的系统。取而代之的是，我们坚持社会"中心"的多元性，实际上是坚持对社会生活的建构和解释的经常性争论，以及坚持这种争论背后的多元竞争价值观(Boltanski and Thévenot, 2006)。但这一立场与承认**某种**程度的秩序是必要的完全一致。最简单地说，如果社会生活值得一过，那就必须存有某种程度的秩序：如果人类活动和相互关系的**每个**层面都充斥着无休止的各种争斗，那就会出现霍布斯(Hobbes)在《利维坦》(Leviathan)一书中所阐述的人类无法生存的混乱状态。因此，在每种可堪一过的生活方式中，都存在着某种程度的社会"秩序"。识别和分析这一点，正如20年前丹尼斯·朗(Dennis Wrong, 1994)在《秩序问题》(The Problem of Order)一书中所论述的，是社会理论的根本问题。

我们自始至终最重要的主题是，作为社会世界基本特征的**相互关联性**，以及在物质资源的独特组织的基础上，通过特定互型的安排在各个层面分析相互关联性的重要性。相互关联性已经把我们**引向**秩序问题，因为正如埃利亚斯在谈到文明社会（他的术语）时所指出的，这"大体上是计划之外的产物，但如果没有特定类型的秩序，它就根本不会出现"(Elias, 1994, p.443)。因此，我们的问题在本章中便转化成：**深度媒介化**（中介化过程对社会生活的各种要素如何形成和如何存续的渗透）对于今天可能实现的秩序**类型**有何具体影响？这里对社会秩序的理解，基本上是指特定条件下能够维持最低水平的稳定性的较高维度的"协议"①。这留下了两个带有规范性含义却悬而未决的深层次问题。

第一个问题涉及**在同一基本物质条件下可能产生的各种类型秩序的相对收益**。正如丹尼斯·朗指出的，关于社会秩序是如何可能的这一问题，在社会理论和政治理论中有着各种不同的解读：强制力、彼此自利和规范。因为很少有人会认为彼此自利足以建立社会秩序，所以关键是在"强制力"与"规范"之间作出选择。由于在本书中，我们不接

---

① 指对资源和强制性力量的安排。——译者注

受那种认为规范的因果作用占主导地位的功能主义者对于社会秩序的解读（以规范为基础的综合性社会秩序的帕森斯主义解读），因此，我们始终坚持让"强制力"在解释社会秩序时占有一席之地。但是，当我们思考深度媒介化时，新的问题出现了。媒介无疑提供了一种强化和聚焦现存规范的方式，或许也提供了一种创造新规范的方式，还提供了自我（和自我的集体）可以追求其利益的一种认知背景。那么，媒介基础设施与强制力之间的关系是怎样的呢？正如本书第 7 章所预示的，难道今天的数据基础设施的可能影响之一就是在社会生活中植入**一种新型的强制力**，一种与我们在基本生活条件方面日益依赖该基础设施有关的强制性威权结构吗？若如此，这种强制力的社会效果如何才能长期向好呢？特别是，如果它的运作越来越脱离以各种方式确立制度合法性的某些重要规范呢？这便是由当今社会相互关联性的运作方式的根本性变化提出的一个关键问题，而这些根本性变化似乎源自**深度媒介化**。今天，构成社会秩序的各种压力的**平衡**有没有可能正处于变化之中，并且由媒介基础设施所构成和支撑的相互关联性对于这种变化至关重要呢？我们当然不能排除这种变化，除非服膺于帕森斯主义的预设，即社会秩序注定具有广泛的稳定性——埃利亚斯坚决反对这种预设（Elias, 1978, p.115）。换言之，我们有必要认真面对今天各种或大或小的使社会走向"失序"（Wrong, 1994, p.12）的潜在压力。

　　第二个问题是关于**价值**的问题，以及特定的秩序形式如何符合或不符合特定的总体价值。"秩序"是指与生活于其中的人类休戚相关的**秩序**，而非随便**哪一种**秩序。不同的秩序带来不同类型的收益、成本和矛盾，这些不同的结果或让人们欢喜，或使大家忧虑。我们融入"世界"的方式带有道德和伦理方面的责任，**因为**它们在空间和时间上是我们行动的资源与视域的组成部分。只有当社会世界在某种程度上"维系在一起"时，我们**才能**完全融入其中。但每种秩序形式都会带来独特的成本，对人们的影响不一。一种批判的现象学视角于此能够"发人之所未发"。我们已经论述过,在深度媒介化背景下,媒介的作用恰恰是塑造社会世界在各个层面**如何**维系在一起,恰恰是塑造构成它**所用的**关键要素。这与经典的现象学社会学的看法有很大不同,即社会世界维系在一起在很大程度上是**人类**"心智"的产物(McDowell,1994,p.84)。正如第7章提到的,如果趋向数据化的压力通过数据采集和处理的自动化过程产生的新的行动层面,构成了一种**外部**产生的、与前数字时代截然不同的"心智"类型,那会怎样呢?我们已经注意到这种情况。有法学理论家指出,基于系统的、具有巨大计算能力的"心智",当其随心所欲地使用大量匿名数据时,可以很容易地消除匿名的身份(Ohm,2010),从而通过算法使个体们变得可识别和可检索,这种做法完全违背了原始数据采集中涉及的人类行动者们的意愿。这对今天正在形成的社会秩序有什么影响呢?它是否符合诸如承认和自由等价值观?在生成这类问题的过程中,现象学成为一门**批判性**科学,它留意的是在我们使用媒介的生活方式中出现的潜在的伦理和政治方面的挑战。

基于此,对于现象学至关重要的是认识到制度可能产生的力量。用卢克·博尔坦斯基(Luc Boltanski)的话来说,这些制度决定了"什么是什么"(2010,p.75)。例如,数据过程在日常生活中的深度融入,为社会分类方法的互动性提供了新的强制力,并且有可能塑造社会现实本身;恰如埃斯佩兰德(Espeland)和索德(Sauder)在他们的文章标题中所说的,"公共措施重造社会世界"(2007)。但数据化只是新出现的社会秩序的规范性后果的一个方面。也有越来越多的压力来自今天相互依存网络的绝对复杂性,媒介对此起到了强化作用。埃利亚斯再次提供了一个有用的视角。在其学术生涯后期,他审视了大型社会中型构的日益复杂性,思考了一般可称为"社会压力"(特别是社会中的"内部压力")的波动的可能性(Elias,1991,p.145)。这可能与今天的情形相关吗?随着连接起来的传播基础设施的规模和强度的增长,以及基于这些基础设施的"互型"和"互型之互型"的建立,在越来越大的行动领域之间建立了稳定的联系，从而创造了协调社会行动的新**形式**，因此，"压力"可以在任何一个节点出现，对于与该节点相关的行动者而言，压力成倍增加。时间压力是记录这种增加的总体压力及其产生的成本的一种特别显见的方式，即使不是唯一的方式。这些成本对行动者的影响是不均衡的，因而在时间和其他资源方面造成了新的不平等。同时，这类强化的相互依存模式也为协调复杂的行动创造了新的机会。

本章将解析深度媒介化背景下社会秩序的若干方面。如果做到这一点，就意味着完成了对于现实的中介化建构的探索之旅。不过，这涉及将我们的论证提升到一个更为复杂的层面，一个看似抽象却在现实中直接影响每个人生活质量的层面。埃利亚斯在《什么是社会学？》一书中对于复杂性的辩护让我们深受鼓舞：

> 这里阐述的复杂性指数也许会使日常事务显得相当奇怪。若想理解为什么社会学的研究领域——相互交织的过程和结构、相互依存的人们的行动构成的型构（简言之，社会）——能够成为一个问题，这就是必要的。（Elias，1978，p.103）

在本书第三部分已有章节的基础上，我们来探讨棘手的秩序问题。首先从"自我"和"集体"的角度入手，然后从作为特定秩序互型的"组织"的角度着手，进而首次转向更为复杂的"政府"层面。我们将在下一章（结论）具体讨论这一分析产生的价值问题。

10.1 作为深度诠释学的唯物主义现象学

在细致地思考深度媒介化对现在可能的社会秩序类型的影响之前，我们需要尽可能清楚地阐明理解社会的诠释学方法。这既是我们在本章和本书中论证的基础，也是唯物主义现象学乃至所有现象学的基础。在当今社会世界中，社会知识的生产到了一种自相矛盾的地步：它否认自己是知识，那些声称"了解"社会的人断言，获取这些知识的途径与往昔社会知识的生产毫无共同之处。然而，这并非偶然，而是源于与深度媒介化所依赖的数据基础设施相关联的特定形式的符号权力。我们正处于"认知方式与权力形式之间不断变化的关系"（Andrejevic, 2013, pp.5-6）之中，正致力于创建一种基于数据处理的"全球性认知文化"（Mosco, 2014, p.2），而这与特定企业追求的目标密切相关。在这些情势下，用诠释学的方法来理解社会就变得更加重要了。

一些学者将这种转型视为信号，认为在人文和社会科学领域需要一场革命来整合数据处理技术，并且将此视为"接受数字律令"的必要"决裂"（Wieviorka, 2013, p.60）。不过，这走得太远了，因为它忽略了将信息视为必须自由无阻地进行传输的"比特"的传播理论（Shannon and Weaver, 1959）与"从解释的角度"考虑"信息的意义"的分析进路（Mansell, 2012, p.47）之间的长期冲突。虽然用大数据的方法处理社会知识不依赖于任何传播理论，但这种方法实际上依赖于**忽略**信息的语境性质，而信息需要被阐释，事实上，它的源头处于一个**情境化**和**解释性**的世界里。因此，我们如果要理解在界定当代社会秩序的努力中什么是当务之急，那么坚持知识需要被阐释这一方面至关重要。

将大数据处理技术视为新的、从根本上**得以改进的**社会知识形式，这种具有相当影响的主张（Anderson, 2008）旨在宣称，从知人论世的角度解释社会现实的习惯性做法是不科学的。在安德森（Anderson）看来，社会现实（实际上也是物理学界所知的现实）对于解释说明、理论学说或分类学而言太复杂了。尽管颇有争议，甚至在某些方面遭到嘲笑，但这类主张的重要之处在于，它们为（新型）"知识"的主张提供了蓝图，使完全新型的知识生产者、知识制度和资助知识生产的机制合法化。

我们可以说,这是一种新型知识的**社会秩序**。正如我们在第 9 章看到的,这种知识的社会秩序植根于各种实践之中,例如对卫生保健领域的个体们和机构产生影响的"先锋社区"。我们不应该低估这些进程的力量。通过这些进程,基于收集、聚合和处理无数站点上的数据的新型"知识"生产得以常规化。要使一种新的知识生产方法融入社会秩序之中,最有效的方法莫过于重复再重复。正如舒茨和卢克曼所言,我们的日常生活在很大程度上依赖于秩序:"只要世界的结构是恒定的,只要我以前的经验是有效的,我的为人处世之道就在原则上保持不变。"(Schutz and Luckmann,1973,p.7)当这种秩序的性质发生变化时,社会生活的基础随之而变。

在转向一种新型知识的社会秩序的过程中,潜在的牺牲品便是诠释学的视角,舒茨和卢克曼对社会的整个理解都依赖于这种视角。两人在《生活世界的结构》(*The Structures of the Life World*)一书中,从对"日常生活世界"的界定出发,将其定义为"人类可以置身其中并通过其生命有机体的活动而能够对之进行改造的地方"(Schutz and Luckmann,1973,p.3)。他们将生活世界(我们更愿意称之为"社会世界")理解为人类通过行使其**解释世界的能力**而在这个世界中进行活动的领域。这种对知识本质的诠释学理解是如此必不可少,以至于我们发现 20 世纪早期的生物学家雅各布·冯·尤克斯库尔(Jakob von Uexküll)也"英雄所见略同"。他和舒茨差不多在同一时间阐释了"**周遭世界**"的概念,但他所理解的"周遭世界"是包括人和其他动物在内的广义的动物界。在冯·尤克斯库尔看来,**对于每种动物而言**,"周遭世界"或"环境"的一个关键组成部分就是它所包含的符号。根据英译本的翻译,这些符号表示"主体通过对这些(符号)特征的选择性**认知**来组织其'周遭世界'的方式"(von Uexküll,2010[1934/1940],p.36,强调另加)。如果有人认为这只是对于动物的生活世界的一种诠释学方法,那么冯·尤克斯库尔本人则明确表示,"在所有生物的生活世界中,**关于**

意义的问题都必须是我们最先要考虑的问题"(von Uexküll, 2010, p.151,强调另加)。

这种对社会秩序的诠释学理解本身正面临来自社会生活特定方向的挑战,何塞·范·迪克称之为"数据主义"的获得自我认识和社会知识的方法。借此,她的意思是将数据化在意识形态上重塑为"通过在线媒介技术对人类的各种行为和社会性进行客观量化与潜在追踪的普遍信念"(van Dijck, 2014, p.28),能够持续记录和积累可以随时转换为数字的数据。永远不能被转换为数字的是解释者本人的视角与在过去的行动和解释的场域中的特定立场,这种立场影响着任何一种新的行动和解释。因此,数据主义正好与知识(包括社会知识在内)的现象学方法相**对立**。事实上,它是一种"反诠释学"。这种当代社会生活中出现的"反诠释学"本身就需要被解释和被理解(Couldry, 2014a)。数据主义不仅否认我们如何解释社会世界的一个关键方面,而且否认人类普遍具有养成哲学家汉斯-格奥尔格·伽达默尔(Hans-Georg Gadamer)所说的"效果历史意识"(2004[1975], p.301)的能力。这种意识源于我们融入社会世界的独特方式,并且建立在社会世界中每个解释者的"**处境**"之上:作为理解性知识的诠释学是以个体和群体在世界中的行动为基础的(Gadamer, 2014, p.309, 310-312)。除此之外,伽达默尔还认识到通过"虚假的客体化"使"解释者因被解释者而异化"的可能性(Gadamer, 2014, p.312)。40年前,他将这种异化归因于自然科学方法的影响,但是,数据主义作为这种异化的强势的当代版,反而声称自己是一种新型**的**社会知识(Couldry, 2014a; Mosco, 2014)。

虽然这种数据化知识设想中的好处值得商榷,但其代价是显而易见的:一种建立在持续的相互监控基础上的社会形态。戴夫·艾格斯的小说《圆环》完美地捕捉到数据化的代价。书中以一种矛盾的意象描绘了一个整合全球数百万人使用的摄像头的系统,名为"看变"(SEECHANGE):"没有过滤,你随时都可以看到一切,这是最大程度的透明。"(Eggers,2013,p.69)然而,这种"数据主义"哲学并没有为理解导致对社会知识极为有限的认识的社会秩序提供任何基础。为此,我们必须另辟蹊径,必须回到唯物主义现象学的问题上来。

10.2 制度化的自我和集体

第8章和第9章探讨了深度媒介化背景下自我和集体的实践方式的诸多变化。本章将重返自我和集体的视角,然而要问的是一个不同的问题:这种(在个体和集体的层面)变化的实践对于今天经由媒介并由其构成的**社会秩序**来说意味着什么?其核心则是个体和群体生活的**日益制度化**对社会秩序形式变化的影响。

在绪论中,我们注意到中世纪早期媒介实践的根本变化:识字和阅读、存储和传递文本的新实践是如何与一种新的个性化自我联系在一起的先例(Illich,1996,p.25)。如第8章中所见,由于正处于数字化浪潮的转型过程中,我们目前尚无法看出自我在本质上的任何清晰的转变,但在自我维持与更广泛的社会秩序之间的关系上,确实存在一些明显的转变。

自我是一个与时间有关的问题,在时间中展开。正如哈特穆特·罗萨(Hartmut Rosa,2013,p.xxxvi,xxxvii)所示,出于包括通信传输的大幅度提速在内的复杂原因,自我的社交领域发生了转型,这既为个体行动者提供了新的"可能性视域",也反过来导致她的"预期视域"(她可以预见的时间和面向她的时间)与她的"经验空间"(她力所能及的即时行动范围)之间的偏差。事实上,每个行动者的社交领域同样得到了极大的扩展。因此,行动者基于技术中介化的界面与他人进行交流,不得不长年累月频繁地平衡相互竞争的需求和欲望。换言之,仅是作为自我,个体行动者就不得不在更长时间内与更多人(并且以更精细的方式)进行协调(Lahire,2007,pp.11-41)。这导致社会行动者之间**相互依**

存的强度更高，无论他们是否像家人或朋友那般彼此熟识，并且每个人对于维持这种协调可能性的**媒介及其基础设施的依赖程度也更高**。基于此，个体之间在更广泛的秩序中的相互作用和他们对此施加积极影响或消极影响的能力都增加了。此外，从远处接收通信和信息资源的能力与日俱增，通过以技术为基础的中介化沟通来"天涯若比邻"地经营社交关系，实际上可以"关山度若飞"的能力不断增强，这改变了空间与行动之间的关系。因此，罗萨才会说："作为不变的背景条件的空间已经失去其先天不变的本性。"(Rosa，2013，p.101)同样是在这方面，随着社会生活中预设的前景与背景之间的关系发生转型，个体可能会发现自己日常生活中原本牢固的支柱①受到挑战和影响。在这种情势下，社交媒体平台及其与一大群关系密切抑或疏远的人**维持**交往关系的能力，对于日常生活秩序的影响绝非无关宏旨。

在这种跨空间交流增强的背景下，正如伊辛(Isin)和鲁珀特(Ruppert)指出的，新的"人与人之间的关系，以及大量的技术和惯例安排"，包括"发推文、发信息、加好友、发邮件、写博客、分享"(2015，p.2)，已经变得平淡无奇。由于变得平淡无奇和习以为常，这些曾经看起来不寻常的活动，恰如舒茨和卢克曼所说，失去了"它们的行为特征"(Schutz and Luckmann，1973，p.7)，进入自然化的范畴。如今，个体们以各种方式参与到公司同样参与的广义的任务之中——在不同的人群、形势、地点和语境之间**保持一致性**。在格利茨(Gerlitz)和赫尔蒙德(Helmond)所称的"同类经济"(like economy)中，社会行动者在社交媒体平台上所作所为的踪迹通过网络进行传播，随后被整合到经济功能之中(2013)。他们在2013年所写的脸书的"社交插件和开放图谱导言"(introduction of social Plugins and the Open Graph)中指出："点赞、评论和分享等脸书活动不再局限于平台，而是分布在整个网络上，

---

① 指个体的日用常行得以建立的基础。——译者注

并且使用户能够将更广泛的网络内容与其个人资料联系起来。"(Gerlitz and Helmond,2013,p.7)

戴夫·艾格斯的小说《圆环》再次提供了一种洞见。小说中的一个人物批评另一个人物在她的日记本中写下一则关于外出的内容时说：

> 纸张带给我的问题是，所有的交流都随之消失。它不可能具有连续性……日记本以你而结束。好像你是唯一重要的人……但如果你一直在使用一种工具，可以帮助确认你所看到的无论何种鸟类的身份，那么任何人都可以受益……知识每天都在因为漠视分享而流失①。(Eggers,2013,p.187)

在艾格斯的小说中，"参与"从而创造"社会知识"的压力对于各种各样的人来说变得难以忍受。对于他们而言，圆环公司的口号"分享就是关怀"，或者更加冠冕堂皇的说法"平等地获取所有可能的人类体验是一项基本人权"(Eggers,2013,p.301)，提供不了什么慰藉。

真正的问题是**为了谁**而获取②。在这种数据化的模式中，个体们获得的对他人体验的任何接触权都必须通过平台和数据基础设施中介化的运作安排③，收益则归公司所有。因此，参与涉及某种集体意义上的合作，但仅限于高度中介化意义上的合作。如尤利西斯·梅佳斯(Ulises Mejias)所说，这是"对这种社会**秩序**"的贡献(2013,p.8,强调另加)，即由公司维持和为公司服务的社会秩序。对此，我们将在后文中进一步解释。倘若一个人需要维持与数据基础设施的某种关系，以维持自己作为一个自我，这便是**将自我绑定到社会秩序之中的一种全新**

---

① 小说中的乔赛亚(Josiah)在批评梅(Mae)时说这番话的语境是：梅周日独自去划皮艇，看到了一些不认识的鸟……但并没有在自己的社交媒体上分享。——译者注
② 指获取他人的体验。——译者注
③ 例如社交媒体平台的算法。——译者注

的方法。个体在社会关系中的地位本身取决于公司基础设施的良好运作和个体与该基础设施之间的可管理的关系。何塞·范·迪克所说的"分享的律令"(van Dijck,2013,p.50)在另一种层面匹配了**"数字化要求"**。与分享的律令相联系的是一种制度化的过程:自我在履行其基本职能时内在地制度化了,依赖于并在某种意义上参照外部(通常是商业性)机构的目标和要求。或者如加拿大小说家玛格丽特·阿特伍德(Margaret Atwood)在她对《圆环》的评论中所说,如果我们必须时刻"分享",命运将会如何?我们将身陷被监管的牢笼,24小时处于其监视之下(2013,p.8)。

解决之道并非置身于圆环"之外"。事实上,只要置身于圈外并不是自愿性质的,就构成了一种全新的、深层次的排斥形式。虽然与所有制度化进程一样,但在与这里企图实现的功能整合程度相称的意义上,该进程却将大量的人**排除**在外。2015年,英国未公开报道的"数字化的'第22条军规'"(digital catch-22)指出,**摆脱**失业和其他形式的社会经济排斥的资源本身,取决于已经拥有的持续的和高质量的在线连接,而这些连接是没有工作的人无法拥有的(Armstrong and Ruiz del Arbol,2015)。不管宣传得多么天花乱坠,即使在英国这样的发达国家,当时仍有14%的家庭无法上网(Office for National Statistics,2015)。

我们能在这里看出更广泛的模式吗?本书认为可以做到。在朗(Wrong)看来,规范是维持社会秩序的三种机制之一,对于维持一系列(否则会变得极其复杂和多样化)的关系特别重要。在生产层面,平台必须保持在更大空间内的"无缝互操作性"(van Dijck,2013,p.166),从而使跨越多种不同平台和应用程序的交往实践得以实现,顺利地产生经济价值,而这反过来又要求各种互连软件包中的规范系统的一致①。在用户层面,期待能有一些行为规范以便促进数据流

---

① 指各个软件的运行所依据的规范是相同的,即这些规范之间没有冲突和矛盾。——译者注

动的规律性。

> 在社交领域,规范的力量比法律和秩序的力量更有影响力……在不到十年时间里,在线社交的规范已经从强调连接性彻底转变为将连接性与商业性结合起来,并且交替使用这些说法。(van Dijck,2013,p.174)

个体行动者们所体现的规范有助于形成一种习惯性秩序,集体、机构和市场体系也被锁定在这种秩序之中。在这种秩序中,个体行动的意义由于这些行动在广泛的数据处理经济中所承载的经济价值而发生变化(van Dijck,2013,pp.6-7)。

如今,在社交媒体平台上非常普遍的这种连接实践矩阵,对于社会秩序产生了三个方面的广泛影响。第一,通过这些界面所管理的一致性[①],个体们(他们中的许多人本来不会处于与他人彼此共同行动的"情境"中)开始变得一致。正如博尔坦斯基和泰维诺特(Boltanski and Thévenot,2006,p.35)指出的,在复杂的社会中存在无数"共存"关系,但"在我们的日常经验中,共存并不总是产生一种情境"、导致一种相互影响的邂逅。然而,平台管理的一致性势必会在人们之间创建出一种**新型的"情境"**,进而为社会秩序创建新起点。第二,如第 9 章所论,这类情境会造就具有不同意义的**集体**。有时,这种意义对于用户而言真实可感,在特殊情况下还可以成为集体行动的焦点问题,尽管这些集体很少(在没有满足其他条件的情况下)成为团结和冒险的焦点。有时,这种意义对于用户而言微乎其微,但对于潜在的商业利益而言事关重大,因为它们是产生经济价值的先决条件。第三,这类界面创造了与**商

[①] 指数字界面必须做的事情,以确保用户在进入一个平台时能看到一致性的显示,例如在格式、相互沟通等方面。——译者注

业性逐利站点更紧密的相互依存的新形式,这些**商业性**逐利站点曾经在日常社会生活中无人涉足,除非是通过选择消费品"应邀而入"。如尤利西斯·梅佳斯所言,在这些情况下,"新的社交模式应运而生",但"它们是在公众的方方面面都被私人利益占有、托管或驱动的结构下组织起来的"(Mejias,2013,p.131)。有些人更进一步,看到社会效益的标准日益模仿市场绩效的标准,"自我的经济化"作为一种资本,"必须"通过吸引更多粉丝、点赞、转发等方式"进行有效投资"(Brown,2015,pp.33-34)。不管人们怎么看,商业力量在日常社会交往中的**显著性**已经大大提高,这对于我们生活于其中的整个社会秩序都产生了影响。

10.3 组　　织

这些对于自我和集体而言的交往过程的性质转变,如何转化为组织层面的性质转变?一般而言,一个组织是由它对共同目标和实践的定位、工作或责任的协调分工,以及特定的成员守则来定义的①。我们如果以这种方式来描述组织的特征,则可以将它们视为聚焦于特定目标并在成员和实践方面提供特定职能的独特机构。但组织并不是静态的现象,它们植根于实践,并且通过持续的"有组织的意义建构"过程而展现出来(Weick,Sutcliffe and Obstfeld,2005,p.410)。组织是一种"话语建构"(Fairhurst and Putnam,2004,p.22),是通过一种关于组织的目标的"元对话"(Robichaud et al.,2004,p.624)建构而成的,这种"元对话"在实践中不断地演变。

组织的这种意义建构包括两个方面:一是内部方面(组织内的行动者如何建构其对于组织含义的理解),二是外部方面(组织如何建构与

---

① 对组织的这种理解,我们可以追溯到 Kühl(2011,pp.9-22)、Meier and Schimank(2012, p.26)、Weick(1979,p.13)。

其外部环境相关的组织意义)。但是,这种内部和外部的划分本身就是作为组织实践的一部分不断**建构**的,建立在该组织可用的各种资源的基础之上。在这种意义上,组织是一种特殊的互型或互型之互型。该互型以**正式**的途径影响其中的个体们,并且通过其持续的建构过程和法律认可的各种过程,获得作为"法人行动者"的某种能动作用,这种能动作用迥异于第 9 章讨论的集体的非正式能动作用(Mayntz and Scharpf,1995,pp.49-51)。由于这种能动作用,组织在法律和经济等更广泛的制度领域中具有建构秩序的权力(参见 Thornton et al.,2012,pp.133-147)。在深度媒介化的背景下,组织及其建构秩序的权力至少在三个层面受到不断变化的媒介环境的影响:组织导向、组织过程和潜在的知识生产。

第一,**组织导向**。一个组织的整体意义,不仅通过组织内部与媒介的关系而改变,而且通过更普遍的话语与媒介的关系而改变。迈耶和罗恩(Meyer and Rowan,1977)很久以前就提出"合理化的制度迷思"概念,即组织的"效率"、"结构"和"使命"等迷思的社会建构,不但**如此这般地**使组织合法化,而且确定了其实践方向。这些迷思主要**通过媒介**传播。它们就是第 4 章讨论的社会世界的"意义安排",其影响遍及组织内外,"**共同构成(着)**公众对于组织的看法"和组织对于自身的看法,"**不仅描述组织**"如何工作,"而且描述**对于组织而言**"应该如何工作(Schultz et al.,2014,p.26,强调另加)。这些迷思可能是普遍的,也可能是特殊的,但是一旦与特定的组织建立关联,就提供了**秩序**的理念。想一想众所周知的公司"成功"的迷思,或者官僚机构"效率"的迷思,或者新自由主义民主在组织和政府中使用的"交付"(delivery)①的迷思。关键的要点在于,所有这些组织**并不需要**每次都满足诸如此类迷思

---

① "delivery"是英国政治中的术语,指有效实现和完成一个组织或政府设定的目标。——译者注

的预期。重要的是,这类迷思为组织提供了合法性,并且作为组织的实践及其评价的规范性基础。或者如马格努斯·弗雷德里克森(Magnus Fredriksson)和约瑟夫·帕拉斯(Josef Pallas)所说:"媒体监督和审视……组织的方式,对理解这些组织的合法性和声誉是如何建构与运作的至关重要。"(2014,p.235)像数据主义(van Dijck,2014)这类新迷思也能够使其影响**遍及**不同的组织,就像有关通信"新技术"的话语在整个"现代化"历程中自始至终起作用一样(Martín-Barbero,1993,pp.182-186)。从更广泛的意义上讲,作为人们度过大部分清醒时光的地方,组织是关于理想的**秩序形式**的广泛迷思的有力**放大器**,由此,它们也有助于建构面向特定迷思的更广泛的社会秩序。

第二,媒介也参与了**组织过程的转型**。关于数字媒介如何彻底改变组织结构的文献极为丰富①。有学者认为,重大的组织变化源于数字媒介基础设施,因为它使得新型的"网络组织"成为可能。例如,曼纽尔·卡斯特(Manuel Castells)将20世纪晚期的经济转型与组织变化联系在一起,这种转型随着互联网和"网络组织"的兴起而成为可能(2000,pp.163-166)。近年来,也有人认为,"全球性的数据网络对所有当代组织施加了制度性的影响"(Lammers and Jackson,2014,p.33)。媒介和数据网络已经成为大多数组织的关键的基础设施,影响着它们在微观层面的组织方式的变化,并且融入组织内部的愿景和目标(Fredriksson and Pallas,2014)。

虽然深度媒介化的影响因组织和机构背景的差异而不同(Donges,2011;Fredriksson et al.,2015;Hjarvard,2014;Øyvind and Pallas,2014;Thorbjornsrud et al.,2014),但是媒介对于组织仍然具有一种普遍的变革性塑造力。数字媒介及其基础设施的功能使组织所基于的互

---

① 可以比较当前学术界讨论的概况,例如帕尔拉斯等(Pallas,Strannegard and Jonsson,2014)的著作中的相关章节,或者由克努特·伦德比(Knut Lundby,2014)主编的媒介化研究手册中关于组织的章节。

型在**空间中**可以不同的方式构成,它们不再必须围绕物理空间上的邻近性来组织(参见 Lammers and Jackson,2014,p.41)。这并不意味着地点不再重要,正如对全球化城市的研究表明的,城市依然是文化密集的地方,因而对于许多组织(特别是企业组织)来说仍然很重要(Krätke,2011;Zook,2005)。但是,对于组织来说,它们可以毫不费力地分布在不同的地理位置,同时保持内部交流和沟通惯例的密集性实践,这些实践将空间上分散于各地的参与者整合在一起。其结果是改变了个体们和集体与组织的关系的**质量和复杂性**。可以说,"社交网络技术的扩散使人们更易于组建团队和群组"(Noveck,2009,p.161)。从组织外部来看,与上一章讨论的各种类型的工作集体的连接,可以使传统的组织形式将自身更广泛地扩展到其他社会领域。组织中的交往实践本身是由这些组织的媒介组合形塑而成。例如,发电邮、共享文档和召开视频会议,而不是寄送信件和备忘录,加速并加强了组织内的日常沟通。与纸质文档相比,人们能够更快速并以不同的方式对数字文档进行检索。通过对个体实践的形塑,深度媒介化强化了组织内部和组织之间沟通过程的加速。

总之,第5章与第6章讨论的关于空间和时间的所有基于媒介的变化对于组织及其实践同样重要。这里有一个基本的辩证法在起作用:一些组织转型是由外部发起的,事实上,整个大的组织场域正在通过不断变化的媒介环境进行转型,另一些则是**利用**不断变化的自身的媒介环境(媒介多样体的组织内化,以便梳理**媒介多样体**的组合)在内部进行转型。正是在特定组织的情境中起作用的这种辩证法,对社会秩序产生了广泛影响。

第三,与不断变化的媒介环境相关联的是组织内部的**知识生产转型**。我们已经把互联网和数据网视为组织的重要基础设施,这些基础设施促使组织化的传播在空间和时间层面延展。但是,意义更为重大的(与第7章的论述相呼应)则是,数据化作为一种自动化过程,已经成为大多数组织的知识生产的一部分。例如,法学理论家朱莉·科恩(Julie Cohen,2012,p.188)指出,就今天的标准化数据和信息基础设施而言,它们是"控制的架构……反映着我们的政治经济发生了根本性转变,走向一种基于精确定义的和持续更新的行动者、资源、设备的访问授权的治理系统"。当然,组织内部总是有一些系统在运行,这些系统在不同程度上限制了对于各种类型的信息的访问。我们的看法是,在已经将数据架构集成到其运作过程的组织中,它们的数据"系统"通常通过外部设置存储在"云"中(见下一节),现在**是**这些组织运作的内存和长期存储的外存①。再次强调的是,在个体和集体生活转型的同时,组织生活变得依赖于外部层面**制度化**的相互依存②,而这影响着更广泛的权力分配和社会秩序的性质。

  如今,许多组织的工作都融入了包含组织行为准则和秩序进程的算法模式。本书前面章节讨论的一个例子是金融市场中的组织,它们的市场运作模式总归在某种程度上依赖于复杂的计算机系统,这些计算机系统遍及诸多电子化连接的市场活动中心:"全球市场本身就是交易员们所依附的(经由复杂的计算机系统)分析和生产出来的信息的显示。"(Knorr-Cetina,2014,p.40)只有通过这些"视觉媒介"系统建构的"综合情境",才能实现其**组织**目的,并且只有通过这些情境,才能建构"市场"(这些组织最先关注的组织迷思)本身。"综合代理"越来越多地从事组织工作,尽管是在交易员的管理下。其他类型的组织也正朝着这个方向发展。例如,公安机关和税务机构开始使用累积的自动化数据分析来处理案件,乃至**预测**未来的发案趋势(以便防患于未然)③。甚

---

① 这里将组织与计算机进行类比,计算机有内存和外存,作者认为组织同样有内存和外存。——译者注
② 指组织运作所依赖的额外的外部资源和网络。——译者注
③ 相关案例,参见 Gernert(2015);更具普遍意义的案例,参见 Ruppert(2011)和 Amoore(2013)。

至学校等教育机构场域的组织也依靠数据化,以数据驱动的学生评价模型为基础来推断学校和教学的质量(Breiter,2014;Selwyn,2015)。不过,我们还只是处于组织的知识因为数据化而产生诸多变化的开端,远非终点。

综上所述,深度媒介化正在改变组织的"内在生活",由此也在改变组织与更广泛的权力体系相互作用的方式,从而改变了它们在社会秩序中的影响。其中的根本原因在于,媒介(尤其是数据化)在深度媒介化时代组织的秩序化过程中所起的基础性作用,以及在更广泛的公共话语中建构组织目标的方式方面所发挥的功能。因此,如果我们想探究组织在广泛的制度化场域所起的作用和它们由此如何影响社会秩序,就不得不认真对待它们在中介化过程中产生的深层次影响。

10.4 政治和政府

我们认为,社会生活中的三种基本行动者——自我、集体和组织,正在被包括数据和信息基础设施在内的媒介与媒介基础设施改变,并且在这一过程中以一种全新的方式参与到社会秩序之中。当我们把讨论的范围扩展到思考政府和各种其他权力寻求干预和监管的**超出组织之外**的看似开放的空间时,会看到什么?这些空间的特征是具有不同复杂程度的众多行动者,因此很难评估总体变化的影响或方向。但是,只要我们选择好切入的角度,一些重要的新情况就会映入眼帘。

相对于它们试图干预的社会领域的规范,政治和政府一直是复杂的。除此之外,在21世纪初期政治和政府中涉及的沟通复杂性挑战的**增加**并非微不足道。重要的是,既要从"积极的方面",也要从"消极的方面"来看正在发生的变化。正如法学理论家和美国政府前顾问贝丝·诺维克(Beth Noveck)指出的,新的沟通联系形式使得公民和专家以新的方式参与政府的有效治理成为可能。她正确地警告说,"治理社会的工作太千篇一律了"(Noveck,2009,p.16),然而,数字化网络可以为民主政体如何运作带来决定性变化的机会,迄今并没有很好地被利用起来。与此同时,在公民和政治进程中,新的排斥形式正在生成。

10.4.1 历史的异同

为了帮助我们想象正在发生的政治和政府变化的**可能尺度**,在此有必要详述一个媒介化方面的转变与政府性质的变化相关的往昔案例。大多数对于早期现代性的解释都集中在自15世纪以来欧洲印刷术的发明上,认为这对**后来**现代民族国家的出现具有决定性影响。但也有一些历史学家认为,更具决定性的、对现代政府运作方式的影响更为深远的是,由克兰希(Clanchy)考证的从11世纪到13世纪**向通过书面文档进行统治**的转变。不断变化的治理模式是文化变革的一个关键驱动力:"读书识字**源于官僚体制**,而不是任何对教育或文学抽象的渴望。"(Clanchy,1993,p.19,强调另加)从地图到法律文件再到皇家诏令等日常用途的书面文档的日益流通,以及与这些文档的制作和解释相关的技能,改变了统治者治理其领土的方式。到英格兰国王爱德华一世时代,政府至少在理论上"已经能够进入每个居住地(无论多么小),已经可以接触每一个人(无论其地位多么卑微)"(Clanchy,1993,p.47),这不是通过任何便利的个人的亲身访问(道路仍然极为简陋),而是通过基于书面文档的实践网络的协作力量来实现的。国家在这一转变中的主导作用,与埃利亚斯关于国家在15世纪和16世纪欧洲的"文明行为的构成"和"礼仪"中的主导作用的解释(Elias,1994,p.xiv)相类似。从以个体(面对面)发号施令为基础的治理模式,逐渐转变为以书面描述和指示的效力递延为基础的治理模式,也产生了其他影响:作为治理规则参照点的**永久可用的**记录的增长(Clanchy,1993,pp.153-154);需要设法对激增的大量重要的记载进行**排序**(字母索引的发明,参见 Clanchy,1993,pp.177-179;Illich,1996,pp.102-103)①。

20世纪90年代以来,由于数字记录爆炸式的增长,政府和政治也发生了深刻的转型,历史与现实之间的相似性是惊人的(Bimber,2003)。与历史和当代转型相关联的资源极端不平等现象的出现也是如此,正如今天打造、设计和管理数字基础设施的权力集中在极少数财力雄厚的机构(谷歌、脸书、亚马逊,参见第3章)中一样,在中世纪早期,"只有国王拥有固定的组织化的写作设施"(他的"档案馆")(Clanchy,1993,p.57)。当时,秩序和权力组织有可能因媒介化程度的变化而发生更广泛的转变,就像今天一样。这些转变在国家内部和国家之间进行,"数码弱势群体"(Helsper,2011)等术语作为国家内部现象和跨国现象的身份模糊不清。

相比之下,如果我们重返19世纪的美国,同样可以从詹姆斯·贝尼格(James Beniger)对现代通信的解释中吸取教益:电报、报纸、邮政服务和电话的出现,是为了应对不断扩大的社会和经济领域的沟通"需求"与初级通信基础设施的"供应"之间的不匹配造成的"控制权危机"。19世纪下半叶,随着资本主义经济的发展,在商业和政府的各个领域中出现的传播模式的转型,并不是发明一种单一的媒介并将其融入日常生活中,而是涉及组织生活各个方面**相互依存**的转变,贝尼格称之为"控制权级别的逐步分层"(Beniger,1986,p.292)。

那么,对于数字化浪潮中正在进行的社会秩序转型而言,我们如何以史为鉴呢?过去与现在之间的一个主要区别是,私营公司新晋的显赫地位,甚至是主导性地位。对此问题,我们通过探讨自我、集体及组织运作框架的**制度化**,已经在较为笼统的意义上分析过。互联网是基于制度化连接的基础设施,我们在此讨论的所有进程都以互联网为基

---

① 对此,还有一个我们没有精力顾及的方面——书写技术在中世纪早期欧洲现代会计出现中的作用(Bisson,2009,pp.336-349)。

础。不可否认,各国政府在前期规划和投资互联网作为连接的基础设施方面居功至伟(Mazzucatto,2013;Keen,2015)。政府的贡献实际上可以追溯到计算机的历史,以及此前于19世纪出现的计算技术(Agar,2003,p.41)。然而,时至今日,政府虽然是新型的数字化治理的主要受益者,但并不是变革的主要驱动力。正如路易丝·阿穆尔(Louise Amoore)在其关于新型的基于数据的跨国监控和跟踪系统的历史分析中所说的:

> 并非一场反恐战争的到来带来了大量新颖的、前所未有的安全技术。事实上,恰恰相反,"9·11"事件及随之迅速宣布的特殊措施,为普通的监控和追踪技术上升到国家权力的层面开辟了空间,这些平常的技术在采集面包和香肠等日常交易信息中早就使用了大约八年。(2013,pp.41-42)

阿穆尔详细介绍了 IBM 及英国食品和服装零售商玛莎百货(Marks and Spencer)的高管们在开发"关联规则"方面的作用,这些规则根据新的数据挖掘技术提供的文本跟踪更好地预测消费者的行为(Amoore,2013,pp.39-41,50-51)。驱使市场营销人员持续不断地且更有预见性地跟踪消费者(政府也因此而受益),是**商业组织**从新的数字基础设施中获得更多机会的一部分。不过,走向数据挖掘的其他压力,源于20世纪90年代末数字媒介内容在流传中的爆炸性增长给广告商带来的与日俱增的问题,这使得他们越来越难以断言任何一条昂贵的单打独斗的广告能够比另一条更有效地到达目标受众(Turow,2011)。基于此,像脸书等强势媒介操控者正在"重塑网络结构",以使其成为一个更好地融入这些媒介操控者经济目标的空间(Gerlitz and Helmond,2013,p.7)。

总之,从许多方面来看,数字化对组织的影响正在对秩序和治理产生深远的后果。从权力平衡①的角度来看,同样重要的是,数字世界的传播基础设施所依赖的计算基础设施的控制权发生了转移。如今的经济依赖于强大的数据处理能力。在很多方面,这种数据处理能力对于单个公司**抑或**各国政府而言已经变得过于昂贵,以至于它们无法凭借一己之力而独有。"云",即"为个体和组织存储、处理和分配数据的应用程序和服务"(Mosco,2014,p.17)的兴起,代表着控制权的大规模转移,从直到十年前还对其信息资源拥有广泛控制权的民族国家**剥离**(Mosco,2014,pp.66-67),转向管理"云"所在的远程计算机服务器的少数几家占主导地位的公司(苹果、谷歌和微软)。我们并不认为结果必然会是更加有序,更不用说更好地与关键的规范性价值观相协调的有序了。尽管一些经典的分析认为,信息/情报基础设施的发展对于在不同历史阶段实现有效的社会秩序至关重要(如 Beniger,1986),但还是存在一些反例,例如 20 世纪大规模暴行中官僚机构的模糊地位②。我们将在第 11 章回到规范性问题上来。

10.4.2 一种新型的政治?

既然意识到由数字化(和数据化)浪潮构成的传播基础设施的变化**本身**可以**被视为**社会秩序性质的重大转变,那么我们如何将其与日常政治和政府事务的基本特征联系起来呢?

由数字媒介引发的政治基本性质的明显变化最受关注。毫无疑问,社交网络的媒介平台使得短期的政治动员更加容易(见第 9 章),同时加剧了政治丑闻的动态变化(Thompson,2005b)。但是,这并不等于说,这些新的沟通工具**总体上**改变了政治的基本性质和平衡。

至少有四个充分的理由提醒我们不要急于得出这样的结论。第

---

① 指公司与政府之间的权力平衡,例如谷歌等公司是否比政府更具影响力。——译者注
② 指有的政府机构在 20 世纪大规模暴行中扮演了不光彩的角色(例如纳粹政府在大屠杀中的角色)。——译者注

一,政治方面看似已经被数字传播改变——带来的主要是**"消极的"**一面,即皮埃尔·罗森瓦隆(Pierre Rosanvallon,2009)所说的"反民主",这对政治的其他方面(例如为政治变革而长期建设政党)产生的影响尚不清楚,甚至可能是负面的(Couldry,2012,pp.108-132)。第二,关于政治如何由于数字媒介而**"环球同此凉热"**地发生改变的宏大叙事,往往是基于数量有限的案例(其中,最值得注意的就是美国和英国)的归纳概括。对数字政治进行更加细致的比较分析则可描绘出更为复杂的图景,在不同政治体系中具有极其不同的影响(Nielsen,2012;Stanyer,2013;Vaccari,2013)。第三,一旦我们开始理解数字化浪潮如何影响组织这一问题的**复杂性**,就不能低估另一个问题的复杂性:数字化浪潮如何影响诸如处于多种冲突之中的政党之类的政治组织。增加与政治有关的信息的生产和存档,以及在组织内外对同一信息进行更多的分布式访问,这两者结合起来,可能会**降低**政治制度稳定性的平均水平(Bimber,2003)。同时,沟通网络的扩展使组织(例如参与选举的政党)能够在拉斯穆斯·克莱斯·尼尔森(Rasmus Kleis Nielsen)所称的"竞选集会"中让多个政治参与者聚在一起,以便与潜在的选民进行**面对面**交流(2012)。这不仅颠覆了20世纪90年代竞选专家的预言——认为"个性化"沟通在现代数字竞选中多此一举,而且要我们注意一类互型的实际影响,即在有竞选压力的背景下,"一旦选举结束,基本上从未完全融合的相互依存的竞选参与者就会分道扬镳"(Nielsen,2012,p.179)。在这种情况下,政治权力与商业权力之间的平衡可能再次令人惊讶。尼尔森指出,"在组织和技术上,您所在地的超市极有可能比当地的议会竞选活动更加复杂"(Nielsen,2012,pp.183-184)。

保持谨慎的第四个理由是,从另一个视角来看,与政治相关的信息(就像与消费者相关的信息一样)的普遍扩散,使得预测特定组织的政治传播的影响变得更加困难。不但文化和历史**语境**很重要,而且(就像潜在的文化方面存在的变数一样)公民**从信息海洋中进行信息选择**(从而作出他们的政治选择)的习惯也很重要(Zolo,1992)。许多人担心,信息选择经常使人们身陷"过滤泡"中,而搜索引擎在向网络搜索者呈现更符合搜索者过去信息使用模式的信息时会强化这种"过滤泡"(Pariser,2011)。在这种背景下,我们需要更多地了解特定形态的公民在特定地点参与或不参与的**团结一致和表达意愿**①的互型。过分强调网络化政治,却忽略了更细致地探讨对于网络互动真正重要的互型,已经使这一领域的研究受阻②。

10.4.3　一种不同类型的政府?

在深度媒介化背景下,与其期望找到**具体的政治冲突**自身如何演化发展的清晰模式,不如考察**政治秩序顶层设计**(政府)的变动状况。正如我们已经看到的,作为民族国家化身的各国政府,正越来越严重地依赖于支撑当今数据基础设施的私营企业利益集团。若如此,深度媒介化对于政府治理的影响又是怎样的呢?

如果我们将政府视为庞大的互型之互型,那么深度媒介化对于组织的影响就更适用于政府。由于出现了新的机遇,可以进行更大规模和日益精细的协作,从而使政府可以**通过授权**给各种各样的权力机构来便利自身的工作。内部沟通的局域网对于政府拓展工作是不可或缺的。但政府无疑不是在真空中运作的。政府,特别是民主国家的政府,需要在其公民面前保持最低限度的乃至高水平的合法性。这一要求必然使政府暴露在总体媒介环境加速的传播流中。十多年前,德国政治学家托马斯·迈耶(Thomas Meyer,2003,pp.40-44)悲观地认为,全天候数字新闻环境下媒体叙事的时间尺度的缩短,不仅加速了政府对新闻事件的反应时间,而且加速了**政策生成**的周期,从而损害了政策

---

① 指人们能够共同表达政治情感,并且认为自己与他人属于同一政治团体。——译者注
② 详细论述参见 Couldry(2014b)。

本身的质量。肯定有前政府高官的说法支持这种观点(Foster, 2005),并且开始有基于比较的实证研究为这些担忧提供支持(Kunelius and Reunanen, 2014),但还需要更广泛的实证研究。

与此同时,在远离政策制定场所的地方,公民们继续他们的生活,但在日益庞大的数据基础设施的中介化作用下,与他们原先设想中的"政府"的关系发生了变化。两位权威评论家恩金·伊辛(Engin Isin)和伊夫琳·鲁珀特(Evelyn Ruppert)指出,"尽管互联网在从1998年到2013年的15年时间内可能并未从根本上改变政治,但随着公司和政府监控的兴起,它从根本上改变了**身为公民**的意义和作用"(2015, p.7, 强调另加)。这不仅仅是一个在各种新情境中以公民身份行事的问题,更重要的是,这是一个日益将个体实践的节奏和模式融入政府日益依赖的新数据采集系统的需求的问题。我们看到过通过数据过程而兴起的深层次分类形式对于自我的重要性(第8章),以及对于集体及其对政治共同体的想象的重要性(第9章)。除此之外,这对于政府及通过治理实现社会秩序的可能性究竟意味着什么呢?我们再次因正处于这种转变之中,现在就给出一个明确的判断还为时过早,但一些方向性的变化正变得明朗起来。

几十年来,管理媒介对于政府维护稳定的重要性是显而易见的(Meyrowitz, 1985; Scammell, 1993; Bimber, 2003; Chadwick, 2013),并且始终围绕对如何呈现外部现实(如危机、丑闻和自然灾害)进行管理。但是,随着治理方案部分地转移到**管理**庞大的数据基础设施上,而这些基础设施正是政府目标明确的远程行动所依赖的,政府与公民之间的关系**本身**也越来越受到这一基础设施及其官僚式界面的中介化影响。正如鲁珀特所说:

> 人们与政府(业务)有关的实际行为,变得比他们说自己做什么和他们说自己是谁(主观认同)更重要……这使得人们

很少能够质疑、避开或影响他们的数据替身。(Ruppert, 2011, p.227)

第7章讨论过与自我有关的概念"数据替身",现在必须再次回到这个概念上来,因为它对于我们理解深度媒介化背景下出现的治理"秩序"的类型至关重要。公民与政府之间的关系从来没有摆脱过异化的可能性。然而,当政府的行为(**无论**其民主意向**如何**)变得习惯性地依赖于自动化的分类过程时,公民的经验与评判他们时所依据的数据痕迹之间的错位就有可能出现。舒茨和卢克曼的现象学将"日常生活的自然态度"建立在个人的"过往经验储备"(Schutz and Luckmann, 1973, p.7)之上。然而,早在20世纪中叶就有足够多的严酷事实表明,公民不能总是期望政府会避免采取与他们的经验储备存在激烈冲突的行动。时至今日,数据化以一种更为平淡无奇的方式令人感到不安,因为作为一种治理模式,数据化**永远不**可能对"(公民)所说的他们在做什么和他们是谁"做出回应①。

从长远来看,对于秩序和合法政府的核心构成要素——**信任**、**合法性**、政府行为的**可靠性**、公民作为政治参与者的自我**效能**感,我们可以预计会出现什么样的结果呢?虽然迄今为止我们还不知道答案,但至少需要注意两种大规模的且令人不安的趋势。第一,新的数据化的社会基础设施与根深蒂固的社会经济及种族的不平等之间存在关联(Gangadharan, 2015)。第二,正如已经指出的,在社会秩序的构成中,强制力(而不是基于共识的规范)的重要性与日俱增。我们看到,数据采集领域的规范正在发生变化:数据主义恰是试图**灌输**新的数据生成规范,即在连续不断的监控和公民在数据生成过程中的活跃性的基础

---

① 比较阿穆尔(Amoore, 2013, p.61)对于政府关注数据驱动风险管理的描述:"其衍生形式的风险不在于我们是谁,也不在于数据如何呈现我们,而在于根据我们的癖好和潜在的可能性,想象和推断我们可能是谁。"

上,使消费者与公司、公民与政府之间的某种隶属关系自然化。然而,从某种重要意义上来说,我们网络化的数字传播所依赖的基础设施是"专制的"(Cohen,2012,pp.188-189),以"顺从(而非赞同)权力"为基础。在缺乏可能的有意义的赞同和协商的情况下,规范开始变得近乎**强制力**,而从长远来看,这使得宽泛意义上的制度合法性处于潜在的危险之中。

我们关切的是,在深度媒介化背景下,越来越复杂的相互依存的传播基础设施造就了一种数据化的社会秩序,这种社会秩序更多地依赖于基础设施的**强制力**(或近乎强制力),而不是依赖于经过公开讨论的合法性规范。我们有必要在下一章(得出结论的最后一章)更充分地考虑在建构社会世界和社会秩序方面的这种大规模转型所产生的规范性影响。

11 结 论

本书开篇提出的问题,换言之便是:中介化的社会世界的后果是什么?"中介化",即经由"媒介"建构的;"媒介",本书特指以技术为中介的传播过程和传播基础设施。对此论题,我们采取了"分三步走"的处理方式。

在第一部分,我们分析了中介化传播对社会世界的基本纹理产生的影响。其中,我们特别讨论了在过去 600 年中传播扮演的角色和导致如今"深度"媒介化的持续的媒介化进程。深度媒介化涉及所有社会行动者之间相互依存的关系,这种相互依存的关系在某种意义上取决于与媒介有关的过程。因为这些关系,"媒介"在现实的社会建构中的作用并非只是局部的,甚至用无所不在来形容也不确切,而是对现实的社会建构产生了"深层次"的影响。这种"深层次"的影响体现在,媒介对于社会世界及其日常现实的形成和存续所**源于**的要素及过程产生了至关重要的影响。与此同时,连接在一起的媒介渠道和平台在生产与使用方面也变得越来越相互关联,从而创造了一个多维的可能性空间,我们称之为媒介多样体。从埃利亚斯晚年著作中发展而来的概念"互型",有助于从内和外两个方面来理解我们与媒介多样体的关系。第二部分致力于探究新形势下社会世界的基本维度,特别是社会世界与媒介内容和媒介基础设施之间与日俱增的相互关联性。我们考察了社会世界的空间维度、时间维度和数据维度。其中,作为新维度的"数据"越来越多地参与到塑造什么是社会知识的过程中。在第三部分,我们将视线转向社会世界中的能动作用:自我的建构、集体的建构,以及深度媒介化背景下浮现的广泛的社会秩序。

上一章讨论秩序时开始提出新的问题:我们如何**评估**现实的中介化建构对人类的**总体性**影响?这便是本书在结论这一章面对的焦点问题。我们的论述自始至终在超越伯格和卢克曼对于现实的社会建构的经典解释的局限性——他们对于中介化沟通在现实的社会建构中的作用只字不提。但是,在现象学进路中认真地探研媒介,不仅要求我们提出一种彻底的**唯物主义**现象学(因为"媒介"无疑是一种复杂的物质性基础设施),而且需要去认识建构社会世界的(由今天数据驱动的平台和社会联系模式所表征的)特定深层次的新型基础设施。走向特定类型社会秩序的压力可能会与重要的人类目标和需求发生冲突。对于伯格和卢克曼的论述中缺失的这种分析层次的认识,为我们在论述上超越他们的第二步行动奠定了基础。这种建立在现象学前提上的**评价性批判**(尤其受到埃利亚斯对于社会秩序是如何建立的及其施加的压力的洞见的启发),在伯格和卢克曼的分析中是看不到的。因为他们的分析仍然主要聚焦面对面交流和最终源于面对面互动的惯例化形式,忽略了中介化沟通可能在社会世界的建构中发挥的变革性的且充满张力的作用。

需要强调的是,我们并不认为在文化与社会之间,深度媒介化在各个方面的影响程度都不会再有任何变化。然而,由于本书在结论这一部分的目标在于提醒读者注意与深度媒介化相关的隐含变化的**方向**,因此,我们在此将不那么强调可变性,而是更多地突出我们所认为的一种正在世界许多地方产生强烈影响的新趋势的主要轮廓，一种以深度媒介化和数据化为特征的**新型**社会秩序的趋势，而**不考虑**全球各地经济和发展机遇的不平衡性。不过，我们的目标并不是去预测一个普遍的发展方向。实际上，如果对这一趋势的抵制能够阻止我们所识别的这些趋势的到来，我们将感到开心。正如我们在第三部分多次指出的，与识别强有力的秩序趋势同样重要的是，要注意到**能动作用**的潜力及其对秩序的抵制。

我们关注正在展开的媒介基础设施方面的**社会**变革，即媒介技术融入日常社会生活的复杂影响。我们坚决反对技术决定论，尤其反对某些人认为的新"媒介"会产生一种特殊的"逻辑"，这种逻辑以某种简单的方式在整个社会范围内铺开。这既不是技术带来变化的实情，也不是社会变化发生的方式。本书再次重申，除非置于非线性因果复杂性的模式之内，否则我们无法理解**相互依存**关系的与日俱增①。也正因此，我们**没有理由**认为深度媒介化只涉及**一种**"逻辑"的演变。相反，深度媒介化指的是一种元过程。这种元过程涉及在社会形态的各个层面与媒介相关的动态汇聚在一起，彼此冲突，并且在社会世界的各个领域中发现不同的表达方式。至少，深度媒介化源于两种不同类型变革的相互作用：一是变化中的媒介环境，这种媒介环境的特征是与日俱增的分化性、连接性、遍布性、不断创新和数据化（媒介多样体的出现）②；二是社会关系的相互依存度不断提高（"互型"和"互型之互型"在社会生

---

① 随着学者们认识到**各种不同的**"**逻辑**"对媒介的潜在影响（Strömbäck and Esser，2014a，p.19；也参见 Strömbäck and Esser，2014b），或者拒绝某种普遍的导致媒介对于政治的全方位依赖的媒介逻辑的构想（Schulz，2014，p.61），并且强调不同的媒介化模式（Lundby，2014，p.19f，强调另加）及其相互关系，在各个领域的媒介化讨论中开始普遍重视**因果的复杂性**。

② 这里其实就是在讲"深度媒介化"至少具有五大特征：分化性、连接性、遍布性、创新性、数据化。参见 Hepp, A., Breiter, A., & Hasebrink, U., *Communicative Figurations: Transforming Communications in Times of Deep Mediatization*, Cham, Switzerland: Palgrave Macmillan, 2018, pp.19-23。——译者注

活中的复杂角色,它们部分地基于媒介基础设施,但其动态发展超出媒介基础设施)。

作为进一步讨论的背景,让我们先来回顾一下本书中已知的关于深度媒介化的一般原理及其对我们**评价**现实的中介化建构有什么影响。

11.1 深度媒介化及其广泛影响

本书重申的一个基本主张是:社会世界是通过相互依存而建构的。媒介通过各个阶段持续的发展实现了延伸,带来了其自身的相互依存。这些相互依存融入日常生活之中所产生的总体结果,被我们(出于方便的考虑)称为"媒介化"。但是,当"一切都已经中介化"的时候(Livingstone,2009,p.2),媒介化进入一个新的阶段——**深度媒介化**。在此阶段,相互依存(及社会世界)的性质和动态**本身变得显著地依赖于**媒介内容与媒介基础设施。这时的媒介化便可以名副其实地被称为"深度"媒介化。

媒介基础设施和媒介融入社会生活的特定的历史性转变孕育了深度媒介化。决定性的突破则由第3章称之为数字化的浪潮引发。原因在于内容数字化的**媒介**与因互联网而造就的开放式连接空间**之间的相互关联**度的增加。(个体层面、集体层面和组织层面的)行动者因为各种缘由(特别是为了彼此联系和互动)而使用媒介,媒介之间的相互关联不可避免地增加了行动者之间的相互依存。媒介的转型为社会秩序的转型提供了起点。研究深度媒介化的目标就是要理解上述**这一切**对社会发展过程和社会秩序可能性的影响。

如前所述,深度媒介化以一种非线性的方式运作着。关于"媒介"的影响,我们再也不能将其视为一种独立的领域(如新闻界)**对**社会世界其他领域的影响。无论我们思及社会世界的哪一部分,其构成总是与媒介有关。由此产生的更广泛的转型是复杂的、矛盾的,并且有可能造成行动者与制度、不同层次的组织与资源分配之间的紧张关系,这些紧张关系只能部分得到化解。因此,如果关注深度媒介化,我们感兴趣的就不仅仅是所有或绝大部分日常生活领域的媒介过程的在场,这如今是"微不足道的真理"①。我们还探讨了由于社会行动者使用媒介多样体的演变,**社会相互依存的性质和质量本身正在**如何**变化**的问题,即能动作用的问题。

例如,当个体们试图从社会世界所依赖的各种媒介界面中抽身时,就会出现上述情况②。正如从"社会加速"退回到"减速乐土"(例如,通过各种形式的身心保养)的任何尝试都是自相矛盾的,因为这只是权宜之计(Rosa,2013,p.87),对于媒介化而言也是如此。拒绝使用某些(数字)媒介并试图防止自己可以被他人通过媒介联系到的人们,协助顾客假期内免受电子邮件打扰的公司,提供"屏蔽无线网络信号服务"的酒店(Moore,2015),如此等等,旨在帮助人们"休养生息",然后"重新上阵"——**所有人**都在期盼的这些东西,我们如果效仿罗萨,则可称之为"去媒介化的世外桃源"(比较 Turkle,2015,pp.3-17)。诸多流行的自助文献反映了这类减缓媒介化进程的尝试,但它们的失败是注定的。它们几乎肯定是回到和重新融入媒介世界的前奏,这种行为起到的作用"终归"仍是在确认媒介化的深度。

只有到了我们论证的这个阶段,深度媒介化的三个根本性影响才变得完全清晰——深度的递归性、扩展的制度化和强化的自反性。

第一,在深度媒介化背景下,社会和媒介进程都呈现出**深度的递归性**。"递归性"是一个来自逻辑学和计算机科学的术语,表示规则被重新应用于生成它们的实体(Kelty,2008)。更广泛地说,"递归性"指通

---

① 原文为"trivially true",指在逻辑上完全正确却缺乏新的信息量的陈述。例如,2+2=4。——译者注
② 指上一段结尾处所说的社会相互依存的性质的变化。——译者注

现实的中介化建构

过重复最初生成它们的计算或其他理性进程的全部或部分来再生产它们自身的过程。社会世界在许多方面都是递归的,至少在它以规则和规范为基础的情况下是这样。我们使其持续运行,并且在出现问题时对之进行修复,方法是再次重复以前它所基于的规则和规范①。在一个以相互依存为特征的社会世界中,这个社会世界的实际情况取决于多种连接在一起的媒介基础设施(媒介多样体),它的递归性加剧了。

如今许多活动都涉及软件的使用。软件本身也涉及递归性(MacKenzie,2006)。换言之,"由于符号的各种形态在大规模网络化的代码形成中的结合,软件中的活动关系变得复杂而递归"②。由于软件必须在更广泛的连接空间中运行,因此,即使是社会行动者表面上看起来很简单的活动,(对于软件而言)也依赖于诸多层次的递归。这种深层次的递归性成为社会生活的默认特征,社会生活越来越依赖于数字媒介及其基础设施和制度基础,以及我们花在它们上面的时间。当"我们的"媒介瘫痪时,即互联网连接不上、密码失灵、我们无法下载自己想要使用的设备或功能所需软件的最新版本,在某种程度上,就**好像**社会基础设施本身停摆了:递归性被中断,本体性安全③受到威胁。对此,我们有切身体会。在媒介和数据基础设施日益相互关联的背景下,深层次的社会递归性是深度媒介化的必然结果。

在这种情形下,一些媒介理论曾几何时看似激进的观点(聚焦单一"媒介"带来的变革)(Innis,1951;McLuhan and Lapham,1994;

---

① 这是吉登斯结构化理论的核心,然而,正如威廉·休厄尔(William Sewell)指出的,社会结构的"规则"方面比物质"资源"更有说服力(2005,c.4)。另请参阅本书第 2.2 节相关内容。
② 的确,麦肯齐(MacKenzie,2006)认为,"意指和意义(signification and meaning)的概念……缺乏对于构成代码对象的结构、模式、关系和运作的把握"(p.15)。但他强调代码在现实中运行的非连续性和不稳定性。尽管我们承认这一点,但并不需要在本书的广泛语境中再次进行强调。总体而言,麦肯齐将"软件正式定义为一组以代码形式存在于人、机器和当代符号环境之间渗入的能动作用的分布"(MacKenzie,2006,p.19)。
③ 源于吉登斯的自我认同理论,意指作为一个人,我感觉自己是安全的、有保障的。——译者注

Meyrowitz,2009)变得根本不够用。虽然我们仍然需要强调"媒介的物质性"(Gumbrecht and Pfeiffer,1994),但是只有通过关注每种媒介**与其他媒介的关系**,以及围绕这些媒介的相互关系而建立的**社会**相互依存的形式,才能更好地理解这种物质性。

第二,在媒介相互关联和基础性的社会相互关联的层面,深度媒介化对更广泛的社会秩序产生了影响。这就是第8章、第9章和第10章指出的**制度化扩展**的过程。(个体、集体和组织层面的)行动者和社会生活的其他要素(这些要素曾经被认为是离散的,即能够相对独立地行动)进入数字时代以后,它们的基本运作和功能发挥依赖于更广泛的媒介基础设施,这些媒介基础设施由新型的具有制度特征的势力(搜索引擎、数据汇总机构、云计算供应商等)提供和控制。在这种情况下,社会行动的空间被一连串几乎不可能摆脱的连接覆盖,因为其与各个层面的行动者纠缠在一起。这种变革绝非偶然,在其背后有强大的驱动因素在推动。它通过供应私有的、商业驱动的基础设施的方式提供全新的收入和利润来源,这种基础设施不仅使物质生活方面(如快递业务或汽车加油)成为可能,而且使**社会生活的物质空间本身**成为可能。这样的社会**建构**实际上就是**重塑**社会。因为正是与这些遥远且不透明的制度纠缠在一起的**同一层面**①的势力侵袭着我们,深度媒介化时代带来的与其说是制度化的不断深化,不如说是制度化的扩展。

第三,深度媒介化**强化了**社会行动者的**自反性**。在此语境下,值得注意的是"自反性"的双重含义。如果我们接受乌尔里希·贝克(Ulrich Beck,1994)的理论,那么在一个日益复杂的世界中,自反性是指社会进程中越来越多的副作用。这些副作用可能会与其起源力量背道而驰,从而破坏这一进程中各种形式的稳定的传统和结构。深度媒介化是否

---

① 指在同等事物或人们之间感受到的力量。例如,一位公民影响另一位公民,而不是一个政府影响一个公民。——译者注

属于对结构的破坏,这仍然是一个悬而未决的问题。但是,可以肯定的是,它带来许多复杂的和始料未及的副作用,包括深层次的递归性和不断扩展的制度化①。我们讨论过这种深度媒介化的自反性的若干例子。有趣的是,深度媒介化的一个根本性特征似乎是,对媒介化负面影响的典型反应不是远离媒介,而是通过进一步引入媒介技术来解决预见到的问题(Grenz and Möll,2014),从而巩固,而非破坏其结构。除此之外,安东尼·吉登斯(Anthony Giddens,1994b)提出另一种自反性。他强调社会行动者真实的**自我**意识和**自我**导向性(Giddens,1990,pp.36-45)。媒介内容及其基础设施的打造和维持,都涉及自反性的社会行动者的活动。无论面临何种压力——第 7 章讨论了当今媒介基础设施的运作方式对于社会行动者而言是不透明的,这种意义上的自反性不能被挤出社会世界。但是,在自我导向的自反性方面,有些东西正在变化中。随着媒介和社会生活在多个维度上相互转型的加剧,它们越来越多地暴露出令人担心和忧虑的"界线"②,并促使人们趋向于退出。这需要规范的修复和革新。在一个"一切都已经中介化"(Livingstone,2009)的世界中,自反性变得越来越容易引起焦虑,从而使笔者之一在媒介研究的论争中呼吁一种"规范转向"(Couldry,2016)。我们在后文中会提到一些关于数字化时代走向的焦虑和隐忧。

  公共论争中的规范转变也带来了实际的变化。作为传播的技术性手段,媒介是人们通过某种形式的预先规划和深思熟虑而研制与引入的。但在深度媒介化时代,自反性更进一步。在日常的媒介使用层面,人们对不同媒介的特性有一种实践意识,并且据此从媒介多样体中进行选择。在不同行动者群体之间复杂的互动过程中,技术被研制出来,

---

① 我们在此承认玛格丽特·阿彻(Margaret Archer)的观点截然不同,即强化的"自反性"不是与社会结构和文化的演变背道而驰,而是其组成部分(2012,pp.3-4)。
② 此处的"界线"指与外部世界的交界面。例如,我的花园与邻居的花园接壤的"界线"。——译者注

投放到市场中去,并且不断地被重新开发和修改(Grenz,2015,pp.104-139)。深度媒介化从这种与媒介相关的"自我监控"中得到额外的推动,这也成为"制度化的自反性"的一个永久性特征(Giddens,1994b,p.185;参见 Grenz et al.,2014,p.82)。例如,数据化就是其中一个方面,它通过个体们持续产生的数据提供新的、量化形式的"自反性"的机会。除此之外,数据化也深受媒介和数据产业自身需求的驱动,它所带来的成本与以前同自反性相关的成本截然不同。我们再次看到,相互依存问题的"解决方案"是多么复杂,随之而来的是更高程度的系统性依存。

11.2 深度媒介化可能产生的规范性后果

作为媒介和社会理论家,我们如何着手思考深度媒介化的规范性后果及其对社会世界的影响呢? 在这一点上,我们需要对现实如何通过媒介来建构的凌乱而琐碎的图景进行抽象,以便揭示出一种隐藏的且令人不安的张力。在我们看来,这种张力同样困扰着我们在本书大部分内容中的精神导师诺伯特·埃利亚斯。

我们在本书中并没有实质性地借鉴埃利亚斯关于"文明的进程"的概念。取而代之的是,我们借鉴了他理解社会生活的方法,从客观存在的相互依存关系的角度。这使得埃利亚斯能够提出由早期现代国家推动的"文明的进程"的构想。他在后期的著述中用"型构"这一概念来更充分地表达自己对于这些相互依存关系的理解。我们从"型构"概念上受益良多。尽管关于文明的进程的宽泛假设一直都存有争议,但在最广泛的意义上,它对于我们提出**规范性**问题仍然极为重要,有时还能觅得"破解之道"。这些规范性问题涉及许多交叠的相互依存关系,以及由此产生的成本或赤字的大范围的影响。我们拟借规范性问题来结束本书的论证。

向复杂的媒介环境和基础设施,以及社会、经济和政治高度相互依存

(我们称之为深度媒介化)的趋势转变,如果从深度媒介化带来的"生活质量"来看(Nussbaum and Sen, 1993; Hepp, Lunt and Hartmann, 2015),对人类而言利大于弊抑或弊大于利?

这并非本书在这里能够明确回答的问题,因为我们一直在思考的大量多层次的变革都还处于早期阶段,尚无法预料它们长期的相互影响。不过,在过去五年左右的时间里,一些学者已经开始就未来的走向作出推断,我们也愿意为此贡献绵薄之力。

在此过程中,我们履行了根植于唯物主义现象学中的规范性承诺,致力于开展尽可能丰富的诠释学解读,以理解在特定物质条件下,日常世界是如何呈现给人们的。埃利亚斯对于如何理解社会变化也给出了自己的看法,他的相关理解从本质上讲是一个道义问题,聚焦人类在特定方式的共同生活中面临的利害关系。正如他在《什么是社会学?》一书结尾所写:

> 人们似乎常常刻意忘记,社会的发展与人类相互依存的变化及人自身的变化有关。但是,如果不考虑在社会变化的过程中**人的境遇**——由人组成的型构的变化,那么任何科学上的努力都将徒劳无功。(Elias, 1978, p.172)

生而为人,我们不能在"人的境遇"这一问题上采取某种想象中的价值无涉的立场[①]。然而,司空见惯的却是自认为可以价值无涉或超然于"人的境遇"——从对理论思辨的提炼中打造知识分子的"价值观"。这或许便是阿克塞尔·霍耐特(Axel Honneth)所说的"道德范畴几乎已经从社会学的理论词汇中消失"的部分含义(2013, p.98)。

[①] 抑或如罗伯特·贝拉(Robert Bellah)所言,"在道德反思的传统中如果没有一个参照点,那么社会思想的范畴将是空洞的"(2006, p.394)。关于在社会科学中忽视价值的风险,参见 Sayer(2011)。

贯穿本书所有章节的是，在深度媒介化背景下人的境遇之中出现了一种结构性张力。我们将以揭示这种张力来结束全书，尽管现阶段还无法解决它。我们将在最后一节的论述中表明，聚焦媒介化可以准确地突出社会生活的互型秩序（或者更确切地说是"秩序集"）所特有的各种矛盾。

11.3 尚待解决的规范性问题

一方面，互联网作为一个连接和信息存储的无限空间的出现，通过它在日常生活中的融入，以无数种方式扩展了日常活动的广度和深度。安东尼·吉登斯所说的"数字革命"（Giddens，2015）有一种很容易被忽略的洞察力，恰恰是因为它代表了社会生活方式的变化。在"数字革命"时代，人们**可以过上知识渊博的**、相互连接的、足智多谋的、自反性的和可追溯的生活。

毫无疑问，在世界各地不同的语境中，新的互型连接使得"新兴的社会和文化系统"（Stokes et al.，2015）能够以新的方式在新的空间安排的基础上重新配置人力和资源。媒介化是一个元概念（Krotz，2009），在许多方面指"元过程"层面——可思虑、可践行和可管理的变化。尽管变化的速度导致令人满意地稳定和解决由此产生的相互依存问题的惯例尚未出现的局面，但在某种意义上，社会行动可能性的扩展怎么可能不是建设性的呢？这确实是对目前媒介与传播、数据和信息的规范性转向的一种社会学思考：我们处于社会生活的物质基础发生划时代转变的早期阶段，在此过程中将重新构造社会和个人生活，并且产生相应的解决方案。有人（如 Mark Deuze，2012）认为，我们与其担心，还不如庆祝一种新的伦理重构时代的到来，庆祝一种新的"媒介生活"（或许是"数据生活"？）的开始。不过，这只是观点之一。

另一方面，公共世界和社会科学中越来越多的声音开始关注变化的方向。让我们来听听这些声音。媒介学者马克·安德列耶维奇(Mark Andrejevic)呼吁我们"发掘体验过程本身萎缩的经历"(2013，p.162)。法学理论家朱莉·科恩(Julie Cohen)担心的是，同新信息环境相关的"畅所欲言的自由"与"个体控制权减弱的现实"之间存在"差距"，这对她在该环境中的交往及如何与该环境打交道产生了影响(2012，p.4)。另一位法学理论家保罗·欧姆(Paul Ohm)犯愁的是，就连对个人数据进行匿名化的努力也几乎总是会被神通广大的算法程序击败，对此需要找到新的符合人本性和规范性的解决方案(2010，p.1761)。社会理论家哈特穆特·罗萨(Hartmut Rosa)忧虑的是，"现代化的核心，即加速过程，已经与最初推动、支持并助其运转的现代性方案背道而驰"(2013，p.295)；这是出于一个自相矛盾的原因，即现代性在传播技术上不断增加的投资和越来越复杂的协调实践，产生了损害现代个体自决权的社会加速的副作用。如果这些批评者言之有理，那么他们发现的问题就不仅仅是个体层面的问题，而是随着深度媒介化而出现的**社会秩序**问题。这一问题也隐含着其规范意义上的合法性，以及由此而来的长期可持续性。

这里浮现的张力不可小觑，它们有哲学上的共鸣。让我们听听著名社会心理学家雪莉·特克尔(Sherry Turkle, 2015, p.345)的一声叹息，随着数字化的发展，交流机会(和义务)的剧增促使我们**把别人视为机器**，"当我们几乎像对待人一样来对待机器时，我们也养成了让自己几乎像对待机器一样来对待人的习惯"。然而，启蒙运动时期最重要的道德哲学——康德道德哲学的核心却要求我们**不能将他人视为手段**。这一道德律令也呼应了哲学家阿克塞尔·霍耐特的担忧。霍耐特近年来重提"物化"的概念，指人们如何把他人"当作一种物品"，即"把他或她视为缺乏人类的所有品性和能力的物品"(Honneth, 2008, p.148)。耐人寻味的是，霍耐特还对"**自我物化**"的可能性进行了思考(Honneth, 2008, p.73)。他对这一术语的解释反映了我们在本书的各种论证中揭示的一些压力：

> 主体对自我描绘的需求越多，就越倾向于将自己的所有欲望和意图作为可任意操纵的事物来体验……用户之间的交往方式迫使他们在预先确定和预先校准的规则下输入自己的个人特质。(Honneth, 2008, p.83)

无论这段话多么抽象，我们在这里都能感觉到某种担忧，即今天日益增长的数据化进程正在鼓动形形色色的公民想其所想，而不仅仅是哲学家思其所思。这种以媒介为基础的物化形式是媒介及其基础设施逐步实现的结果(Hepp, 2013, p.59；第 2 章)。当复杂的媒介技术系统建成并稳定下来，相关传播实践也实现制度化时，现实的中介化建构便呈现为"自然而然的"，**中介化**建构的过程也随之物化。

总之，在新兴基础设施与社会生活传统规范之间存在一种张力。这种张力是否只是一种令人遗憾的误读？它会随着我们越来越适应深度媒介化而逐渐消失吗？马歇尔·麦克卢汉(Marshall McLuhan)的老师、20 世纪中叶加拿大杰出的传播学者哈罗德·英尼斯(Harold Innis)提醒我们为什么这样想是有风险的："通信的改善，"英尼斯写道，"往往会导致人类分裂"(Innis, 2004, p.95)。

除此之外，问题是否在于，我们中介化的相互依存关系的绝对复杂性现在如此之大，以至于人们正在努力发展适当的惯例，这种惯例能够以一种规范化和令人满意的方式来切实可行地稳定我们的关系及其成本？虽然有这种可能，但现在要确切地知道能否实现还为时过早。不过，请记住，在哲学对"惯例"这一主题的经典研究中，它被定义为："行为的规则，由对协作的兴趣及对其他人将尽到自己职责的期望维持。"(Lewis, 1969, p.208)大卫·刘易斯(David Lewis)解释过，**假如**行动者对协作感兴趣，人类生活如何可能并可以在最少信息的基础上变得井然有序。但霍耐特总体上担心的是这样一种类型的规则(具体而言,就是许多人批评过的数据化):这种规则不是源于社会行动者之间普遍的"协作兴趣",而是来自商业平台的兴趣,即**精心谋划**以便从他人的互动中连续不断地生成为自己获取利润而服务的数据。

作为人类共同生活自主发展的空间,社会生活的必要**开放性**与出于商业目的而对当今进行社会生活的空间蓄意(在商业领域是完全合理的)**圈占**之间,存在最深层次的张力。对于任何希望长期保持一定合法性的社会秩序来说,当我们相互承认的空间和过程本身与私人利益集团从这些空间和过程中获取利润的需求难以区分时,就会出现问题。问题并不在于逐利动机本身,而在于它对"社会"有目的的建构与我们作为珍视自主性的人需要过自己想要的生活之间的混淆。

在今天的中介化环境中,现实的社会建构牵涉到便利与自主、外部力量与我们相互承认的需求之间的深层次冲突,我们迄今尚不知道如何解决。本书努力提出一种唯物主义现象学来阐释我们栖居的中介化世界,我们希望这至少有助于识别这种深层次冲突。令人满意地解决该难题所需要的集体资源,则有待我辈共同去探索。

参考文献

Adoni, H. and Mane, A. (1984) 'Media and the Social Construction of Reality', *Communication Research*, 11(3): 323-340.

Agamben, G. (2009) *What is an Apparatus? And Other Essays*. Stanford, CA: Stanford University Press.

Agar, J. (2003) *The Government Machine: A Revolutionary History of the Computer*. Cambridge, MA: MIT Press.

Agger, B. (2011) 'iTime: Labor and Life in a Smartphone Era', *Time & Society*, 20(1): 119-136.

Agha, A. (2007) 'Recombinant Selves in Mass Mediated Spacetime', *Language & Communication*, 27(3): 320-335.

Agre, P. (1994) 'Surveillance and Capture', *Information Society*, 10(2): 101-127.

Alaimo, C. and Kallinikos, J. (2015) 'Encoding the Everyday: Social Data and its Media Apparatus', in Sugimoto, C., Ekbia, H. and Mattioli, M. (eds.) Big Data is Not a Monolith: Policies. Unpublished paper.

Albion, R. G. (1932) 'The "Communication Revolution"', *American Historical Review*, 37(4): 718-720.

Allen, J. (2011) 'Powerful Assemblages?', *Area*, 43(2): 154-157.

Alper, M. (2011) 'Developmentally Appropriate New Media Literacies: Supporting Cultural Competencies and Social Skills in Early Childhood Education', *Journal of Early Childhood Literacy*, 13(2): 175-196.

Altheide, D. L. and Snow, R. P. (1979) *Media Logic*. Beverly Hills, CA: Sage.

Amin, A. (2002) 'Spatialities of Globalisation', *Environment and Planning A*, 34(3): 385-400.

Amoore, L. (2011) 'Data Derivatives', *Theory, Culture & Society*, 28(6): 24-43.

Amoore, L. (2013) *The Politics of Possibility*. Durham, NC: Duke University Press.

Ananny, M. (2015) 'Towards an Ethics of Algorithms', *Science, Technology & Human Values*, doi: 10.1177/0162243915606523.

Andersen, P. H. (2005) 'Relationship Marketing and Brand Involvement of Professionals Through Web-enhanced Brand Communities', *Industrial Marketing Management*, 34(3): 39-51.

Anderson, B. (1983) *Imagined Communities*. New York: Verso.

Anderson, C. (2008): 'The end of theory: The data deluge makes the scientific method obsolete', *Wired Magazine*, 23 June 2008.

Anderson, C. (2012) *Makers: The New Industrial Revolution*. New York: Random House.

Andrejevic, M. (2008) *I-spy*. Lawrence, KS: University of Kansas Press.

Andrejevic, M. (2013) *Infoglut*. London: Routledge.

Andrejevic, M. (2014) 'Becoming Drones: Smart Phone Probes and Distributed Sensing', *The ICA Annual Conference*, Seattle, WA, 22-26 May.

Andrews, M. (1989) *The Search for the Picturesque*. Aldershot: Scolar.

Ang, I. (1991) *Desperately Seeking the Audience*. London: Routledge.

Appadurai, A. (1996) *Modernity at Large*. Minneapolis, MN: Minneapolis University Press.

Archer, M. (2012) *The Reflexive Imperative in Late Modernity*. Cambridge: Cambridge University Press.

Armstrong, S. and Ruiz del Arbol, M. (2015) 'Digital Catch-22', *The Guardian*, 10 April.

Arnone, L., Colot, O., Croquet, M., Geerts, A. and Pozniak, L. (2010) 'Company Managed Virtual Communities in Global Brand Strategy', *Global Journal of Business Research*, 4(2): 76-112.

Arthur, W. B. (2009) *The Nature of Technology*. Harmondsworth: Penguin.

Atton, C. (2002) *Alternative Media*. London: Sage.

Atwood, M. (2013) 'When Privacy is Theft'. *New York Review of Books*. 21 November.

Austin, J. L. (1962) *How to do Things with Words*. Oxford: Clarendon Press.

Averbeck-Lietz, S. (2014) 'Understanding Mediatization in "First Modernity"', in Lundby, K. (ed.) *Mediatization of Communication*. Berlin: de Gruyter, pp.109-130.

Baack, S. (2015) 'Datafication and Empowerment', *Big Data & Society*, 2(2). Available at: http://bds.sagepub.com/content/spbds/2/2/2053951715594 634.full.pdf

Baecker, D. (2007) *Studien zur nächsten Gesellschaft*. Frankfurt am Main: Suhrkamp.

Bagozzi, R. P. and Dholakia, U. M. (2006) 'Antecedents and Purchase Consequences of Customer Participation in Small Group Brand Communities', *International Journal of Research in Marketing*, 23(1): 45-61.

Balbi, G. (2013) 'Telecommunications', in Simonson, P., Peck, J., Craig, R. and Jackson, P. (eds.) *The Handbook of Communication History*. London: Routledge, pp.209-222.

Balka, E. (2011) 'Mapping the Body Across Diverse Information Systems', *The Annual Meeting for the Society for Social Studies of Science*, Cleveland City Center Hotel, Cleveland, OH, 2-5 November.

Banaji, Shakuntala (2015) 'Behind the high-tech fetish: children, work and media use across classes in India', *International Communication Gazette*, 77 (6): 519-532.

Banet-Weiser, S. (2013) *Authentic™*. New York: New York University Press.

Bannon, L. J. (2006) 'Forgetting as a Feature, Not a Bug: The Duality of Memory and Implications for Ubiquitous Computing', *CoDesign*, 2(1): 3-15.

Barad, K. (2007) *Meeting the Universe Halfway: Quantum Physics and the Entanglement of Matter and Meaning*. Durham, NC: Duke University Press.

Barassi, V. (2015) *Activism on the Web*. London: Routledge.

Barbrook, R. (2007) *Imaginary Futures*. London: Pluto Press.

Barile, N. and Sugiyama, S. (2015) 'The Automation of Taste', *International Journal of Social Robotics*, 7(3): 407-416.

Barker, C. (1997) *Global Television: An Introduction*. London: Blackwell.

Barnouw, E. (1990) *Tube of Plenty*. New York: Oxford University Press.

Bausinger, H. (1984) 'Media, Technology and Daily Life', *Media, Culture & Society*, 6(4): 343-351.

Baym, N. K. (2015) *Personal Connections in the Digital Age*. 2nd edn. Cambridge, MA: Polity.

Baym, N. K. & boyd, d. (2012) 'Socially Mediated Publicness', *Journal of Broadcasting & Electronic Media*, 56(3): 320-329.

Beck, U. (1994) 'The Reinvention of Politics', in Beck, U., Giddens, A. and Lash, S. (eds.) *Reflexive Modernization*. Cambridge: Polity, pp.1-55.

Beck, U. (2000a) 'The Cosmopolitan Perspective', *British Journal of Sociology*, 51 (1): 79-105.

Beck, U. (2000b) *What is Globalization?*. London: Blackwell Publishers.

Beck, U. (2006) *Cosmopolitan Vision*. Cambridge, MA: Polity.

Beck, U. and Beck-Gernsheim, E. (2001) *Individualization*. London: Sage.

Behringer, W. (2006) 'Communications Revolutions', *German History*, 24 (3): 333-374.

Belk, R. (1998) 'Possessions and the Extended Self', *Journal of Consumer Research*, 15(2): 139-168.

Belk, R. (2013) 'Extended Self in a Digital World', *Journal of Consumer Research*, 40 (3): 477-499.

Bellah, R. (2006) 'The Ethical Aims of Social Inquiry' in Bellah, R. and Tifton, S. (eds.) *The Robert Bellah Reader*. Durham, NC: Duke University Press, pp.381-401.

Bellingradt, D. (2011) *Flugpublizistik und Öffentlichkeit um 1700*. Stuttgart: Franz Steiner.

Bengtsson, S. (2006) 'Framing Space: Media and the Intersection of Work and Leisure' in J. Falkheimer and A. Jansson (eds.) *Geographies of Communication*. Göteborg: Nordicom, 189-204.

Beniger, J. (1986) *The Control Revolution*. Cambridge, MA: Harvard University Press.

Benjamin, W. (1968) 'The Storyteller', in Arendt, H. (ed.) *Illuminations*. New York: Schocken Books, pp.83-110.

Benkler, Y. (2006) *The Wealth of Networks*. New Haven, CT: Yale University Press.

Bennett, W. L. and Segerberg, A. (2013) *The Logic of Connective Action*. Cambridge: Cambridge University Press.

Berardi, F. (2009) *The Soul at Work*. New York: Semiotext(e).

Berger, J. M. (2015) 'The Metronome of Apocalyptic Time', *Perspectives on Terrorism*, 9(4): 61-71.

Berger, P. L. (2002) 'The Cultural Dynamics of Globalization', in Berger, P. L. and Huntington, S. P. (eds.) *Many Globalizations*. Oxford: Oxford University Press, pp. 1-16.

Berger, P. L. and Luckmann, T. (1966) *The Social Construction of Reality*. London: Penguin.

Berker, T., Hartmann, M., Punie, Y. and Ward, K. (2006) *Domestication of Media and Technology*. London: Open University Press.

Bernstein, J. M. (2002) 'Re-enchanting Nature', in Smith, N. (ed.) *Reading McDowell*. London: Routledge, pp.217-245.

Berry, D. (2011) *The Philosophy of Software*. Basingstoke: Palgrave Macmillan.

Billig, M. (1995) *Banal Nationalism*. London: Sage.

Bimber, B. (2003) *Information and American Democracy*. Cambridge: Cambridge University Press.

Bird, S. E. (2003) *The Audience in Everyday Life*. London: Routledge.

Bisson, T. (2009) *The Crisis of the Twelfth Century: Power, Lordship and the Origins of European Government*. Princeton, NJ: Princeton University Press.

Blumer, H. (1954) 'What is Wrong with Social Theory?', *American Sociological Review*, 19(1): 3-10.

Boden, D. and Molotch, H. (1994) 'The Compulsion of Proximity', in Friedland, R. and Boden, D. (eds.) *Nowhere: Space, Time and Modernity*. Berkeley, CA: University of California Press, pp.257-286.

Boesel, W. E. (2013) 'What is the Quantified Self Now?', *The Society Pages*. Available at: http://thesocietypages.org/cyborgology/2013/05/22/what-is-the-quantified-self-now/

Bolin, G. (2014) 'Media Generations', *Participations*, 11(2): 108-131.

Boltanski, L. (2009) *De La Critique: Précis de Sociologie de L'émancipation*. Paris: Gallimard.

Boltanski, L. (2011) *On Critique*. Cambridge, MA: Polity.

Boltanski, L. and Thévenot, L. (2006) *On Justification*. Princeton, NJ: Princeton University Press.

Bolter, J. D. and Grusin, R. (2000) *Remediation*. Cambridge, MA: MIT Press.

Boorstin, D. (1961) *The Image: Or, Whatever Happened to the American Dream*. London: Weidenfeld & Nicolson.

Bösch, F. (2015) *Mass Media and Historical Change*. Oxford: Berghahn.

Bostrom, N. and Sandberg, A. (2011) 'The Future of Identity', *United Kingdom Government Office for Science*. Oxford: Future of Humanity Institute. Available at: http://www.nickbostrom.com/views/identity.pdf

Bourdieu, P. (1991) *Language and Symbolic Power*. Cambridge: Polity.

Bourdieu, P. (1993): *The Field of Cultural Production*. Cambridge: Polity.

Bowker, G. (2008) *Memory Practices in the Sciences*. Cambridge, MA: MIT Press.

Bowker, G. and Star, S. (1999) *Sorting Things Out*. Cambridge, MA: MIT Press.

boyd, d. (2008) 'Why Youth ♥ Social Network Sites', in Buckingham, D. (ed.) *Youth, Identity and Digital Media*. Cambridge, MA: MIT Press, pp.119-142.

boyd, d. (2014) *It's Complicated: The Social Lives of Networked Teens*. New Haven, CT: Yale University Press.

boyd, d. and Crawford, K. (2012) 'Critical Questions for Big Data', *Information, Communication and Society*, 15(5): 662-679.

Braune, I. (2013) 'Our Friend, the Internet: Postcolonial Mediatization in Morocco', *Communications — The European Journal of Communication*, 38(3): 267-287.

Brecht, B. (1979) 'Radio as a Means of Communication', *Screen*, 20(3/4): 24-28.

Breiter, A. (2014) 'Schools as Mediatized Organizations from a Cross-cultural Perspective,' in Hepp, A. and Krotz, F. (ed.) *Mediatized Worlds*. London: Palgrave, pp.288-303.

Brejzek, T. (2010) 'From Social Network to Urban Intervention', *International Journal of Performance Arts & Digital Media*, 6(1): 109-122.

Briggs, A. (1985) 'The Language of Mass and Masses in 19th Century England', in Briggs, A. (ed.) *Collected Essays of Asa Briggs, Vol I: Words, Numbers, Places, People*. Urbana, IL: University of Illinois Press, pp.34-54.

Briggs, A. and Burke, P. (2009) *A Social History of the Media*. 3rd edn. Cambridge: Polity.

Brighenti, A. (2007) 'Visibility: A Category for the Social Sciences', *Current Sociology*, 55(3): 323-342.

Brock, G. (2013) *Out of Print: Newspapers, Journalism and the Business of News in the Digital Age*. London: Kogan Page.

Brooker-Gross, S. (1983) 'Spatial Aspects of Newsworthiness', *Geografisker Annaler*, 65(B): 1-9.

Brown, W. (2015) *Undoing the Demos*. New York: Zone Books.

Bruns, A. (2005) *Gatewatching*. New York: Peter Lang.

Bruns, A. (2007) 'Methodologies for Mapping the Political Blogosphere', *First Monday*, 12(5). Available at: http://firstmonday.org/ojs/index.php/fm/article/view/1834/1718

Brunsdon, C. and Morley, D. (1978) *Everyday Television: "Nationwide"*. London: BFI.

Bucher, T. (2012a) 'Want to be on the top? Algorithmic power and the Threat of Invisibility on Facebook', *New Media & Society*, 14(7): 1164-1180.

Bucher, T. (2012b) 'The Friendship Assemblage: Investigating Programmed Sociality on Facebook', *Television & New Media*, 14(6), S: 479-493.

Buckingham, D. and Kehily, M. J. (2014) 'Rethinking Youth Cultures in the Age of Global Media', in Buckingham, D., Bragg, S. and Kehily, M. J. (eds.) *Youth Cultures in the Age of Global Media*. Basingstoke: Palgrave Macmillan, pp.1-18.

Burchell, K. (2015) 'Tasking the Everyday: Where Mobile and Online Communication Takes Time', *Mobile Media & Communication*, 3(1) pp.36-52.

Burrows, R. and Savage, M. (2014) 'After the Crisis? Big Data and the Methodological Challenges of Empirical Sociology', *Big Data & Society*, 1(1).

Burston, J., Dyer-Witheford, N. and Hearn, A. (2010) 'Digital Labour', *Special Issue, Ephemera: Theory and Politics in Organization*, 10(3/4): 214-221.

Burzan, N. (2011) 'Zur Gültigkeit der Individualisierungsthese./The Validity of the Individualization Thesis.', *Zeitschrift für Soziologie*, 40(6): 418-435.

Bush, V. (1945) 'As We May Think', *Atlantic Monthly*, July.

Butsch, R. (2008) *The Citizen Audience*. London: Routledge.

Butsch, R. (2013) 'Audiences', in Simonson, P., Peck, J., Craig. R. T. and Jackson, J. P. (eds.) *The Handbook of Communication History*. New York: Routledge, pp.93-108.

Caldwell, C. (2013) 'The right to hide our youthful mistakes', *Financial Times*, 27 September.

Calhoun, C. (1992a) *Habermas and the Public Sphere*. Cambridge, MA: MIT Press.

Calhoun, C. (1992b) 'The Infrastructure of Modernity', in Haferkamp, H. and Smelser, N. (eds.) *Social Change and Modernity*. Berkeley, CA: University of California Press, pp.205-236.

Calhoun, C. (2007) *Nations Matter*. London: Routledge.

参考文献

Calhoun, C. (2010) 'Beck, Asia and Second Modernity', *British Journal of Sociology*, 61(3): 597-619.

Cammaerts, B. (2015) 'Technologies of Self-Mediation', in Uldam, J. and Vertergaard, A. (eds.) *Civic Engagement and Social Media*. Basingstoke: Palgrave Macmillan, pp.97-110.

Campagnolo, G. M., Pollock, N. and Williams, R. (2015) 'Technology as we do not Know it: The Extended Practice of Global Software Development', *Information and Organization*, 25(3): 150-159.

Campanella, B. (2012) *Os Olhos do Grande Irmã: Uma Etnographia dos Fãs do Big Brother Brasil*. Porto Alegre: Editora Sulina.

Carah, N. (2015) 'Algorithmic Brands', *New Media & Society*, doi: 10.1177/1461444815605463.

Cardoso, G., Espanha, R. and Lapa, T. (2012) 'Family Dynamics and Mediation', in Loos, E., Haddon, L. and Mante-Meijer, E. (eds.) *Generational Use of New Media*. Farnham: Ashgate, pp.49-70.

Carey, J. (1989) *Communications as Culture*. Boston, MA: Unwin Hyman.

Carpentier, N. (2011) 'The Concept of Participation', *CM -časopis za upravljanje komuniciranjem*, 6(21): 13-36.

Castells, M. (1996) *The Rise of the Network Society. The Information Age: Economy, Society and Culture. Vol. 1*. Oxford: Blackwell.

Castells, M. (1997) *The Power of Identity: The Information Age: Economy, Society and Culture. Vol. 2*. Oxford: Blackwell.

Castells, M. (2000) *The Rise of the Network Society. The Information Age: Economy, Society and Culture. Vol. 1*. 2nd edn. Oxford: Blackwell.

Castells, M. (2001) *The Internet Galaxy*. Oxford: Oxford University Press.

Castells, M. (2009) *Communication Power*. Oxford: Oxford University Press.

Castells, M. (2012) *Networks of Outrage and Hope*. Cambridge: Polity.

Castells, M., Monge, P. and Contractor, N. (2011) 'Prologue to the Special Section Network Multidimensionality in the Digital Age', *International Journal of Communication*, 5(1): 788-793.

Cavarero, A. (2000) *Relating Narratives*. London: Routledge.

Chadwick, A. (2006) *Internet Politics*. Oxford: Oxford University Press.

Chadwick, A. (2013) *The Hybrid Media System*. Oxford University Press.

Chakrabarty, D. (2001) *Provincializing Europe*. Princeton, NJ: Princeton University Press.

Chan, A. (2013) *Networking Peripheries*. Cambridge, Mass.: MIT Press.

Chesley, N. (2005) 'Blurring Boundaries? Linking Technology Use, Spillover, Individual Distress and Family Satisfaction', *Journal of Marriage and Family*,

67(5): 1237-1248.

Choe, E. K., Lee, N. B., Lee, B., Pratt, W. and Kientz, J. A. (2014) 'Understanding Quantified-selfers' Practices in Collecting and Exploring Personal Data', *The Proceedings of the 32nd Annual ACM Conference on Human Factors in Computing Systems*, Metro Toronto Convention Center, Toronto, Canada, 26 April-1 May.

Chow, K.-W. (2003) *Publishing, Education, and Cultural Change in Late Imperial China*. Stanford, CA: Stanford University Press.

Christensen, T. H. (2009) '"Connected Presence" in Distributed Family Life', *New Media & Society*, 11(3): 433-451.

Christensen, T. and Røpke, I. (2010) 'Can Practice Theory Inspire Studies of ICTS in Everyday Life?', Brauchler, B. and Postill, J. (eds.) *Theorising Media and Practice*. New York: Berghahn Books, pp.233-256.

Cipriani, R. (2013) 'The Many Faces of Social Time: A Sociological Approach', *Time & Society*, 22(1): 5-30.

Clanchy, M. T. (1993) [1979] *From Memory to Written Record: England 1066-1307*. Oxford: Blackwell.

Clark, L. S. (2011) 'Considering Religion and Mediatisation Through a Case Study of the J K Wedding Entrance Dance', *Culture and Religion*, 12(2): 167-184.

Clark, L. S. (2013) *The Parent App*. Oxford: Oxford University Press.

Clarke, A. E. (2011) 'Social Worlds', in Ritzer, G. and Ryan, J. M. (eds.) *The Concise Encyclopedia of Sociology*. Oxford: Wiley-Blackwell, pp.384-385.

Cohen, J. (2012) *Configuring the Networked Self*. New Haven, CT: Yale University Press.

Cohen, J. (2015) 'Code and Law Between Truth and Power', *Lecture delivered at the London School of Economics and Political Science*, 11 March.

Contractor, N., Monge, P. and Leonardi, P. M. (2011) 'Multidimensional Networks and the Dynamics of Sociomateriality', *International Journal of Communication*, 5(1): 682-720.

Cook, D. (2005) 'The Dichotomous Child in and of Commercial Culture', *Journal of Consumer Culture*, 12(2): 155-159.

Cooley, C. (1902) *Human Nature and the Social Order*. New York: Charles Scribner's Sons.

Cordeiro, P., Damasio, M., Starkey, G., Botelho, I., Dias, P., Ganito, C., Ferreira C. and Henriques, S. (2013) 'Networks of Belonging: Interaction, Participation and Consumption of Mediatised Content', in Carpentier, N., Schrøder, K. and Hallet, L. (eds.) *Generations and Media: The Social Construction of Generational Identity and Differences*. London: Routledge, pp.101-119.

Cornelio, G. S. and Ardevol, E. (2011) 'Practices of Place-Making Through Locative

Media Artworks', *Communications*, 36(3): 313-333.

Couldry, N. (2003) *Media Rituals*. London: Routledge.

Couldry, N. (2006) 'Transvaluaing Media studies; or, beyond the myth of the mediated centre', in J. Curran and D. Morley (eds.) *Media and Cultural Theory*. London: Routledge, pp.177-194.

Couldry, N. (2008) 'Mediatization or Mediation? Alternative Understandings of the Emergent Space of Digital Storytelling', *New Media & Society*, 10(3): 373-391.

Couldry, N. (2010) *Why Voice Matters*. London: Sage.

Couldry, N. (2011) 'More sociology, more culture, more politics'. *Cultural Studies*, 25 (4-5): 487-501.

Couldry, N. (2012) *Media, Society, World*. Cambridge: Polity.

Couldry, N. (2014a) 'A Necessary Disenchantment: Myth, Agency and Injustice in a Digital World', *Sociological Review*, 62(4): 880-897.

Couldry, N. (2014b) 'The Myth of Us: Digital Networks, Political Change and the Production of Collectivity', *Information Communication and Society*, 18 (6): 608-626.

Couldry, N., Fotopoulou, A. and Dickens, L. (2016) 'Real Social Analytics: A Contribution Towards a Phenomenology of a Digital World', *British Journal of Sociology*, 67(1): 118-137.

Couldry, N. and Hepp, A. (2012) 'Comparing Media Cultures', in Esser, F. and Hanitzsch, T. (eds.) *The Handbook of Comparative Communication Research*. New York: Routledge, pp.249-261.

Couldry, N. and Hepp, A. (2013) 'Conceptualising Mediatization', *Communication Theory*, 23(3): 191-202.

Couldry, N. and McCarthy, A. (2004) 'Introduction', in Couldry, N. and McCarthy, A. (eds.) *MediaSpace*. London: Routledge, pp.1-18.

Couldry, N. and Turow, J. (2014) 'Advertising, Big Data and the Clearance of the Public Realm', *International Journal of Communication*, 8(1): 1710-1726.

Cova, B., Pace, S. and Skalen, P. (2015) 'Brand Volunteering', *Marketing Theory*, doi: 10.1177/1470593115568919.

Crane, N. J. and Ashutosh, I. (2013) 'A Movement Returning Home? Occupy Wall Street After the Evictions', *Cultural Studies <=> Critical Methodologies*, 13(3): 168-172.

Crary, J. (2013) *24/7*. London: Verso.

Da Matta, R. A. (1985) *A Casa e a Rua: Espaço, Ciudidania, Mulher e Norte no Brasil*. São Paulo: Brasiliense.

Damkjaer, M. S. (2015) 'Becoming a Parent in a Digitized Age', *Normedia 2015*, *TWG: Media Across the Lifecourse*, Aarhus, Aarhus University, 13-15 August.

Dant, T. (1999) *Material Culture in the Social World*. Milton Keynes: Open University Press.

Davis, J. (2013) 'The Qualified Self', *Cyborgology*. Available at: http://thesocietypages.org/cyborgology/2013/03/13/the-qualified-self/

Dayan, D. (1999) 'Media and Diasporas', in Gripsrud, J. (ed.) *Television and Common Knowledge*. London: Routledge, pp.18-33.

Dayan, D. and Katz, E. (1992) *Media Events*. Cambridge, MA: Harvard University Press.

de Angelis, M. (2002) 'Hayek, Bentham and the Global Work Machine', in Dinerstein, A. and Neary, M. (eds.) *The Labour Debate*. Aldershot: Ashgate, pp.108-134.

DeLanda, M. (2006) *A New Philosophy of Society*. London: Continuum International Publishing.

Deleuze, G. (1995) *Negotiations*. New York: Columbia University Press.

Deleuze, G. and Guattari, F. (2004) [1980] *A Thousand Plateaus: Capitalism and Schizophrenia*. London: Continuum International Publishing.

Dennis, K. (2007) 'Time in the Age of Complexity', *Time & Society*, 16(2/3): 139-155.

Derrida, J. (1973) *Speech and Phenomena*. Evanston, IL: Northwestern University Press.

Deterding, S. (2008) 'Virtual Communities', in Hitzler, R., Honer, A. and Pfadenhauer, M. (eds.) *Posttraditionale Gemeinschaften*. Wiesbaden: VS, pp.115-131.

Deuze, M. (2012) *Media Life*. Cambridge: Polity.

Dijck, J. V. (2013) *The Culture of Connectivity*. Oxford: Oxford University Press.

Diminescu, D. (2008) 'The Connected Migrant', *Social Science Information*, 47(4): 565-579.

Dodge, M. and Kitchin, R. (2007) '"Outlines of a World Coming into Existence": Pervasive Computing and the Ethics of Forgetting', *Environment and Planning B*, 34(3): 431-445.

Dolan, P. (2010) 'Space, Time and the Constitution of Subjectivity', *Foucault Studies*, 8(1): 8-27.

Domahidi, E., Festl, R. and Quandt, T. (2014) 'To Dwell Among Gamers', *Computers in Human Behavior*, 35(1): 107-115.

Donges, P. (2011) 'Politische Organisationen als Mikro-Meso-Makro-Link,' in Quandt, T. and Scheufele, B. (eds.) *Ebenen der Kommunikation*. Wiesbaden: VS, pp.217-232.

Douglas, S. (1987) *Inventing American Broadcasting 1899 - 1922*. Baltimore, MD: The Johns Hopkins University Press.

Downing, J. (1984) *Radical Media*. Boston, MA: South End Press.

Drotner, K. (2009) 'Children and Digital Media', in Qvortrup, J., Corsaro, W. and Honig, M. (eds.) *The Palgrave Handbook of Childhood Studies*. Basingstoke: Palgrave Macmillan, pp.360-375.

Drumond, R. (2014) 'VEM VER # NOVELA, @ VOCÊ TAMBÉM: Recepção Televisa e Interações em Rede a Partir do Twitter', *The 23rd Annual Meeting of COMPOS*, Belém, Brazil, 27-30 May.

Duggan, M., Lenhart, A., Lampe, C. and Ellison, N. (2015) 'Parents and Social Media', *Pew Research Center*. Available at: http://www.pewinternet.org/2015/07/16/parents-and-social-media

Dunning, E. and Hughes, J. (2013) *Norbert Elias and Modern Sociology*. London: Bloomsbury.

Durkheim, É. (1982) [1895] *The Rules of Sociological Method and Selected Texts on Sociology and its Method*. New York: Free Press.

Durkheim, É. (1995) [1912] *The Elementary Forms of Religious Life*. New York: Free Press.

Durkheim, É. and Mauss, M. (1969) [1902] *Primitive Classification*. London: Routledge.

Edelman, B. G. and Luca, M. (2014) 'Digital Discrimination: The Case of Airbnb.com', *Harvard Business School NOM Unit Working Paper*, 14-54.

Eggers, D. (2013) *The Circle*. London: Allen Lane.

Eisenstein, E. (2005) *The Printing Revolution in Early Modern Europe*. Cambridge: Cambridge University Press.

Ekdale, B., Namkoong, K., Fung, T. and Perlmutter, D. D. (2010) 'Why Blog? (Then and Now)', *New Media & Society*, 12(2): 217-234.

Elias, N. (1978) *What is Sociology?*. London: Hutchinson.

Elias, N. (1991) [1939] *The Society of Individuals*. London: Continuum International Publishing.

Elias, N. (1994) [1939] *The Civilizing Process*. Oxford: Blackwell.

Elias, N. (2003) 'Figuration und Emergenz', in Schäfers, B. (ed.) *Grundbegriffe der Soziologie*. Stuttgart: Leske + Budrich, pp.88-91.

Elias, N. and Scotson, J. L. (1994) [1965] *The Established and the Outsiders*. London: Sage.

Ellison, N. (2013) 'Citizenship, Space and Time', *Thesis Eleven*, 118(1): 48-63.

Elwell, J. S. (2013) 'The Transmediated Self: Life Between the Digital and the Analog', *Convergence*, 20(2): 233-249.

Engelke, M. (2013) *God's Agents*. Berkeley, CA: University of California Press.

Erasmus (1530) *De Civilitate Morum Puerilium*. London: W. de Worde.

Espeland, W. and Sauder, M. (2007) 'Rankings and Reactivity', *American Journal of*

Sociology, 113(1): 1-40.

Esser, F. and Strömbäck, J. (2014b) *Mediatization of Politics*. Houndsmills: Palgrave Macmillan.

Evans, E. (2011) *Transmedia Television: Audiences, New Media, and Daily Life*. London: Routledge.

Fabian, J. (1983) *Time and the Other: How Anthropology Makes its Object*. New York: Columbia University Press.

Fairhurst, G. T. and Putnam, L. (2004) 'Organizations as Discursive Constructions', *Communication Theory*, 14(1): 5-26.

Falb, D. (2015) *Kollektivitäten: Population und Netzwerk als Figurationen der Vielheit*. Bielefeld: Transcript.

Fausing, B. (2014) 'SELF-MEDIA: The Self, the Face, the Media and the Selfies', *The International Conference on Sensoric Image Science*, Sassari, Italy, 24 July.

Featherstone, M. (1995) *Undoing Culture*. London: Sage.

Fenton, N. and Barassi, V. (2011) 'Alternative Media and Social Networking Sites', *The Communication Review*, 14(3): 179-196.

Ferreux, J. (2006) 'Un Entretien avec Thomas Luckmann', *Sociétés*, 93(1): 45-51.

Fickers, A. (2013) 'Television', in Simonson, P., Peck. J, Craig, R. T. and Jackson, J. (eds.) *The Handbook of Communication History*. London: Routledge, pp.238-256.

Finnemann, N. O. (2011) 'Mediatization Theory and Digital Media', *European Journal of Communication*, 36(1): 67-89.

Fischer, C. (1992) *America Calling*. Berkeley, CA: University of California Press.

Fiske, J. (1989) *Understanding Popular Culture*. London: Unwin Hyman.

Fiske, J. (1993) *Power Plays — Power Works*. London: Verso.

Fleer, M. (2014) 'The Demands and Motives Afforded Through Digital Play in Early Childhood Activity Settings', *Learning, Culture and Social Interaction*, 3(1): 202-209.

Flichy, P. (1995) *Dynamics of Modern Communication*. London: Sage.

Foster, C. (2005) *British Government in Crisis*. Oxford: Hart Publishing.

Foucault, M. (1970) *The Order of Things*. New York: Random House.

Foucault, M. (1988) *The History of Sexuality: The Care of the Self*. New York: Vintage.

Fredriksson, M. and Pallas, J. (2014) 'Media Enactments', in Pallas, J., Strannegard, L. and Jonsson, S. (eds.) *Organisations and the Media*. London: Routledge, pp.234-248.

Fredriksson, M., Schillemans, T. and Pallas, J. (2015) 'Determinants of Organizational Mediatization', *Public Administration*, doi: 10.1111/padm.12184.

Freedman, D. and Thussu, D. K. (2012) *Media and Terrorism*. London: Sage.

Friedland, R. and Alford, R. R. (1991) 'Bringing Society Back In: Symbols, Practices and Institutional Contradictions', in Powell, W. W. and DiMaggio, P. J. (eds.) *The New Institutionalism in Organizational Analysis*. Chicago: University of Chicago Press, pp.232–263.

Friemel, T. N. (2012) 'Network dynamics of television use in school classes', *Social Networks*, 34(3): 346–358.

Frith, J. (2013) 'Turning Life into a Game', *Mobile Media & Communication*, 1(2): 248–262.

Frith, J. and Kalin, J. (forthcoming) 'Here, I Used to Be: Mobile Media and Practices of Place-based Digital Memory', *Space and Culture*. Available at: http://www.academia.edu/7240819/Here_I_Used_to_Be_Mobile_Media_and_Practices_of_Place-based_Digital_Memory

Fuchs, C. (2014) 'Digital Prosumption Labour on Social Media in the Context of the Capitalist Regime of Time', *Time & Society*, 23(1): 97–123.

Fuller, M. and Goffey, A. (2012) *Evil Media*. Cambridge, MA: MIT Press.

Gabriel, M. (2015) *Fields of Sense: A New Realist Ontology*. Edinburgh: Edinburgh University Press.

Gadamer, H.-G. (2004) [1975] *Truth and Method*. London: Continuum.

Gage, J. (2002) 'Some Thoughts on How ICTs Could Really Change the World', in Kirkman, G., Cornelious, P., Sachs, J. and Schwab, K. (eds.) *The Global Information Technology Report 2001 – 2002*. Oxford: Oxford University Press, pp.4–9.

Gandy, O. (1993) *The Panoptic Sort: A Political Economy of Personal Information*. Boulder, CO: Westview Press.

Gangadharan, S. P. (2015) 'The Downside of Digital Exclusion: Expectations and Experiences of Privacy and Surveillance among Marginal Internet Users', *New Media & Society*. Available at: http://nms.sagepub.com/content/early/2015/11/06/1461444815614053.full.pdf+html

García Canclini, N. (1995) *Hybrid Cultures: Strategies for Entering and Leaving Modernity*. Minneapolis, MN: Minnesota University Press.

García Canclini, N. (2014) *Imagined Globalization*. Durham, NC: Duke University Press.

Gates, S. and Podder, S. (2015) 'Social Media, Recruitment, Allegiance and the Islamic State', *Perspectives on Terrorism*, 9(4): 107–116.

Georgiou, M. (2013) *Media and the City*. Cambridge: Polity.

Gerlitz, C. and Helmond, A. (2013) 'The Like Economy', *New Media & Society*, doi: 10.1177/1461444812472322.

Gernert, J. (2015) 'Er Wird, er Wird Nicht, er Wird', *Taz, Gesellschaft*, Oktober

(24/25): 18-20.
Gibbs, S. (2014) 'Table Computers Replace Television as Children's Top Gadget', *Guardian*, 10 October.
Gibson, J. (1967) 'Theory of Affordances', in Shaw, R. and Bransford, J. (eds.) *Perceiving, Acting, Knowing*. New York: Erlbaum, pp.67-82.
Giddens, A. (1984) *The Constitution of Society*. Cambridge: Polity.
Giddens, A. (1990) *The Consequences of Modernity*. Cambridge: Polity.
Giddens, A. (1994a) *Modernity and Self-Identity*. Cambridge: Polity.
Giddens, A. (1994b) 'Risk, Trust, Reflexivity', in Beck, U., Giddens, A. and Lash, S. (eds.) *Reflexive Modernization*. Cambridge: Polity, pp.184-197.
Giddens, A. (2015) 'The Digital Revolution', *Lecture delivered at the London School of Economics and Political Science*, 10 November.
Gillespie, T. (2010) 'The Politics of "Platforms"', *New Media & Society*, 12(3): 347-364.
Gillespie, T. (2014) 'The Relevance of Algorithms', in Boczkowski, P., Foot, K. and Gillespie, T. (eds.) *Media Technologies*. Cambridge, MA: MIT Press, pp.167-194.
Ginneken, J. V. (1992) *Crowds, Psychology, and Politics, 1871-1899*. Cambridge: Cambridge University Press.
Gitelman, L. and Jackson, V. (2013) 'Introduction', in: Gitelman, L. (ed.): *'Raw Data' is an Oxymoron*. Cambridge: MIT Press, pp.1-13.
Gitlin, T. (2001) *Media Unlimited*. New York: Metropolitan Books.
Goffman, Erving (1967) [1955] *Interaction Rituals*. New York: Garden City.
Gómez Garcia, R. and Treré, E. (2014) 'The #YoSoy132 Movement and the Struggle for Media Democratization in Mexico', *Convergence*, 20(4): 1-15.
Google (2012) 'The New Multi-Screen World'. Available at: https://think.withgoogle.com/databoard/media/pdfs/the-new-multi-screen-world-study_research-studies.pdf
Governance, C. O. G. (1995) *Our Global Neighbourhood*. Oxford: Oxford University Press.
Graham, S. (2005) 'Software-Sorted Geographies', *Progress in Human Geography*, 29(5): 562-580.
Graham, S. and Marvin, S. (2001) *Splintered Urbanisms*. London: Routledge.
Gray, M. (2012) *Out in the Country*. Chicago, IL: University of Chicago Press.
Green, N. (2002) 'On the Move: Technology, Mobility and the Mediation of Social Time and Space', *The Information Society*, 18(4): 281-292.
Gregg, M. (2011) *Work's Intimacy*. Cambridge: Polity.
Grenz, T. (2015) 'Mediatisierung als Organisationale und Außerorganisationale Konstruktion', Doctor of Philosophy Thesis. KIT (unveröff. Manuskript).
Grenz, T. and Möll, G. (2014) 'Zur Einleitung: Mediatisierung von Handlungsfeldern', in

Grenz, T. and Möll, G. (eds.) *Unter Mediatisierungsdruck*. Wiesbaden: VS, pp.1-15.

Grenz, T., Möll, G. and Reichertz, J. (2014) 'Zur Struktuierung von Mediatisierungsprozessen', in Krotz, F., Despotovic, C. and Kruse, M. (eds.) *Mediatisierung von Vergemeinschaftung und Gemeinschaft*. Wiesbaden: VS, pp.73-91.

Greschke, H. M. (2012) *Is There a Home in Cyberspace? The Internet in Migrants' Everyday Life and the Emergence of Global Communities*. London: Routledge.

Gross, A. S. (2015) 'Explicit Tweets to Junior MasterChef Star in Brazil Spark Campaign Against Abuse', *Guardian*. Available at: http://www.theguardian.com/global-development/2015/nov/11/brazil-explicit-tweets-junior-masterchef-star-online-campaign-against-abuse-sexual-harassment

Grossberg, L. (1988) 'Wandering Audiences, Nomadic Critics', *Cultural Studies*, 2(3): 377-391.

Gumbrecht, H. U. and Pfeiffer, K. L. (1994) *Materialities of Communication*. Stanford, CA: Stanford University Press.

Gunaratne, S. A. (2010) 'De-westernizing Communication/Social Science Research', *Media, Culture & Society*, 32(3): 473-500.

Guta, H. and Karolak, M. (2015) 'Veiling and Blogging: Social Media as Sites of Identity Negotiation and Expression Among Saudi Women', *Journal of International Women's Studies*, 16(2): 115-127.

Guttentag, D. (2015) 'Airbnb: Disruptive Innovation and the Rise of an Informal Tourism Accommodation Sector', *Current Issues in Tourism*, doi: 10.1080/13683500.2013.827159.

Habermas, J. (1984) [1981] *The Theory of Communicative Action*. Boston, MA: Beacon Press.

Habermas, J. (1989) *The Structural Transformation of the Public Sphere*. Cambridge, MA: MIT Press.

Habibi, M. R., Laroche, M. and Richard, M.-O. (2014) 'Brand Communities Based in Social Media', *International Journal of Information Management*, 34(2): 123-132.

Habuchi, I. (2005) 'Accelerating Reflexivity', in Ito, M., Okabe, D. and Matsuda, M. (eds.) *Persona, Portable, Pedestrian*. Cambridge, MA: MIT Press, pp.165-182.

Hacking, I. (1983) *Representing and Intervening*. Cambridge: Cambridge University Press.

Hacking, I. (1999) *The Social Construction of What?*. Cambridge, MA: Harvard University Press.

Hafner, G. (2015) 'Zurück ins Paradies? Die neue, alte Uneindeutigkeit', *Der Freitag*, 31(7).

Hagerstrand, T. (1975) 'Space, Time and Human Conditions', in Karlqvist, A.,

Lundquist, L. and Snickars, F. (eds.) *Dynamic Allocation of Urban Space*. Farnborough: Saxon House, pp.1-14.

Haggerty, K. and Ericson, R. (2000) 'The Surveillant Assemblage', *British Journal of Sociology*, 51(4): 605-622.

Halavais, A. (2009) *Search Engine Society*. Cambridge: Polity.

Hall, S. (1980) 'Encoding/Decoding', in Hall, S., Hobson. D., Lowe, A. and Willis, P. (eds.) *Culture, Media, Language*. London: Unwin Hyman, pp.128-138.

Hartmann, B. J. (2015) 'Peeking Behind the Mask of the Prosumer', *Marketing Theory*, doi: 10.1177/1470593115581722.

Harvey, D. (1990) *The Condition of Postmodernity*. Oxford: Blackwell.

Harvey, P. (2012) 'The Topological Quality of Infrastructural Relation', *Theory, Culture & Society*, 29(4/5): 76-92.

Hasebrink, U. (2014) 'Die Kommunikative Figuration von Familien', in Rupp, M., Kapella, O. and Schneider, N. F. (eds.) *Zukunft der Familie. Tagungsband zum 4. Europäischen Fachkongress Familienforschung*. Opladen: Verlag Barbara Budrich, pp.225-240.

Hasebrink, U. and Domeyer, H. (2012) 'Media Repertoires as Patterns of Behaviour and as Meaningful Practices', *Participations: Journal of Audience & Reception Studies*, 9(2): 757-783.

Hasebrink, U. and Hölig, S. (2013) 'Conceptualizing Audiences in Convergent Media Environments', in Karmasin, M. and Diehl, S. (eds.) *Media and Convergence Management*. Berlin: Springer, pp.189-202.

Hassan, R. (2003) 'Network Time and the New Knowledge Epoch', *Time & Society*, 12(2/3): 225-241.

Hawn, C. (2009) 'Take Two Aspirin and Tweet Me in the Morning: How Twitter, Facebook and Other Social Media are Reshaping Health Care', *Health Affairs*, 28(2): 361-368.

Hayles, N. K. (1999) *How We Became Posthuman*. Chicago, IL: University of Chicago Press.

Hayward, T. (2015) 'The Recommendation Game', *Finance Times*, 21 August. Available at: http://www.ft.com/cms/s/2/94c55f50-46af-11e5-af2f-4d6e0e5eda22.html

Heath, C. and Hindmarsh, J. (2000) 'Configuring Action in Objects', *Mind, Culture, and Activity*, 7(1/2): 81-104.

Heinich, N. (2012) *De La Visibilité*. Paris: Gallimard.

Helmond, A. (2010) 'Identity 2.0', *The Proceeding of Mini-Conference Initiative*, Amsterdam: University of Amsterdam, 20-22 January.

Helsper, Ellen (2011) *The Emergence of a Digital Underclass*. LSE Media Policy

Project Series, Broughton Micova, Sally, Sujon, Zoetanya and Tambini, Damian (eds.) Media Policy Brief 3. Department of Media and Communications, London School of Economics and Political Science, London, UK.

Hepp, A. (2004) *Netzwerke der Medien*. Wiesbaden: VS.

Hepp, A. (2013a) *Cultures of Mediatization*. Cambridge: Polity.

Hepp, A. (2013b) 'The Communicative Figurations of Mediatized Worlds: Mediatization Research in Times of the "Mediation of Everything"', *European Journal of Communication*, 28 (6): 615-629.

Hepp, A. (2015) *Transcultural Communication*. Malden, MA: Wiley-Blackwell.

Hepp, A. (2016) 'Pioneer Communities. Collective Actors in Deep Mediatization', *Media, Culture & Society*, forthcoming.

Hepp, A., Berg, M. and Roitsch, C. (2014) *Mediatisierte Welten der Vergemeinschaftung*. Wiesbaden: VS.

Hepp, A. and Couldry, N. (2010) 'Media Events in Globalized Media Cultures', in Couldry, N., Hepp, A. and Krotz, F. (eds.) *Media Events in a Global Age*. London: Routledge, pp.1-20.

Hepp, A., Elser, M., Lingenberg, S., Mollen, A., Möller, J. and Offerhaus, A. (2016) *The Communicative Construction of Europe*. Basingstoke: Palgrave Macmillan.

Hepp, A. and Hasebrink, U. (2014) 'Human Interaction and Communicative Figurations: The Transformation of Mediatized Cultures and Societies', in Lundby, K. (ed.), *Mediatization of Communication*. Berlin and New York: de Gruyter, pp. 249-272.

Hepp, A., Lunt, P. and Hartmann, M. (2015) 'Communicative Figurations of the Good Life', in Wang, H. (ed.) *Communication and 'The Good Life'*. Berlin: Peter Lang, pp.181-196.

Hermans, H. (2001) 'The Dialogical Self', *Culture & Psychology*, 7(3): 243-281.

Hermans, H. (2004) 'Introduction: The Dialogical Self in a Global and Digital Age', *Identity*, 4(4): 297-320.

Hess, D. J. (2005) 'Technology- and Product-Oriented Movements', *Science, Technology & Human Values*, 30(4): 515-535.

Hickethier, K. (1998) *Geschichte des Deutschen Fernsehens*. Stuttgart: Metzler Verlag.

Hillier, B. and Hanson, J. (1984) *The Social Logic of Space*. Cambridge: Cambridge University Press.

Hirsch, E. (1992) 'The Long Term and the Short Term of Domestic Consumption', in Silverstone, R. and Hirsch, E. (eds.) *Consuming Technologies*. London: Routledge, pp.208-226.

Hirschkind, C. (2006) *The Ethical Soundscape: Cassette Sermons and Islamic Counterpublics*. New York: Columbia University Press.

Hitzler, R. (2010) *Eventisierung*. Wiesbaden: VS.

Hjarvard, S. (2011) 'The Mediatisation of Religion', *Culture and Religion*, 12(2): 119-135.

Hjarvard, S. (2013) *The Mediatization of Culture and Society*. London: Routledge.

Hjarvard, S. (2014) 'Mediatization and Cultural and Social Change', in Lundby, K. (ed.) *Mediatization of Communication*. Berlin: de Gruyter, pp.199-226.

Hjorth, L. and Gu, K. (2012) 'The Place of Emplaced Visualities', *Continuum*, 26(5): 699-713.

Hogan, B. (2010) 'The Presentation of Self in the Age of Social Media', *Bulletin of Science, Technology & Society*, 30(6): 377-386.

Honneth, A. (1995) *The Fragmented World of the Social*. New York: SUNY Press.

Honneth, A. (2008) *Reification: A New Look at an Old Idea*. New York: Oxford University Press.

Honneth, A. (2013) *The I in We*. Cambridge: Polity.

Hoover, S. (2006) *Religion in the Media Age*. London: Routledge.

Horst, H. A. (2013) 'The Infrastructures of Mobile Media', *Mobile Media & Communication*, 1(1): 147-152.

Houston, J. B., Seo, H., Taylor-Knight, L. A., Kennedy, E. J., Hawthorne, J. and Trask, S. L. (2013) 'Urban Youth's Perspectives on Flash Mobs', *Journal of Applied Communication Research*, 41(3): 236-252.

Hugill, P. J. (1999) *Global Communications Since 1844*. Baltimore, MD: The Johns Hopkins University Press.

Huhtamo, E. and Parikka, J. (2011) *Media Archaeology*. Berkeley, CA: University of California Press.

Humphreys, L. (2008) 'Mobile Social Networks and Social Practice', *Journal of Computer-Mediated Communication*, 13(1): 341-360.

Humphreys, L. (2010) 'Mobile Social Networks and Urban Public Space', *New Media & Society*, 12(5): 763-778.

Humphreys, L. (2012) 'Connecting, Coordinating and Cataloguing', *Journal of Broadcasting and Electronic Media*, 56(4): 494-510.

Hunt, E. (2015) 'App lets you rate people you know, even if they don't ask', *Guardian*, 2 October.

Hutchby, I. (2001) 'Technologies, Texts and Affordances', *Sociology*, 35(2): 441-456.

Hyysalo, S., Kohtala, C., Helminen, P., Mäkinen, S., Miettinen, V. and Muurinen, L. (2014) 'Collaborative Futuring with and by Makers', *CoDesign*, 10(3/4): 209-228.

Illich, I. (1996) *In the Vineyard of the Text*. Chicago, IL: University of Chicago Press.

Illouz, E. (2012) *Why Love Hurts*. Cambridge: Polity.
Ingold, T. (2011) *Being Alive*. London: Routledge.
Innis, H. A. (1950) *Empire and Communications*. Oxford: Clarendon Press.
Innis, H. A. (1951) *The Bias of Communication*. Toronto: Toronto University Press.
Innis, H. A. (2004) *Changing Conceptions of Time*. Boulder, CO: Rowman and Littlefield.
Introna, L. D. (2011) 'The Enframing of Code', *Theory Culture & Society*, 28(6): 113-141.
Irani, L. (2015) 'The Cultural Work of Microwork', *New Media & Society*, 17(5): 720-739.
Isin, E. and Ruppert, E. (2015) *Being Digital Citizens*. Boulder, CO: Rowman and Littlefield.
Ito, M., Baumer, S., Bittanti, M., boyd, d., Cody, R., Herr-Stephenson, B., Horst, H. A., Lang, P. G., Mahendran, D., Martinez, K. Z., Pascoe, C. J., Perkel, D., Robinson, L., Sims, C. and Tripp, L. (2010) *Hanging Out, Messing Around, and Geeking Out: Kids Living and Learning with New Media*. Cambridge, MA: MIT Press.
Izak, M. (2014) 'Translucent Society and its Non-fortuitous Design', *Culture and Organization*, 20(5): 359-376.
Jang, C.-Y. and Stefanone, M. A. (2011) 'Non-Directed Self-Disclosure in the Blogosphere', *Information, Communication & Society*, 14(7): 1039-1059.
Jansson, A. (2013) 'Mediatization and Social Space', *Communication Theory*, 23(3): 279-296.
Jenkins, H. (1992) *Textual Poachers: Television Fans and Participatory Culture*. London: Routledge.
Jenkins, H. (2006a) *Confronting the Challenges of Participatory Culture*. Chicago, IL: MacArthur Foundation.
Jenkins, H. (2006b) *Convergence Culture*. New York: New York University Press.
Jenkins, H. and Carpentier, N. (2013) 'Theorizing Participatory Intensities', *Convergence*, 19(3): 265-286.
Jenkins, H., Ford, S. and Green, J. (2013) *Spreadable Media*. New York: New York University Press.
Jenkins, H., Ito, M. and boyd, d. (2016) *Participatory Culture in a Networked Era*. Malden, MA: Polity.
Jensen, K. B. (2010) *Media Convergence*. London: Routledge.
Jessop, B., Brenner, N. and Jones, M. (2008) 'Theorizing Sociospatial Relations', *Environment and Planning D: Society and Space*, 26(3): 389-401.
Johnson, K. (2000) *Television and Social Change in Rural India*. New Delhi: Sage.

Juris, J. (2012) 'Reflections on #Occupy Everywhere', *American Ethnology*, 39(2): 258-279.

Kallinikos, J. (2009a) 'On the Computational Rendition of Reality', *Organization*, 16(2): 183-202.

Kallinikos, J. (2009b) 'The Making of Ephemeria', *The International Journal of Interdisciplinary Social Sciences*, 4(3): 227-236.

Kallinikos, J. and Constantiou, I. (2015) 'Big Data Revisited', *Journal of Information Technology*, 30(1): 70-74.

Kallinikos, J. and Tempini, N. (2014) 'Social Data as Medical Facts', *Information Systems Research*, 25(4): 817-833.

Kannengießer, S. (forthcoming) 'Repair Cafés', in Milstein, T., Pileggi, M. and Morgan, E. (eds.) *Pedagogy of Environmental Communication*. London: Routledge.

Kant, I. (1990) [1795] *Groundwork of the Metaphysic of Morals*. London: Routledge.

Karasti, H., Baker, K. and Millerand, F. (2010) 'Infrastructure Time', *Computer Supported Cooperative Work*, 19(3/4): 377-415.

Kaulingfreks, R. and Warren, S. (2010) 'SWARM: Flash Mobs, Mobile Clubbing and the City', *Culture and Organization*, 16(3): 211-227.

Kaun, A. and Stiernstedt, F. (2014) 'Facebook Time: Technological and Institutional Affordances for Media Memories', *New Media & Society*, 16(7): pp.1154-1168.

Kavada, A. (2015) 'Creating the Collective', *Information, Communication & Society*, 18(8): 872-886.

Keen, A. (2015) *The Internet is not the Answer*. London: Atlantic Books.

Keller, R. and Lau, C. (2008) 'Bruno Latour und die Grenzen der Gesellschaft', in Kneer, G., Schroer, M. and Schüttpelz, E. (eds.) *Bruno Latours Kollektive*. Frankfurt am Main: Suhrkamp, pp.306-338.

Kellner, D. (2010) 'Media Spectacle and Media Events', in Couldry, N., Hepp, A. and Krotz, F. (eds.) *Media Events in a Global Age*. London: Routledge, pp.76-91.

Kelly, K. (2012) 'The Quantified Century'. *Quantified Self Conference*, Stanford University, Palo Alto, CA, 15-16 September, 2012. Available online at http://quantifiedself.com/conference/Palo-Alto-2012

Kelty, C. M. (2008) 'Geeks and Recursive Publics: How the Internet and Free Software Make Things Public'. Available online http://kelty.org/or/papers/unpublishable/Kelty.RecursivePublics-short.pdf

Kido, T. and Swan, M. (2014) 'Know Thyself: Data-Driven Self-Awareness for Understanding Our Unconscious Behaviors', *AAAI Spring Symposium Series*. Available at: https://www.aaai.org/ocs/index.php/SSS/SSS14/paper/view/7678

Kitchin, R. (2014) *The Data Revolution*. London: Sage.

Kitchin, R. and Dodge, M. (2011) *Code/space: Software and Everyday Life*. Cambridge, MA: MIT Press.

Kittler, F. (2014) *The Truth of the Technological World*. Stanford, CA: Stanford University Press.

Kitzmann, A. (2003) 'The Different Place: Documenting the Self Within Online Environments', *Biography*, 26(1): 48-65.

Klauser, F. and Albrechtslund, A. (2014) 'From Self-Tracking to Smart Urban Infrastructures', *Surveillance & Society*, 12(2): 273-286.

Klein, N. (2000) *No Logo. Taking Aim at the Brand Bullies*. London: Flamingo.

Knapp, D. (forthcoming) 'Living with Algorithms: Reclaiming Agency Under Conditions of Data-Driven Surveillance', PhD thesis undertaken at London School of Economics and Political Science.

Kneer, G. (2008) 'Hybridität, Zirkulierende Referenz, Amoderne? Ein Kritik an Bruno Latours Soziologie', in Kneer, G., Schroer, M. and Schüttpelz, E. (eds.) *Bruno Latours Kollektive*. Frankfurt am Main: Suhrkamp, pp.261-305.

Knoblauch, H. (2008) 'Kommunikationsgemeinschaften.', in Hitzler, R., Honer, A. and Pfadenhauer, M (eds.) *Posttraditionale Gemeinschaften*. Wiesbaden: VS, pp.73-88.

Knoblauch, H. (2013a) '"Alfred Schutz" Theory of Communicative Action', *Human Studies*, 36(3): 323-337.

Knoblauch, H. (2013b) 'Communicative Constructivism and Mediatization', *Communication Theory*, 23(3): 297-315.

Knorr-Cetina, K. (2014) 'Scopic Media and Global Coordination', in Lundby, K. (ed.) *Mediatization of Communication*. Berlin: de Gruyter, pp.39-62.

Knorr-Cetina, K. and Bruegger, U. (2002) 'Inhabiting Technology: The Global Lifeform of Financial Markets', *Current Sociology*, 50(3): 389-405.

Knorr-Cetina, K. and Cicourel, A. (1981) *Advances in Social Methodology*. London: Routledge and Kegan Paul.

Koch, G. and Warneken, B. J. (2014) 'Über Selbstrepräsentationen von Obdachlosen in verschiedenen Medien', *Hamburger Journal für Kulturanthropologie*, 2014 (1): 51-62.

Koopmans, R. and Statham, P. (2010) *The Making of a European Public Sphere*. Cambridge, Cambridge University Press.

Kosseleck, R. (2004) [1979] *Futures Past*. New York: Columbia University Press.

Kovarik, B. (2011) *Revolutions in Communication*. London: Continuum International Publishing.

Kracauer, S. (1995) *The Mass Ornament*. Cambridge, MA: Harvard University Press.

Krätke, S. (2011) *The Creative Capital of Cities*. Malden, MA: Wiley-Blackwell.

Kress, G. (1986) 'Language in the Media: The Construction of Domains of Public and Private', *Media, Culture & Society*, 8(4): 395-419.

Kreiss, D. and Tufekci, Z. (2013) 'Occupying the Political', *Cultural Studies <=> Critical Methodologies*, 13(3): 163-167.

Krotz, F. (2009) 'Mediatization: A Concept with Which to Grasp Media and Societal Change', in Lundby, K. (ed.) *Mediatization*. New York: Peter Lang, pp.19-38.

Kubitschko, S. (2015) 'The Role of Hackers in Countering Surveillance and Promoting Democracy', *Media and Communication*, 3(2): 77-87.

Kühl, S. (2011) *Organisationen*. Wiesbaden: VS.

Kunelius, R. and Reunanen, E. (2014) 'Transparency Discourse and Mediatized Governance', *Mediatization of Politics and Government Conference*, The London School of Economics and Political Science, London, 25-26 April.

Kwon, Y. J. and Kwon, K.-N. (2015) 'Consuming the Objectified Self: The Quest for Authentic Self', *Asian Social Science*, 11(2): 301-312.

Laclau, E. (1990) 'The Impossibility of Society', in Laclau, E. (ed.) *New Reflections on the Revolution of Our Time*. London: Verso, pp.87-90.

Lafrance, A. (2016) 'Facebook and the New Colonialism', *The Atlantic*. 11 February.

Lahire, B. (2007) *The Plural Actor*. Cambridge: Polity.

Lammers, J. C. and Jackson, S. A. (2014) 'The Institutionality of a Mediatized Organizational Environment', in Pallas, J., Strannegard, K. and Jonsson, S. (eds.) *Organisations and the Media*. London: Routledge, pp.33-47.

Lange, P. G. (2007) 'Publicly Private and Privately Public', *Journal of Computer-Mediated Communication*, 13(1): 361-380.

Langlois, G., Elmer, G., McKelvey, F. and Devereaux, Z. (2009) 'Networked Publics: The Double Articulation of Code and Politics on Facebook', *Canadian Journal of Communication*, 34(1): 415-434.

Larkin, B. (2008) *Signal and Noise: Media, Infrastructure, and Urban Culture in Nigeria*. Durham, NC: Duke University Press.

Lash, S. and Lury, C. (2007) *Global Culture Industry*. Cambridge: Polity.

Latour, B. (1991) 'Technology is Society Made Durable', in Law, J. (ed.) *A Sociology of Monsters: Essays on Power, Technology and Domination*. London: Routledge, pp.103-131.

Latour, B. (1999) *Pandora's Hope: Essays on the Reality of Science Studies*. Cambridge, MA: Harvard University Press.

Latour, B. (2005) *Reassembling the Social*. Oxford: Oxford University Press.

Latour, B. (2007) 'Beware, Your Imagination Leaves Digital Traces', *Times Higher Literary Supplement*, 6(4). Available at: http://www.bruno-latour.fr/sites/default/files/P-129-THES-GB.pdf

Latour, B. (2013) *An Inquiry into Modes of Existence*. Cambridge, MA: Harvard University Press.

Latour, B., Jensen, P., Venturini, T., Grauwin, S. and Boullier, D. (2012) 'The Whole is Always Smaller than its Parts: A Digital Test of Gabriel Tardes' Monads', *British Journal of Sociology*, 63(4): 590-615.

Leal, O. F. (1995) 'Popular Taste and Erudite Repertoire', in Jackson, S. and Moores, S. (eds.) *The Politics of Domestic Consumption*. London: Prentice Hall, pp.314-320.

Lee, H. and Sawyer, S. (2010) 'Conceptualizing Time, Space and Computing for Work and Organizing', *Time & Society*, 19(3): 293-317.

Lefebvre, H. (1991) *The Production of Space*. Oxford: Blackwell.

Lemos, A. (2009) 'Mobile Communication and New Sense of Places', *Revista Galáxia*, 16(1): 91-108.

Leurs, K. (2015) *Digital Passages*. Amsterdam: Amsterdam University Press.

Levinson, S. C. (1983) *Pragmatics*. Cambridge: Cambridge University Press.

Levy, S. (1984) *Hackers: Heroes of the Computer Revolution*. New York: Doubleday.

Lewis, D. (1969) *Convention: A Philosophical Study*. Cambridge, MA: Harvard University Press.

Licoppe, C. (2004) '"Connected" Presence', *Environment and Planning D*, 22(1): 135-156.

Lin, Y.-W. (2011) 'A Qualitative Enquiry into OpenStreetMap Making', *New Review of Hypermedia and Multimedia*, 17(1): 53-71.

Lindlof, T. R. (1988) 'Media Audiences as Interpretive Communities', *Communication Yearbook*, 11(1): 81-107.

Ling, R. (2012) *Taken for Grantedness*. Cambridge, MA: MIT Press.

Lippmann, W. (1993) [1925] *The Phantom Public*. Edison, NJ: Transaction Publishers.

Lissack, M. R. (1999) 'Complexity: The Science, its Vocabulary, and its Relation to Organizations', *Emergence*, 1(1): 110-126.

Litt, E. (2012) 'Knock Knock. Who's There? The Imagined Audience', *Journal of Broadcasting and Electronic Media*, 56(3): 330-345.

Livingstone, S. (2004) 'The Challenge of Changing Audiences', *European Journal of Communication*, 19(1): 75-86.

Livingstone, S. (2009) 'On the Mediation of Everything', *Journal of Communication*, 59(1): 1-18.

Livingstone, S. and Sefton-Green, J. (2016) *The Class. Living and Learning in the Digital Age*. New York: New York University Press.

Lohmeier, C. and Pentzold, C. (2014) 'Making Mediated Memory Work: Cuban-Americans, Miami Media and the Doings of Diaspora Memories', *Media, Culture &*

Society, 36(6): 776-789.

Loosen, W. and Schmidt, J. (2012) '(Re-)discovering the Audience', *Information, Communication & Society*, 15(6): 867-887.

Losh, E. (2014) 'Beyond Biometrics: Feminist Media Theory Looks at Selfiecity', *Selfiecity*. Available at: http://selfiecity.net/

Lotan, G. (2011) 'Data Reveals that "Occupying" Twitter Trending Topics is Harder than it Looks!', *SocialFlow*. Available at: http://blog.socialflow.com/post/7120244374/data-reveals-that-occupying--twitter-trending-topics-is-harder-than-it-looks

Lovibond, S. (2002) *Ethical Formation*. Cambridge, MA: Harvard University Press.

Luckmann, B. (1970) 'The Small Life-worlds of Modern Man', *Social Research*, 37(4): 580-596.

Luckmann, T. (1991) 'The Constitution of Human Life in Time' in Bender, J. and Wellbery, D. (eds.) *Chronotypes*. Stanford, CA: Stanford University Press, pp.151-166.

Luhmann, N. (1994) [1968] 'Die Knappheit der Zeit und die Vordringlichkeit des Befristeten', in Luhmann, N. (ed.) *Politische Planung*. Opladen: Westdeutscher Verlag.

Luhmann, N. (1999) *The Reality of the Mass Media*. Cambridge: Polity.

Luhmann, N. (2012) *Theory of Society. Volume 1*. Stanford, CA: Stanford University Press.

Lundby, K. (2009) 'Introduction: "Mediatization" as a Key', in Lundby, K. (ed.) *Mediatization*. New York: Peter Lang, pp.1-18.

Lundby, K. (2013) 'Media and Transformations of Religion', in Lundby, K. (ed.) *Religion Across Media*. New York: Peter Lang, pp.185-202.

Lundby, K. (2014) 'Mediatization of Communication', in Lundby, K. (ed.) *Mediatization of Communication*. Berlin: de Gruyter, pp.3-35.

Lunt, P. and Livingstone, S. M. (2013) 'Media Studies' Fascination with the Concept of the Public Sphere: Critical Reflections and Emerging Debates', *Media, Culture & Society*, 35(1): 87-96.

Lupton, D. (2013) 'The Commodification of Patient Opinion: The Digital Patient Experience Economy in the Age of Big Data', *Sociology of Health and Illness*, 36(6): 856-869.

Lupton, D. (2014) 'You are Your Data'. Available at: http://papers.ssrn.com/sol3/papers.cfm?abstract_id=2534211

Lupton, D. (2015) *Digital Sociology*. London: Routledge.

Lury, C., Parisi, L. and Terranova, T. (2012) 'Introduction: The Becoming Topological of Culture', *Theory, Culture & Society*, 29(4/5): 3-35.

Lyon, D. (2003) 'Surveillance as Social Sorting', in Lyon, D. (ed.) *Surveillance as*

Social Sorting. London: Routledge, pp.13-30.

MacDonald, R. (2015) '"Going Back in a Heartbeat": Collective Memory and the online circulation of family photographs', *Photographies* 8(1): 23-42.

MacIntyre, A. (1981) *After Virtue*. London: Duckworth.

MacKenzie, A. (2006) *Cutting Code*. New York: Peter Lang.

MacKenzie, D. and Wajcman, J. (1999) *The Social Shaping of Technology*. Milton Keynes: Open University Press.

Madianou, M. (2014) 'Polymedia Communication and Mediatized Migration', in Lundby, K. (ed.) *Mediatization of Communication*. Berlin: de Gruyter, pp.323-348.

Madianou, M. and Miller, D. (2012) *Migration and New Media*. London: Routledge.

Madianou, M. and Miller, D. (2013) 'Polymedia', *International Journal of Cultural Studies*, 16(2): 169-187.

Magasic, M. (2014) 'Travel Blogging', *First Monday*, 19(7). doi: 10.5210/fm.v19i7.4887.

Malvern, J. (2015) 'Vinyl Junkies Send Records Racing Back Up the Charts', *The Times*. Available at: http://www.thetimes.co.uk/tto/arts/music/article4409436.ece

Manheim, E. (1933) *Die Träger der öffentlichen Meinung*. Brünn: Verlag Rudolf M. Rohrer.

Manovich, L. (2001) *The Language of New Media*. Cambridge, MA: MIT Press.

Manovich, L. (2013) *Software Takes Command*. New York: Bloomsbury.

Mansell, R. (2012) *Imagining the Internet*. Oxford: Oxford University Press.

Mansell, R. and Silverstone, R. (1998) *Communication by Design*. Milton Keynes: Oxford University Press.

Marres, N. (2007) 'The Issues Deserve More Credit: Pragmatist Contributions to the Study of Public Involvement in Controversy', *Social Studies of Science*, 37(5): 759-780.

Marston, S., Jones, J. and Woodward, K. (2005) 'Human Geography without Scale', *Transactions of the Institute of British Geographers*, 30(4): 416-432.

Martin, L. and Secor, A. J. (2014) 'Towards a Post-Mathematical Topology', *Progress in Human Geography*, 38(3): 420-438.

Martín-Barbero, J. (1993) *Communication, Culture, and Hegemony*. London: Sage.

Martín-Barbero, J. (2006) 'A Latin American Perspective on Communication/Cultural Mediation', *Global Media and Communication*, 2(3): 279-297.

Martuccelli, D. (2002) *Grammaires de L'Individu*. Paris: Gallimard.

Marwick, A. E. (2015) 'Instafame: Luxury Selfies in the Attention Economy', *Public Culture*, 27(175): 137-160.

Massey, D. (1992) 'Politics and Space/Time', *New Left Review*, 1(196): 65-84.

Mattelart, A. (1994) *Mapping World Communication*. Minneapolis, MN: Minnesota

University Press.

Mattelart, T. (2009) 'Audio-visual Piracy', *Global Media and Communication*, 5(3): 308-326.

Mattelart, A. (2010) *The Globalization of Surveillance*. Cambridge: Polity.

Mattoni, A. and Treré, E. (2014) 'Media Practices, Mediation Processes, and Mediatization in the Study of Social Movements', *Communication Theory*, 24(3): 252-271.

Mauss, M. (1980) [1938] 'A Category of the Human Mind', in Carruthers, M., Collins, S. and Lukes, S. (eds.) *The Category of the Person*. Cambridge: Cambridge University Press, pp.1-26.

Mayntz, R. and Scharpf, F. W. (1995) 'Der Ansatz des Akteurszentrierten Institutionalismus', in Mayntz, R. and Scharpf, F. W. (eds.) *Gesellschaftliche Selbstregelung und Politische Steuerung*. Frankfurt am Main: Campus, pp.39-72.

Mazzucatto, M. (2013) *The Entrepreneurial State*. London: Anthem Books.

McDermott, J. P. (2006) *A Social History of the Chinese Book*. Hong Kong: Hong Kong University Press.

McDowell, J. (1994) *Mind and World*. Cambridge, MA: Harvard University Press.

McFedries, P. (2003) 'Mobs R Us', *IEEE Spectrum*, 40(10), p.56.

McGann, J. G. and Sabatini, R. (2011) *Global Think Tanks: Policy Networks and Governance*. London: Routledge.

McLuhan, M. (1962) *The Gutenberg Galaxy*. Toronto: University of Toronto Press.

McLuhan, M. (1987) [1964] *Understanding Media*. London: Ark Paperbacks.

McLuhan, M. and Lapham, L. H. (1994) *Understanding Media*, MA: MIT Press.

McLuhan, M. and Powers, B. R. (1992) *The Global Village*. Oxford: Oxford University Press.

Mead, G. H. (1967) [1934] *Mind, Self and Society*. Chicago, IL: Chicago University Press.

Meier, F. and Schimank, U. (2012) *Organisation und Organisationsgesellschaft*. Hagen: Fernuniversität Hagen.

Mejias, U. (2013) *Off the Network*. Minneapolis, MN: Minnesota University Press.

Merten, K. (1994) 'Evolution der Kommunikation', in Merten, K., Schmidt, S. J. and Weischenberg, S. (eds.) *Die Wirklichkeit der Medien. Eine Einführung in die Kommunikationswissenschaft*. Opladen: Westdeutscher Verlag, pp.141-162.

Merzeau, L. (2009) 'Présence Numérique: Les Médiations de L'identité', *Les Enjeux de L'information et de la Communication*, 1(1): 79-91.

Mesjasz, C. (2010) 'Complexity of Social Systems', *Acta Physica Polonica-Series A General Physics*, 117(4), p.700.

Meyer, B. and Moors, A. (2006) *Religion, Media, and the Public Sphere*. Bloomington,

IN: Indiana University Press.

Meyer, J. W. and Rowan, B. (1977) 'Institutionalized Organizations', *American Journal of Sociology*: 340-363.

Meyer, T. (2003) *Media Democracy*. Cambridge: Polity.

Meyrowitz, J. (1985) *No Sense of Place*. New York: Oxford University Press.

Meyrowitz, J. (1995) 'Medium Theory', in Crowley, D. J. and Mitchell, D. (eds.) *Communication Theory Today*. Cambridge: Polity, pp.50-77.

Meyrowitz, J. (2009) 'Medium Theory: An Alternative to the Dominant Paradigm of Media Effects', in Nabi, R. L. and Oliver, M. B. (eds.) *The Sage Handbook of Media Processes and Effects*. Thousand Oaks, CA: Sage, pp.517-530.

Mihailidis, P. (2014) 'A Tethered Generation: Exploring the role of mobile phones in the daily life of young people'. *Mobile Media and Generation*, 2(1): 58-72.

Min, J. and Lee, H. (2011) 'The Change in User and IT Dynamics', *Computers in Human Behaviour*, 27(6): 2339-2351.

Mitchell, M. (2009) *Complexity: A Guided Tour*. Oxford: Oxford University Press.

Moon-Year, P. (2004) 'A Study on the Type Casting, Setting and Printing Method of "Buljo-Jikji-Simche-Yoyrol"', *Gutenberg-Jahrbuch*, 79(1): 32-46.

Moore, M. (2015) 'German hotel group offers ultimate luxury — check in to check out of web'. *Financial Times*, 26 June.

Moores, S. (2004) 'The Doubling of Place: Electronic Media, Time-space Arrangements and Social Relationships', in Couldry, N. and McCarthy, A. (eds.) *MediaSpace*. London: Routledge, pp.21-36.

Morley, D. (1986) *Family Television*. London: Comedia.

Morley, D. (2000) *Home Territories: Media, Mobility and Identity*. London: Routledge.

Morozov, E. (2015) 'El Derecho a Desconectarse', *El País*. Available at: http://elpais.com/elpais/2015/04/05/opinion/1428258905_239072.html

Mortensen, M. (2013) 'War', in Simonson, P., Peck, J., Craig, R. and Jackson, P. (eds.) *The Handbook of Communication History*. London: Routledge, pp.331-346.

Mosco, V. (2014) *To the Cloud: Big Data in a Turbulent World*. Boulder, CO: Paradigm.

Muniz, A. M. and O'Guinn, T. C. (2001) 'Brand Community', *Journal of Consumer Research*, 27(4): 412-432.

Murphy, P. D. and Rodríguez, C. (2006) 'Introduction: Between Macondo and McWorld: Communication and Culture Studies in Latin America', *Global Media and Communication*, 2(3): 267-277.

Nafus, D. and Sherman, J. (2014) 'This One Does Not Go Up to 11: The Quantified

Self Movement as an Alternative Big Data Practice', *International Journal of Communication*, 8(11): 1784-1794.

Napoli, P. M. (2014) 'Automated Media', *Communication Theory*, 24(3): 340-360.

Narayanan, A. and Felten, E. W. (2014) 'No silver bullet: De-identification still doesn't work', unpublished manuscript, http://randomwalker.info/publications/no-silver-bullet-de-identification.pdf

Neddermeyer, U. (1998) *Von der Handschrift zum gedruckten Buch. Quantitative und qualitative Aspekte. 2 Teile (Text und Anlagen)*. Wiesbaden: Harrassowitz.

Nederveen Pieterse, J. (1995) 'Globalization as Hybridization', in Featherstone, M., Lash, S. and Robertson, R. (eds.) *Global Modernities*. London: Sage, pp.45-68.

Negt, O. and Kluge, A. (1993) *Public Sphere and Experience*. Minneapolis, MN: University of Minnesota Press.

Neverla, I. (2002) 'Die Polychrone Gesellschaft und Ihre Medien', *Medien & Zeit*, 17(2): 46-52.

Neverla, I. (2010) 'Medien als Soziale Zeitgeber im Alltag', in Hepp, A. and Hartmann, M. (eds.) *Die Mediatisierung der Alltagswelt*. Wiesbaden: VS, pp.183-194.

Neyland, D. (2015) 'On Organizing Algorithms', *Theory, Culture & Society*, 32(1): 119-132.

Nielsen, R. K. (2012) *Ground Wars: Personalized Communication in Political Campaigns*. Princeton, NJ: Princeton University Press.

Nicolini, D. (2007) 'Stretching Out and Expanding Work Practices in Time and Space', *Human Relations*, 60(6): 889-920.

Nietzsche, F. (1990) [1887] *Beyond Good and Evil*. Translated by R. J. Hollingdale. Harmondsworth: Penguin.

Nissenbaum, H. (2004) 'Privacy as Contextual Integrity', *Washington Law Review*, 79(1): 119-158.

Nissenbaum, H. (2010) *Privacy in Context*. Stanford, CA: Stanford University Press.

Noveck, B. (2009) *Wikigovernment*. Washington, DC: Brookings Institution Press.

Nowotny, H. (1994) *Time: The Modern and Postmodern Experience*. Cambridge: Polity.

Nussbaum, M. and Sen, A. (1993) *The Quality of Life*. Oxford: Oxford University Press.

Offe, C. (1987) 'The Utopia of the Zero-Option: Modernity and Modernization as Normative Political Criteria', *Praxis International*, 7(1): 1-24.

Office for National Statistics (2015) 'Internet Access — Households and Individuals 2015', *Great Britain*. Available at: http://www.ons.gov.uk/ons/dcp171778_412758.pdf

Oggolder, C. (2014) 'When Curiosity met Printing', in Butsch, R. and Livingstone, S. M. (eds.) *Meanings of Audiences*. London: Routledge, pp.37-49.

Ohm, P. (2010) 'Broken Promises of Privacy', *UCLA Law Review*, 57(1): 1701-1777.

Olofsson, J. K. (2010) 'Mass Movements in Computer-Mediated Environments', *Information, Communication & Society*, 13(5): 765-784.

Ong, W. J. (2002) *Orality and Literacy*. London u. a.: Routledge.

Orlikowski, W. J. (2010) 'The Sociomateriality of Organisational Life: Considering Technology in Management Research', *Cambridge Journal of Economics*, 34(1): 125-141.

Orlikowski, W. J. and Scott S. V. (2014) 'The Algorithm and the Crowd', *MIS Quarterly*, 39(1): 201-216.

Øyvind, I. and Pallas, J. (2014) 'Mediatization of Coorporations', in Lundby, K. (ed.) *Mediatization of Communication*. Berlin: de Gruyter, pp.423-442.

Palaiologou, I. (2014). 'Children Under Five and Digital Technologies', *European Early Childhood Education Research Journal*, doi: 10.1080/1350293X.2014.929876.

Palfrey, J. and Gasser, U. (2008) *Born Digital*. Revd edn. New York: Basic Books.

Pallas, J., Strannegard, L. and Jonsson, S. (eds.) (2014) *Organisations and the media*. London and New York: Routledge.

Pan, Z., Yan, W., Jung, G. and Zheng, J. (2011) 'Exploring Structured Inequality in Internet Use Behavior', *Asian Journal of Communication*, 21(2): 116-132.

Papacharissi, Z. (2010) *A Private Sphere*. Cambridge: Polity.

Papacharissi, Z. (2015) *Affective Publics*. Oxford: Oxford University Press.

Papacharissi, Z. and Easton, E. (2013) 'In the Habitus of the New' in Hartley, J., Burgess, J. and Bruns, A. (eds.) *A Companion to New Media Dynamics*. Chichester: Wiley, pp.171-184.

Parikka, J. (2013) *What is Media Archaeology?* Cambridge: Polity.

Pariser, E. (2011) *The Filter Bubble*. New York: Viking/Penguin.

Parks, L. and Schwoch, J. (2012) *Down to Earth: Satellite Technologies, Industries and Cultures*. New Brunswick, NJ: Rutgers University Press.

Parsons, T (1966) *Societies*. Prentice-Hall, Inc., Englewood Cliffs, New Jersey.

Pasquale, F. (2015) *The Black Box Society*. Cambridge, MA: Harvard University Press.

Passoth, J.-H., Sutter, T. and Wehner, J. (2014) 'The Quantified Listener', in Hepp, A. and Krotz, F. (eds.) *Mediatized Worlds*. London: Palgrave, pp.271-287.

Peil, C. and Röser, J. (2014) 'The Meaning of Home in the Context of Digitization, Mobilization and Mediatization', in Hepp, A. and Krotz, F. (eds.) *Mediatized Worlds*. London: Palgrave, pp.233-249.

Penney, J. and Dadas, C. (2014) '(Re)Tweeting in the Service of Protest', *New Media & Society*, 16(1): 74-90.

Pentzold, C., Lohmeier, C. and Hajek, A. (2016) 'Introduction: Remembering and Reviving in States of Flux', in Hajek, A., Lohmeier, C. and Pentzold, C. (eds.) *Memory in a Mediated World*. Basingstoke: Palgrave Macmillan, pp.1-12.

Peters, J. D. (1999) *Speaking into the Air*. Chicago, IL: Chicago University Press.

Pew Research Centre (2012) 'The Rise of the "Connected Viewer"', http://www.pewinternet.org/2012/07/17/the-rise-of-the-connected-viewer/

Pfadenhauer, M. (2010) 'Artefakt-Gemeinschaften?! Technikverwendung und Entwicklung in Aneignungskulturen', in Honer, A., Meuser, M. and Pfadenhauer, M. (eds.) *Fragile Sozialität*. Wiesbaden: VS, pp.355-370.

Pfadenhauer, M. (2014) 'On the Sociality of Social Robots', *Science, Technology & Innovation Studies*, 10(1): 135-153.

Pfadenhauer, M. and Dukat, C. (2015) 'Robot Caregiver or Robot-Supported Caregiving?: The Performative Deployment of the Social Robot PARO in Dementia Care', *International Journal of Social Robotics*, 7(3): 393-406.

Phillips, J. (2006) 'Agencement/Assemblage', *Theory, Culture & Society*, 23(2/3): 108-109.

Phillips, J. W. (2013) 'On Topology', *Theory, Culture & Society*, 30(5): 122-152.

Pickering, A. (1995) *The Mangle of Practice*. Chicago, IL: Chicago University Press.

Pinkard, T (2012) *Hegel's Naturalism*. Oxford: Oxford University Press.

Pippin, R. (2008) *Hegel's Practical Philosophy*. Cambridge: Cambridge University Press.

Plantin, J.-C., Sandvig, C. (forthcoming) 'Beneath It All: Infrastructure Studies Meet Platform Studies in the Age of Google and Facebook', *New Media & Society*.

Poe, M. T. (2011) *A History of Communications*. Cambridge: Cambridge University Press.

Poell, T. and Van Dijck, J. (2015) 'Social Media and Activist Communication', in Atton, C (ed.) *The Routledge Companion to Alternative and Community Media*. London: Routledge, pp.527-537.

Pollio, D. E., Batey, D. S., Bender, K., Ferguson, K. and Thompson, S. J. (2013) 'Technology Use Among Emerging Adult Homeless in Two US Cities', *Social Work*, 58(2): 173-175.

Porta, D. D. (2013) 'Bridging Research on Democracy, Social Movements and Communication', in Cammaerts, B., Mattoni, A. and McCurdy, P. (eds.) *Mediation and Protest Movements*. Bristol: Intellect, pp.21-38.

Porter, T. (1995) *Trust in Numbers: The Pursuit of Objectivity in Science and Public Life*. Princeton, NJ: Princeton University Press.

Postill, J. (2011) *Localizing the Internet*. New York: Berghahn.
Postill, J. (2014) 'Democracy in an Age of Viral Reality: A Media Epidemiography of Spain's Indignados Movement', *Ethnography*, 15(1): 51-69.
Pred, A. (1990) *Making Histories and Constructing Human Geographies*. Boulder, CO: Westview Press.
Qiu, J. L. (2009) *Working-class Network Society: Communication Technology and the Information Have-less in Urban China*. Cambridge, MA: MIT Press.
Qvortrup, L. (2006) 'Understanding New Digital Media Medium Theory or Complexity Theory', *European Journal of Communication*, 21(3): 345-356.
Radway, J. (1984) 'Interpretive Communities and Variable Literacies', *Daedalus*, 113(3): 49-73.
Rainie, L. and Wellman, B. (2012) *Networked: The New Social Operating System*. Cambridge, MA: MIT Press.
Rantanen, T. (2009) *When News Was New*. Malden, MA: Wiley-Blackwell.
Reese, S. D., Hyun, K. and Jeong, J. (2007) 'Mapping the Blogosphere', *Journalism*, 8(3): 235-261.
Rheingold, H. (1995) *The Virtual Community*. London: Minerva.
Rheingold, H. (2003) *Smart Mobs: The Next Social Revolution*. Cambridge, MA: Perseus Publishing.
Ricoeur, P. (1980) 'The Model of the Text', in Ricoeur, P. and Thompson, J. B. (eds.) *Hermeneutics and the Human Sciences*. Cambridge: Cambridge University Press, pp.197-221.
Ricoeur, P. (1984a) *Time and Narrative. Volume 1*. Chicago, IL: Chicago University Press.
Ricoeur, P. (1984b) *Time and Narrative. Volume 2*. Chicago, IL: Chicago University Press.
Risse, T. (2010) *A Community of Europeans?* New York: Cornell University Press.
Risse, T. (2015) 'European Public Spheres, the Politicization of EU Affairs, and its Consequences', in Risse, T. (ed.) *European Public Spheres*. Cambridge: Cambridge University Press, pp.141-164.
Ritzer, G. and Jurgenson, N. (2010) 'Production, Consumption, Prosumption', *Journal of Consumer Culture*, 10(1): 13-36.
Robichaud, D., Giroux, H. and Taylor, J. R. (2004) 'The Metaconversation: The Recursive Property of Language as a Key to Organizing', *Academy of Management Review*, 29(4): 617-634.
Rodriguez, C. (2001) *Fissures in the Mediascape*. Creskill, NJ: The Hampton Press.
Rogers, A. (2013) *Cinematic Appeals*. New York: Columbia University Press.
Rogers, E. M. (2003) *Diffusion of Innovations*. 5th edn. New York: Free Press.

Rogers, R. (2013) *Digital Methods*. Cambridge, MA: MIT Press.
Rosa, H. (2013) *Social Acceleration*. New York: Columbia University Press.
Rosanvallon, P. (2009) *CounterDemocracy*. Princeton, NJ: Princeton University Press.
Rosen, J. (2006) 'The People Formerly Known as the Audience'. Available at: http://journalism.nyu.edu/pubzone/weblongs/pressthink/2006/06/27/ppl_frmr_p.html
Rosen, D., Lafontaine, P. R. and Hendrickson, B. (2011) 'CouchSurfing', *New Media & Society*, 13(6): 981–998.
Rucht, D. and Neidhart, F. (2002) 'Towards a "Movement Society"?', *Social Movement Studies*, 1(1): 7–30.
Ruckenstein, M. (2014) 'Visualized and Interacted Life', *Societies*, 4: 68–84.
Ruppert, E. (2011) 'Population Objects: Interpassive Subjects', *Sociology*, 45(2): 218–233.
Ruppert, E., Law, J. and Savage, M. (2013) 'Reassembling Social Science Methods', *Theory, Culture & Society*, 30(4): 22–46.
Salgado, J. and Hermans, B. (2005) 'The Return of Subjectivity', *E-Journal of Applied Psychology: Clinical Section*, 1(1): 3–13.
Salvo, J. (2013) 'Reflections on Occupy Wall Street', *Cultural Studies <=> Critical Methodologies*, 13(3): 143–149.
Sandry, E. (2015) 'Re-evaluating the Form and Communication of Social Robots', *International Journal of Social Robotics*, 7(3): 335–346.
Sarker, S. and Sahay, S. (2004) 'Implications of Space and Time for Distributed Work: An Interpretive Study of US-Norwegian Systems Development Teams', *European Journal of Information Systems*, 13(1): 3–20.
Sassen, S. (2006) *Territory, Authority, Rights*. Princeton, NJ: Princeton University Press.
Savage, M. and Burrows, R. (2007) 'The Coming Crisis of Empirical Sociology', *Sociology*, 41(5): 885–899.
Sayer, D. (2011) *Why Things Matter to People*. Cambridge: Cambridge University Press.
Scammell, M. (1993) *Designer Politics*. Basingstoke: Palgrave Macmillan.
Scannell, P. (1989) 'Public Service Broadcasting and Modern Public Life', *Media, Culture and Society*, 2(11): 135–166.
Scannell, P. (1996) *Radio, Television and Modern Life*. Oxford: Blackwell.
Scannell, P. (2002) 'Big Brother as Television Event', *Television & New Media*, 3(3): 271–282.
Scharpf, F. W. (1997) *Games Real Actors Play: Actor-centered Institutionalism in Policy Research*. Boulder, CO: Westview Press.
Schatzki, T. (1996) *Social Practices*. Cambridge: Cambridge University Press.

Scheffler, S. (2013) *Death and the Afterlife*. New York: Oxford University Press.
Schimank, U. (2010) *Handeln und Strukturen*, 4. Auflage. Weinheim: Juventa.
Schivelbusch, W. (1986) *The Railway Journey*. Berkeley, CA: University of California Press.
Schlegloff, E. A. (2002) 'Beginnings in the Telephone', in Katz, J. E. and Aakhus, M. (eds.) *Perpetual Contact*. Cambridge: Cambridge University Press.
Schlesinger, P. and Doyle, G. (2014) 'From Organizational Crisis to Multi-Platform Salvation?', *Journalism*, 16(3): 305-323.
Schmidt, J. (2007) 'Blogging Practices', *Journal of Computer-Mediated Communication*, 12(4): 1409-1427.
Schmidt, J.-H. (2013) 'Persönliche Öffentlichkeiten und Privatsphäre im Social Web', in Halft, S. and Krah, H. (eds.) *Privatheit*. Passau: Karl Stutz, pp.121-137.
Schnapp, J. T. and Tiews, M. (2006) *Crowds and Collectivities in Networked Electoral Politics*. Stanford, CA: Stanford University Press.
Scholz, T. (2013) *Digital Labor: The Internet as Playground and Factory*. New York: Routledge.
Schrøder, K. C. and Kobbernagel, C. (2010) 'Towards a Typology of Crossmedia News Consumption', *Northern Lights*, 8(1): 115-137.
Schultz, F., Suddaby, R. and Cornelissen, J. P. (2014) 'The Role of Business Media in Constructing Rational Myths of Organizations', in Pallas, J., Strannegard, L. and Jonsson, S. (eds.) *Organisations and the Media*. London: Routledge, pp.13-32.
Schulz, W. (2014) 'Mediatization and New Media', in Esser, F. and Strömbäck, J. (eds.) *Mediatization of Politics*. Houndmills: Palgrave Macmillan, pp.57-73.
Schüttpelz, E. (2013) 'Elemente Einer Akteur-Medien-Theorie', in Thielmann, T. and Schüttpelz, E. (eds.) *Akteur-Medien-Theorie*. Bielefeld: Transcript, pp.9-67.
Schütz, A. (1964) 'The Well-informed Citizen', in Schütz, A. and Brodersen, A. (eds.) *Collected Papers, Volume II: Studies in Social Theory*. The Hague: Martinus Nijhoff, pp.120-134.
Schütz, A. (1967) [1932] *The Phenomenology of the Social World*. Evanston, IL: Northwestern University Press.
Schütz, A. and Luckmann, T. (1973) *The Structures of the Life World. Volume II*. Evanston, IL: Northwestern University Press.
Schwanen, T. and Kwan, M.-P. (2008) 'The Internet, Mobile Phone and Space-Time Constraints', *Geoforum*, 39(3): 1362-1377.
Schwarz, O. (2010) 'On Friendship, Boobs and the Logic of the Catalogue', *Convergence*, 16(2): 163-183.
Schwarz, O. (2011) 'Who Moved my Conversation? Instant Messaging, Intertextuality and New Regimes of Intimacy and Truth', *Media, Culture & Society*, 33(1):

71-87.

Scott, J. (1998) *Seeing Like a State*. New Haven, CT: Yale University Press.

Scott, S. and Orlikowski, W. (2013) 'Sociomateriality — Taking the Wrong Turning? A Response to Mutch', *Information and Organization*, 23(2): 77-80.

Searle, J. R. (1969) *Speech Acts*. Cambridge: Cambridge University Press.

Searle, J. R. (1995) *The Construction of Social Reality*. Harmondsworth: Penguin.

Searle, J. R. (2011) *Making the Social World*. Oxford: Oxford University Press.

Seib, P. M. and Janbek, D. M. (2011) *Global Terrorism and New Media*. New York: Routledge.

Selwyn, N. (2014) *Distrusting Educational Technology*. New York: Routledge.

Selwyn, N. (2015) 'Data Entry: Toward the Critical Study of Digital Data and Education', *Learning, Media and Technology*, 40(1): 64-82.

Senft, T. M. and Baym, N. K. (2015) 'What Does the Selfie Say?', *International Journal of Communication*, 9(1): 1588-1606.

Sennett, R. (1998) *The Corrosion of Character: Personal Consequences of Work in the New Capitalism*. New York: W. W. Norton & Company.

Sewell, W. H. (2005) *Logics of History*. Chicago, IL: University of Chicago Press.

Shannon, C. E. and Weaver, W. (1959) 'The Mathematical Theory of Communication', *The Bell System Technical Journal*, 27(3): 379-423.

Shaw, S. E., Russell, J., Greenhalgh, T. and Korica, M. (2014) 'Thinking about Think Tanks in Health Care', *Sociology of Health and Illness*, 36(3): 447-461.

Shibutani, T. (1955) 'Reference Groups as Perspectives', *American Journal of Sociology*, 60(6): 562-569.

Sibley, D. (1988) 'Survey 13: Purification of Space,' *Environment and Planning D: Society and Space*, 6(4): 409-421.

Silverstone, R. (2005) 'The Sociology of Mediation and Communication', in Calhoun, C., Rojek, C. and Turner, B. (eds.) *Sage Handbook of Sociology*. London: Sage, pp.188-207.

Silverstone, R. (2006) 'Domesticating Domestication', in Berker, T., Hartmann, M., Punie, Y. and Ward, K. (eds.) *Domestication of Media and Technology*. London: Open University Press, pp.229-248.

Silverstone, R. and Hirsch, E. (1992) *Consuming Technologies*. London: Routledge.

Simmel, G. (1971) *On Individuality and Social Forms*. Chicago, IL: Chicago University Press.

Simmel, G. (1992) [1908] *Soziologie. Untersuchungen über die Formen der Vergesellschaftung*. Frankfurt am Main: Suhrkamp.

Skeggs, B. (1994) *Becoming Respectable: Formations of Class and Gender*. London: Sage.

Skey, M. (2014) 'The Mediation of Nationhood: Communicating the World as a World of Nations', *Communication Theory*, 24(1): 1-20.

Slater, D. (2013) *New Media, Development and Globalization*. Cambridge: Polity.

Sloss, R. (1910) 'Das Drahlose Jahrhundert', in Brehmer, M. (ed.) *Die Welt in Hundert Jahren*. Reprint 2013, Berlin: Verlagsanstalt Buntdruck, pp.27-48.

Smith, N. (1990) *Uneven Development: Nature, Capital and the Production of Space*. Oxford: Blackwell.

Southerton, D. (2003) 'Squeezing Time', *Time & Society*, 12(1): 5-25.

Southerton, D. and Tomlinson, M. (2005) '"Pressed for Time" — The Differential Impacts of a "Time Squeeze"', *The Sociological Review*, 53(2): 215-239.

Sperling, G. (2015) 'How Airbnb Combats Middle Class Income Stagnation', *Airbnb*. Available at: http://publicpolicy.airbnb.com/new-report-impact-airbnb-middle-class-income-stagnation/

Spitulnik, D. (1993) 'Anthropology and Mass Media', *Annual Review of Anthropology*, 22(1): 293-315.

Spitulnik, D. (2010) 'Personal News and the Price of Public Service', in Bird, S. E. (ed.) *The Anthropology of News and Journalism: Global Perspectives*. Bloomington, IN: Indiana University Press, pp.182-193.

Stage, C. (2013) 'The Online Crowd: A Contradiction in Terms? On the Potentials of Gustave Le Bon's Crowd Psychology in an Analysis of Affective Blogging', *Distinktion: Scandinavian Journal of Social Theory*, 14(1): 211-226.

Stäheli, U. (2012) 'Infrastrukturen des Kollektiven', *Zeitschrift für Medien-und Kulturforschung*, 2(1): 99-116.

Stanyer, J. (2013) *Intimate Politics*. Cambridge: Polity.

Star, S. L. and Ruhleder, K. (1996) 'Steps Toward an Ecology of Infrastructure', *Information Systems Research*, 7(1): 111-134.

Starr, P. (2005) *The Creation of the Media*. New York: Basic Books.

Stephansen, H. (2016) 'Understanding Citizen Media as Practice', in Baker, M. and Blaagaard, B. (eds.) *Citizen Media and Public Spaces*. London: Routledge.

Sterne, J. (2014) '"What Do We Want?" "Materiality!" "When do We Want it?" "Now!"' in Boczkowski, P., Foot, K. and Gillespie, T. *Media Technologies*. Cambridge, MA: MIT Press, pp.119-128.

Stokes, B., Villanueva, G., Bar, F. and Ball-Rokeach, S. (2015) 'Mobile Design as Neighbourhood Acupuncture', *Journal of Urban Technology*, 22(3): 55-77.

Stone, D., Denham, A. and Garnett, M. (1998) *Think Tanks Across Nations*. Manchester: Manchester University Press.

Storsul, T. (2014) 'Deliberation or Self-presentation?: Young People, Politics and Social Media', *Nordicom Review*, 35(2): 17-28.

Straubhaar, J. D. (2007) *World Television*. London: Sage.
Strauss, A. (1978) 'A Social World Perspective', *Studies in Symbolic Interaction*, 1(1): 119-128.
Streeter, T. (2010) *The Net Effect*. New York: New York University Press.
Striphas, T. (2015) 'Algorithmic Culture', *European Journal of Cultural Studies*, 18 (4/5): 395-412.
Strömbäck, J. and Esser, F. (2014a) 'Introduction', *Journalism Practice*, 8(3): 245-257.
Strömbäck, J. and Esser, F. (2014b) 'Mediatization of Politics', in Esser, F. and Strömbäck, J. (eds.) *Mediatization of Politics*. Houndmills: Palgrave Macmillan, pp.3-28.
Swan, M. (2012) 'Health 2050: The Realization of Personalized Medicine through Crowdsourcing, the Quantified Self, and the Participatory Biocitizen', *Journal of Personalized Medicine*, 2(3): 93-118.
Swan, M. (2013) 'The Quantified Self', *Big Data*, 1(2): 85-99.
Tække, J. (2005) 'Media Sociography on Weblogs', *The Sixth Annual Media Ecology Association Convention*, New York: Fordham University, Lincoln Center Campus, 22-26 June 2005.
Takahashi, T. (2014) 'Youth, Social Media and Connectivity in Japan', in Sergeant, P. and Tagg, C. (eds.) *The Language of Social Media*. Basingstoke: Palgrave Macmillan, pp.186-207.
Tarde, G. (1901) *L'opinion et la Foule*. Paris: Presses Universitaires de France.
Tarde, G. (2000) [1899] *Social Laws*. Kitchener: Batoche Books.
Taylor, C. (2004) *Modern Social Imaginaries*. Durham, NC: Duke University Press.
Tazanu, P. (2012) *Being Available and Reachable*. Doctor of Philosophy Thesis. Bamenda: Langaa RPCIG. Available at: http://www.africanbookscollective.com/books/being-available-and-reachable
Tenbruck, F. H. (1972) 'Gesellschaft und Gesellschaften', in Bellebaum, A. (ed.) *Die Moderne Gesellschaft*. Freiburg: Herder, pp.54-71.
Tepe, D. and Hepp, A. (2008) 'Digitale Produktionsgemeinschaften', in Lutterbeck, B., Bärwolff, M. and Gehring, R. A. (eds.) *Open Source Jahrbuch*. Berlin: Lehmanns Media, pp.171-187.
Thomas, W. I. and Thomas, D. S. (1928) *The Child in America*. New York: Knopf.
Thompson, E. P. (1967) 'Time, Work-discipline and Industrial Capitalism', *Past & Present*, 38(1): 56-97.
Thompson, J. B. (1995) *The Media and Modernity*. Cambridge: Cambridge University Press.
Thompson, J. B. (2005a) *Books in the Digital Age*. Cambridge: Polity.

Thompson, J. B. (2005b) 'The New Visibility', *Theory Culture & Society*, 22(6): 31–51.

Thompson, J. B. (2010) *Merchants of Culture*. Cambridge: Polity.

Thorbjornsrud, K., Figenschou, T. U. and Ihlen, Ø. (2014) 'Mediatization in Public Bureaucracies', *Communications*, 39(1): 3–22.

Thornton, P., Ocasio, W. and Lounsbury, M. (2012) *The Institutional Logics Perspective*. Oxford: Oxford University Press.

Thrift, N. (2008) *Non-Representational Theory*. London: Routledge.

Thrift, N. and French, S. (2002) 'The Automatic Production of Space', *Transactions of the Institute of British Geographers*, 27(3): 309–335.

Tomlinson, J. (1999) *Globalization and Culture*. Cambridge: Polity.

Tomlinson, J. (2007) *The Culture of Speed*. New Delhi: Sage.

Tönnies, F. (2001) [1935] *Community and Civil Society*. Cambridge: Cambridge University Press.

Toombs, A., Bardzell, S. and Bardzell, J. (2014) 'Becoming Makers: Hackerspace Member Habits, Values, and Identities', *Journal of Peer Production*. Avail- able at: http://peerproduction. net/issues/issue-5-shared-machine-shops/peer-reviewed-articles/becoming-makers-hackerspace-member-habits-values-and-identities/

Touraine, A. (1981) *Return of the Actor*. Chicago, IL: Chicago University Press.

Treré, E. (2015) 'The Struggle Within: Discord, Conflict and Paranoia in Social Media Protest', in Dencik, L. and Leistert, O. (eds.) *Critical Perspectives on Social Media and Protest*. Boulder, CO: Rowman and Littlefield, pp.163–180.

Tse, Y.-K. (2014) 'Television's Changing Role in Social Togetherness in the Personalized Online Consumption of Foreign TV', *New Media & Society*. Available at: http://nms.sagepub.com/content/early/2014/12/18/1461444814564818.abstract

Tsimonis, G. and Dimitriadis, S. (2014) 'Brand Strategies in Social Media', *Marketing Intelligence & Plan*, 32(3): 328–344.

Tuan, Y-F. (1977) *Space and Place: The Perspective of Experience*. London: Edward Arnold.

Tucker, I. and Goodings, L. (2014) 'Mediation and Digital Intensities', *Social Science Information*, 53(3): 277–292.

Tucker, P. (2013) 'Had Big Data Made Anonymity Impossible?', *MIT Technology Review*. Available at: http://www.technologyreview.com/news/514351/has-big-data-made-anonymity-impossible/

Turkle, S. (1996) *Life on the Screen*. London: Weidenfeld & Nicolson.

Turkle, S. (2011) *Alone Together: Why We Expect More from Technology and Less from Each Other*. New York: Basic Books.

Turkle, S. (2015) *Reclaiming Conversation*. New York: Penguin.

Turner, F. (2006) *From Counterculture to Cyberculture*. Chicago, IL: University of Chicago Press.

Turow, J. (2011) *The Daily You: How the New Advertising Industry is Defining Your Identity and Your Worth*. New Haven, CT: Yale University Press.

Vaast, E. (2007) 'The Presentation of Self in a Virtual but Work-related Environment', in Crowston, K. (ed.) *Virtuality and Virtualization*. Boston, MA: Springer, pp.183-199.

Vaccari, C. (2013) *Digital Politics in Western Democracies*. Baltimore, MD: Johns Hopkins University Press.

Valentine, G. (2006) 'Globalizing Intimacy', *Women's Studies Quarterly*, 34(1/2): 365-393.

van Dijck, J. (2007) *Mediated Memories in the Digital Age*. Stanford, CA: Stanford University Press.

van Dijck, J. (2013) *The Culture of Connectivity*. Oxford: Oxford University Press.

van Dijck, J. (2014) 'Datafication, Dataism and Dataveillance', *Surveillance and Society*, 12(2): 197-208.

Venturini, T. (2012) 'Building on Faults: How to Represent Controversies with Digital Methods', *Public Understanding of Science*, 21(7): 796-812.

Venturini, T. and Latour, B. (2010) 'The Social Fabric', *Proceedings of Future En Seine*, 30-15.

Verón, E. (2014) 'Mediatization Theory', in Lundby, K. (ed.) *Mediatization of Communication*. Berlin: de Gruyter, pp.163-172.

Vicari, S. (2015) 'Exploring the Cuban Blogosphere', *New Media & Society*, 17(9): 1492-1512.

Villi, M. (2012) 'Visual Chitchat: The Use of Camera Phones in Visual Interpersonal Communication', *Interactions: Studies in Communication & Culture*, 3(1): 39-54.

Virilio, P. (1997) *Open Sky*. London: Verso.

Voirol, O. (2005). 'Les Luttes pour la Visibilité', *Réseaux*, 1(129/130): 89-121.

von Uexküll, J. (2010) [1934/1940] *Foray into the Worlds of Animals and Humans*. Minneapolis, MN: University of Minnesota Press.

Wachelder, J. (2014) 'Toys, Christmas Gifts and Consumption Culture in London's Morning Chronicle', *Journal of the International Committee for the History of Technology*, 19(1): 13-32.

Waisbord, S. (2013a) 'A Metatheory of Mediatization and Globalization?', *Journal of Multicultural Discourses*, 8(3): 182-189.

Waisbord, S. (2013b) 'Media Policies and the Blindspots of Media Globalization', *Media, Culture & Society*, 35(1): 132-138.

Waisbord, Silvio (ed.) (2014) *Media Sociology*. Cambridge: Polity.

Wajcman, J. (2015) *Pressed for Time*. Chicago, IL: University of Chicago Press.

Wajcman, J., Bittman, M. and Brown, J. E. (2008) 'Families Without Borders', *Sociology*, 42(4): 635-652.

Walby, S. (2007) 'Complexity Theory, Systems Theory, and Multiple Intersecting Social Inequalities', *Philosophy of the Social Sciences*, 37(4): 449-470.

Wall, M., OtisCampbell, M. and Janbek, D. (2015) 'Syrian Refugees and Information Precarity', *New Media & Society*. Available at: http://nms.sagapub.com/content/early/2015/07/01/1461444815591967.full.pdf+html

Wasserman, H. (2011) 'Mobile Phones, Popular Media, and Everyday African Democracy', *Popular Communication*, 9(2): 146-158.

Wasserman, S. and Faust, K. (1994) *Social Network Analysis*. Cambridge: Cambridge University Press.

Weber, M. (1911) 'Geschäftsbericht', in Deutsche Gesellschaft für Soziologie, *Verhandlungen des Ersten Deutschen Soziologentages*. Tübingen: Mohr Verlag, pp.39-62.

Weber, M. (1947) *The Theory of Social and Economic Organization*. New York: Free Press.

Weber, M. (1972) [1921] *Wirtschaft und Gesellschaft*. Tübingen: Mohr Verlag.

Weber, M. (1978) *Economy and Society. Volume I*. Berkeley, CA: University of California Press.

Weber, M. (1988) [1904] *Gesammelte Aufsätze zur Wissenschaftslehre. Siebte Auflage*. Tübingen: Mohr Verlag.

Weick, K. E. (1979) *The Social Psychology of Organizing*. 2nd edn. New York: McGraw.

Weick, K. E., Sutcliffe, K. M. and Obstfeld, D. (2005) 'Organizing and the Process of Sensemaking', *Organization Science*, 16(4): 409-421.

Weimann, G. (2004) 'Cyberterrorism', *United States Institute of Peace*. Available at: http://www.usip.org/sites/default/files/sr119.pdf

Wellman, B. (1997) 'An Electronic Group is Virtually a Social Network', in Kieseler, S. (ed.) *Culture of the Internet*. Mahwah, NJ: Lawrence Erlbaum, pp.179-205.

Wellman, B., Quan-Haase, A., Boase, J., Chen, W., Hampton, K., Diaz, I. and Miyata, K. (2003) 'The Social Affordances of the Internet for Networked Individualism', *Journal of Computer-Mediated Communication*, 8(3), doi: 10.1111/j.1083-6101.2003.tb00216.x.

Weltevrede, E., Helmond, A. and Gerlitz, C. (2014) 'The Politics of Real-time: A Device Perspective on Social Media Platforms and Search Engines', *Theory, Culture & Society*, 31(6): 125-150.

Wenger, E. (1999) *Communities of Practice*. Cambridge: Cambridge University Press.

Wessler, H., Peters, B., Brüggemann, M., Kleinen-von Königslöw, K. and Sifft, S. (2008) *Transnationalization of Public Spheres*. Basingstoke: Palgrave Macmillan.

Westlund, O. (2011) *Cross-media News Work*. Gothenburg: University of Gothenburg.

White, H. C. (2008) *Identity and Control*. 2nd edn. Princeton, NJ: Princeton University Press.

Whitson, J. R. (2013) 'Gaming the Quantified Self', *Surveillance & Society*, 11(1/2): 163-176.

Wieviorka, E. (2013) *L'Impératif Numérique*. Paris: CNRS.

Willems, H. (2010) 'Figurationssoziologie und Netzwerkansätze', in Stegbauer, C. and Häußling, R. (eds.) *Handbuch Netzwerkforschung*. Wiesbaden: VS, pp.255-268.

Willems, W. (2014) 'Producing Local Citizens and Entertaining Volatile Subjects', in Butsch, R. and Livingstone, S. M. (eds.) *Meanings of Audiences*. London: Routledge, pp.80-96.

Williams, B. (2006) 'Philosophy as a Humanistic Discipline' in Moore, A. W. (ed.) *Philosophy as a Humanistic Discipline*. Princeton, NJ: Princeton University Press, pp.180-199.

Williams, D., Ducheneaut, N., Xiong, L., Zhang, Y., Yee, N. and Nickell, E.(2006) 'From Tree House to Barracks: The Social Life of Guilds in World of Warcraft', *Games and Culture*, 1(4): 338-361.

Williams, R. (1965) *The Long Revolution*. Harmondsworth: Penguin.

Williams, R. (1976) *Keywords: A Vocabulary of Culture and Society*. London: Fontana/Croom Helm.

Williams, R. (1980) *Problems in Materialism and Culture*. London: Verso.

Williams, R. (1990) *Television: Technology and Cultural Form*. London and New York: Routledge.

Williamson, B. (2015) 'Algorithmic Skin: Health-tracking Technologies, Personal Analytics and the Biopedagogies of Digitized Health and Physical Education', *Sport, Education and Society*, 20(1): 133-151.

Wimmer, A. and Glick Schiller, N. (2002) 'Methodological Nationalism and Beyond', *Global Networks*, 2(4): 301-334.

Winocur, R. (2009) 'Digital Convergence as the Symbolic Medium of New Practices and Meanings in Young People's Lives', *Popular Communication*, 7(1): 179-187.

Winseck, D. R. and Pike, R. M. (2007) *Communication and Empire, 1860 - 1930*. Durham, NC: Duke University Press.

Winter, R. (2010) *Der produktive Zuschauer*. Zweite Auflage. Köln: von Halem.

Wittel, A. (2008) 'Towards a Network Sociality', in Hepp, A., Krotz, F., Moores, S. and Winter, C. (eds.) *Connectivity, Network and Flow*. New York: Hampton, pp.157-182.

Wittgenstein, L. (1978) [1953] *Philosophical Investigations*. Cambridge: Wiley.

Wobring, M. (2005) *Die Globalisierung der Telekommunikation im 19. Jahrhundert*. Frankfurt am Main: Peter Lang.

Woelfer, J. P. and Hendry, D. G. (2012) 'Homeless Young People on Social Network Sites', *Proceedings of the SIGCHI Conference on Human Factors in Computing Systems*: 2825-2834.

Wolf, G. (2009) 'Know Thyself: Tracking Every Facet of Life, from Sleep to Mood to Pain, 24/7/365', *Wired*, 17(7), p.92.

Wolf, G. (2010) 'The Data-driven Life', *The New York Times*, 28 April.

Wrong, D. (1994) *The Problem of Order: What Unites and Divides Society*. New York: Free Press.

Yannopoulou, N. (2013) 'User-Generated Brands and Social Media: Couch-surfing and Airbnb', *Contemporary Management Research*, 9(1): 85-90.

Yuan, E. J. (2013) 'A Culturalist Critique of "Online Community" in New Media Studies', *New Media & Society*, 15(5): 665-679.

Zaglia, M. E. (2013) 'Brand Communities Embedded in Social Networks', *Journal of Business Research*, 66(2/2): 216-223.

Zelin, A. Y. (2015) 'Picture Or It Didn't Happen: A Snapshot of the Islamic State's Official Media Output', *Perspectives on Terrorism*, 9(4). Available at: http://www.terrorismanalysts.com/pt/index.php/pot/article/view/445/html

Zerubavel, E. (1981) *Hidden Rhythms*. Berkeley, CA: University of California Press.

Zervas, G., Proserpio, D. and Byers, J. (2014) 'The Rise of the Sharing Economy', *Boston University School of Management*, 2013(16). Available at: http://people.bu.edu/zg/publications/airbnb.pdf

Zhao, S. (2006) 'The Internet and the Transformation of the Reality of Everyday Life', *Sociological Inquiry*, 76(4): 458-474.

Zhao, S. (2007) 'Internet and the Lifeworld', *Information Technology & People*, 20(2): 140-160.

Zhou, B. (2011) 'New Media Use and Subjective Social Status', *Asian Journal of Communication*, 21(2): 133-149.

Zolo, D. (1992) *Democracy and Complexity*. University Park, PA: Pennsylvania State University Press.

Zook, M. (2005) *The Geography of the Internet Industry*. Malden, MA: Blackwell Publishers.

Zukin, S., Lindeman, S. and Hurson, L. (2015) 'The Omnivore's Neighborhood? Online Restaurant Reviews, Race, and Gentrification', *Journal of Consumer Culture*. Available at: http://joc.sagepub.com/content/early/2015/10/13/1469540515611203.full.pdf+html

译者后记

一

（一）"大器晚成"的尼克·库尔德利与"少年老成"的安德烈亚斯·赫普

尼克·库尔德利在中国新闻传播学界可谓"天下谁人不识君"，毕竟，从2014年起，他的多部学术专著被译成中文，包括《媒介、社会与世界：社会理论与数字媒介实践》《媒介仪式：一种批判的视角》和《告别沉默：新自由主义之后的文化与政治》。

特别是他于2004年"第一次尝试将实践理论引入媒介研究"[①]，提出媒介研究中的实践范式，不但被认为"代表了传播学的未来走向"[②]，而且在黄旦教授看来，为新报刊（媒介）史书写在范式变更的层面提供了叙述进路的启发[③]。"近年来，尼克·库尔德利最重要的理论贡献，就是以殖民主义的隐喻来解读影响日隆的数据生产实践"[④]，用"数据殖民主义"（data colonialism）来批判当代全球媒介实践。这集中

[①] 顾洁：《媒介研究的实践范式：框架、路径与启示》，《新闻与传播研究》2018年第6期。
[②] 齐爱军：《尼克·库尔德利：媒介研究的"实践范式"转向》，《山东社会科学》2017年第1期。
[③] 黄旦：《新报刊（媒介）史书写：范式的变更》，《新闻与传播研究》2015年第12期。
[④] 常江、田浩：《尼克·库尔德利：数据殖民主义是殖民主义的最新阶段——马克思主义与数字文化批判》，《新闻界》2020年第2期。

体现在他与美国学者尤利西斯·阿里·梅佳斯(Ulises Ali Mejias)合著的《连接的代价：数据如何殖民人类生活并为资本主义所用》(*The Costs of Connection: How Data is Colonizing Human Life and Appropriating it for Capitalism*)。

不过，这样一位大师级学者进入学术界的时间却不到三十年，并且这还是从他攻读博士学位的入学之年(1995)开始算起。1997年，尼克·库尔德利在完成博士论文时，已年近40岁。他早年子承父业做过多年律师，还当过音乐人①，但一直感觉不爽，直到博士毕业留在伦敦大学金史密斯学院执教，终于幸运地找到了自己的职业兴趣，自此把全部精力都用在学术上。

与尼克·库尔德利的大器晚成相比，安德烈亚斯·赫普可谓少年老成。说他"少年"，是因为他比尼克·库尔德利整整小12岁；说他"老成"，是因为他与尼克·库尔德利同一年开始攻读博士学位，并且同一年博士毕业。由于学术成就突出，2005年赫普被不来梅大学聘为教授，比库尔德利获得教授职称还早一年。

赫普自言在思维方式上主要受四大精神导师的启发——马克斯·韦伯、欧文·戈夫曼、皮埃尔·布迪厄和诺伯特·埃利亚斯。他的研究在选题上都来自兴趣，并且在一段时期内，每天"才下眉头，又上心头"的都是围绕一个学术问题。在时间管理方面，每周开始之前，他会花点时间想一下这周要做什么，然后按自己的计划每天集中精力只做一件事。

除母语外，赫普英语娴熟，并且懂法语；库尔德利则精通法语和西班牙语。在语言方面，两人的弱项都是不懂中文。库尔德利曾尝试自学中文，但由于中文的发音与西语完全不同，被迫"知难而退"。因为不懂中文，所以对于中国新闻传播学界所知有限，而中国又是库尔德利眼

---

① 大英图书馆收藏了他演奏的多首乐曲。

中极其重要的国家。

(二)"接着说"的问题意识和"自己讲"的学术追求

《现实的中介化建构》是尼克·库尔德利学术生涯中继《媒介、社会与世界：社会理论与数字媒介实践》之后又一部重要著作；在安德烈亚斯·赫普的学术简历中，《现实的中介化建构》排在十大重要的英文学术成果之首。那么，《现实的中介化建构》为什么重要？

虽然"文科的所有工作都可以理解成不同形式的对话"①，但是人生苦短，精力有限，因此，并不是任何人的学术观点都值得两位国际顶尖媒介社会学家"双剑合璧"花时间去与之"对话"，更何况是"十年磨一剑"。

《现实的中介化建构》之所以重要，原因之一在于，它以"接着说"的方式将批判的矛头直接对准《现实的社会建构》。该书是美国社会学家彼得·L.伯格和托马斯·卢克曼"两人学术生涯中最重要的作品"，"对20世纪70年代以来的西方社会科学产生了重大的影响，于1998年被国际社会学协会评为20世纪最有影响力的社会学百部著作第5名"。《现实的社会建构》"讨论的是社会学理论领域最核心的一个问题，即社会现实与个体存在之间的关系问题"，既是"知识社会学的经典之作，也是社会建构论的扛鼎之作"②。尼克·库尔德利和安德烈亚斯·赫普选择《现实的社会建构》作为批判对象，此举不免让人想起电视剧《亮剑》中李云龙的那句霸气的台词："打的就是精锐！"

既然"打的就是精锐"，那么不可不精心选择"攻击点"。《现实的社

---

① 《王博谈经典、生命与世界》，载叶静漪主编、北京大学学生工作部组编：《北大教授茶座（第1辑）》，北京大学出版社2016年版，第130页。
② ［美］彼得·L.伯格、托马斯·卢克曼：《现实的社会建构——知识社会学论纲》，吴肃然译，北京大学出版社2019年版，书前"名师点评"。

会建构》出版50周年前后,伯格和卢克曼曾分别接受德国康斯坦茨大学社会科学档案馆的约亨·德雷尔博士(Dr. Jochen Dreher)的采访。当被问及"倘若今天重写《现实的社会建构》,您会做出哪些改变"时,伯格和卢克曼一致认为,除了一些细枝末节之外,《现实的社会建构》即使重写,基本内容也无需改变。

果真如此吗?

就在伯格接受采访后的第三天,即2016年10月21日,《现实的中介化建构》在亚马逊网上发售。作者站在深度媒介化时代"一切都已经中介化"①的立场上,从"媒介为什么重要"切入,以"接着说"的方式直奔对于"媒介"几乎只字未提的《现实的社会建构》的软肋而去。《现实的中介化建构》不满足于只是"接着说",两位作者最终追求的是"自己讲"②。

(三) 一本烧脑之书,一部经典之作

《现实的中介化建构》出版后一时洛阳纸贵。2017年10月18日,两位作者在哈佛大学参加此书的出版推介会;同年,此书获得"德国传播学会理论奖";2017年至今,欧美学术界发表了十多篇与本书相关的书评,认为这是一本烧脑之书,是一部经典之作。

本书聚焦的是媒介和社会的相互影响,既提供了从社会学的路径来理解媒介和传播在建构当代社会现实中的作用③,又令人信服地论证了大数据、人工智能和自动化加剧了社会的复杂性和相互依存的程度④。

---

① Livingstone, S., "On the Mediation of Everything", *Journal of Communication*, 2009, 59(1): 1-18.
② 参见本书第1.1节。
③ Yuan, E., "Book Review: The mediated construction of reality", *Global Media and Communication*, 2019, 15(1): 135-137.
④ Nyre, L., "Book Reviews: The Mediated Construction of Reality", *New Media & Society*, 2018, 20(2): 835-837.

因此，无论是新闻传播学者还是社会学者，阅读本书皆可从中受益①。

对于社会学者而言，本书提出的唯物主义现象学在方法论层面发展了现象学社会学。对于新闻传播学者而言，无论是人际传播学者、组织传播学者还是政治传播学者，凡是关注数字时代媒介（尤其是社交媒体）影响的人都能够从书中获得启发。例如，书中多个理论概念——深度媒介化、媒介多样体、互型之互型，每个都可以延展成媒介社会学这片知识之林中的一棵知识之树②。实际上，赫普已经以一部专著③的"细作"展示了"深度媒介化"概念如何继续深耕。

诚然，由于本书是侧重理论的学术专著，可能会有"烧脑"之感，并不适合作为"休闲读物"④。但是，此书的"不足之处"恰是其"优点所在"⑤。毕竟，书难读不见得是坏事，这不仅因为"它往往体现了作者对其的巨大投入"，而且因为书中的每一页上"都包含了一个小小的藏书室"（换言之，如果能够花精力读透一本难读的书，那么实际上相当于读懂了至少几百本书），因此，合理的难读确实"可以为懒的读者提供一个选好书的简单的参照指标"⑥。

不仅如此，依据桑兵教授的经验，只有"将难读难懂的书读懂，阅读能力才会不断提升"；反之，"如果一味只看那些一看就懂的书，获取感官愉悦，而美其名曰雅俗共赏、老少咸宜，则无论读多少书，也是

---

① Cui, X., "Nick Couldry and Andreas Hepp. The Mediated Construction of Reality", *Mass Communication and Society*, 2018, 21(1): 145-147.
② Li, M., "Book Review: The Mediated Construction of Reality by Nick Couldry and Andreas Hepp", *Journalism & Mass Communication Quarterly*, 2017, 94(4): 1263-1265.
③ Hepp, A., *Deep Mediatization*, London: Routledge, 2020.
④ Kalpokas, I., "Book Review: The Mediated Construction of Reality by Nick Couldry and Andreas Hepp", *LSE Review of Books*, 2017.
⑤ Svensson, G., "Book Review: The Mediated Construction of Reality", *Media, Culture & Society*, 2019, 41(1): 158-160.
⑥ [美]约翰·杜翰姆·彼得斯：《对空言说：传播的观念史》，邓建国译，上海译文出版社 2017 年版，译者导读第 29—30 页。

低水平的重复,至多增加一些茶余饭后的谈资,很难有知识水平的进步提高"①。

二

"早在 17 世纪,大诗人德莱顿就曾经指出,对翻译这么一大门学问,世人的赞美和鼓励实在太少了。主要的原因,是译者笼罩在原作者的阴影之中,**译好了,光荣归于原作,译坏了呢,罪在译者**。"②

那么,译者为什么还要"自讨苦吃"呢?

(一) 为何要译这本书:书到用时方恨少

我之所以**翻译**这本书,最早**是为了逼自己精熟一本书**。虽然书房中的书不少于千本,但是我真正滚瓜烂熟的书却寥若晨星。绝大多数书都只是兴冲冲地买回来,充满新鲜感地翻上几页或几十页,而后或者"另有新欢",或者"知难而退",从而实现了自己好像十分"博学"。确实知道许多书的书名,到用的时候却没有底气,毕竟只是一知半解。因此,按我的理解,"书到用时方恨少",不是泛读意义上的少,而是精熟意义上的,少到连一本都没有。

而依照蒙文通先生的治学经验:

> 做研究必选一典籍为基础而精熟之,然后再及其他。有此一精熟之典籍作基础,与无此一精熟之典籍作基础大不一样。无此精熟之典籍作基础,读书有如做工者之以劳力赚钱,其所得者究有限。有此精熟之典籍作基础,则如为商者之有

---

① 桑兵:《大众时代的小众读书法》,《学术研究》2013 年第 11 期。
② 余光中:《变通的艺术》,载思果:《翻译研究》,广西师范大学出版社 2018 年版,序言第 1 页。强调为笔者另加。

资本,乃以钱赚钱,其所得将无限也。①

  由于要翻译,不得不力求精熟,毕竟事先就能料到译著面世后躲不过读者们雪亮的眼睛,因此,不敢不在翻译时多下功夫。即使因终日久坐而腰酸背痛、眼冒金星,屡次想知难而退,但更多地想到再苦再难也要坚强,只为以后就算追忆也自豪,至少我已经精熟一本书,在为学之路上有了"以钱赚钱,其所得将无限"的可能性。

  我之所以**选择这本书翻译,是因为"性之所近"**。人生苦短,"书是读不尽的",并且"就读尽也是无用,许多书没有一读的价值"②。用曾国藩的话来说:"有生不过数十寒暑,势不能于各种学术,遍观而尽识之,是以贵慎其所择。"③于是,不得不在茫茫书海中"弱水三千,只取一瓢饮",以"性之所近"作为自己的选择标准,而后熟读精思。

  我之所以选择这本书翻译,就是因为与尼克·库尔德利的作品"性之所近"。这要从他站在媒介实践的角度批判从文本来研究媒介效果的那篇著名的论文④开始。此文是我 2015 年在复旦大学中外新闻传播理论研究与方法暑期学校学习时,黄旦老师推荐的三篇文献之一。及至 2017 年年初,我从网上买到刚出版的 The Mediated Construction of Reality,读到第四段作者对于媒介的论述,当即产生了翻译这本书的冲动。

(二) 如何翻译这本书:事非经过不知难

  作为我的第一本译著,虽然翻译质量评判之权在于读者,但自己心

---

① 蒙默编:《蒙文通学记:蒙文通生平和学术》(增补本),生活·读书·新知三联书店 2006 年版,第 3 页。
② 《朱光潜全集》(第一卷),安徽教育出版社 1987 年版,第 7 页。
③ 马平、龙梦荪:《曾文正公学案》,岳麓书社 2010 年版,第 115 页。
④ Couldry, N., "Theorising Media as Practice", *Social Semiotics*, 2004, 14(2).

里必须有一个译得好的标准,这样至少经过比较之后有望在自知之明的层面清楚拙译到底如何。由于读过傅雷翻译的《艺术哲学》,出于对"傅译"的欣赏,我心中译得好的标准便是傅雷的追求:

> 愚对译事看法实甚简单:重神似不重形似;译文必须为纯粹之中文,无生硬拗口之病;又须能朗朗上口,求音节和谐;至节奏与 tempo,当然以原作为依归。①

在翻译的方法论层面,傅雷的经验是:

> 任何作品,不精读四五遍决不动笔,是为译事基本法门。第一要求将原作(连同思想、感情、气氛、情调等等)化为我有,方能谈到移译。②

在熟读英文原著的过程中,遇到不认识的单词并不奇怪。虽然现在有许多在线中英互译词典可以快速查询,但对于翻译来说,因为"不论编得多好的英汉字典都不太可靠",所以必须"多备几本好英文字典,不怕辛苦多翻翻"③。在翻译过程中,我翻了多部词典,切身体会到"提高外语的能力最好的方法是翻译一本书"④。"若非一番寒彻骨"的翻译,原来习惯于只用一部词典的我,根本就不会注意到一部词典的局限性,更不会发现自认为熟悉的单词居然还有那么多我不知道的含义。

---

① 傅雷:《论翻译书》,《读书》1979 年第 3 期,第 119 页。
② 同上文,第 120 页。
③ 思果:《翻译研究》,广西师范大学出版社 2018 年版,第 xxi 页。
④ 吴飞:《只剩下学术的生活是危险的》,https://new.qq.com/omn/20180418/20180418A08LHA.html.

除了人类的不可交流性①与各语言之间的不可通约性②之外，翻译难在意会与言传之间。本书中一个难译的核心概念"figuration"在埃利亚斯的经典名作《文明的进程》中多次出现（中译本里也有不止一种译法）。然而，需要注意的是，《现实的中介化建构》中的"figuration"并不完全都是埃利亚斯当年提出这一概念时的原义，而是对之进行了发展。这可以从图2和图3的对比中一目了然。

因此，我们需要理解的就不仅仅是在埃利亚斯眼中"figuration"的含义，更重要的是，尼克·库尔德利和安德烈亚斯·赫普如何理解"figuration"。

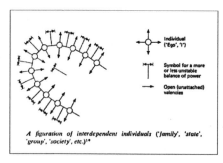

图2　埃利亚斯的"figuration"③　　图3　库尔德利和赫普的"figuration"④

于是，我在翻译"figuration"时，交替使用了"型构"（确指埃利亚斯的原义）、"互型"（确指库尔德利和赫普发展的转义）和"型构/互型"（没有确指原义或转义）。

寒来暑往，弹指三年，译得这样慢始料未及。之所以译得慢在于理论概念的难懂。只有厘清书中来自各学科的理论概念及其语境意涵，

---

① 卞冬磊：《传播思想史的"两条河流"》，《国际新闻界》2016年第8期。
② Livingstone, S., "On the Mediation of Everything", *Journal of Communication*, 2009, 59(1): 1-18.
③ Elias, N., *What is Sociology?*. London: Hutchinson. 1978, p.15.
④ https://cyber.harvard.edu/events/2017/10/CouldryHepp

译者后记

才能读懂作者到底在讲什么。因此,在阅读理论著作的过程中,如果读不太懂,那么应做的不是知难而退,而是去补读相关文献。这是学术经典必不可少的打开方式。

译无止境,限于学识,如有误译,请读者批评指正。

三

(一) 独在异乡为异客,抱膝灯前影伴身

这本书的翻译动笔于 2019 年 8 月,我飞抵伦敦,住在离摄政公园一步之遥的小区,开始在伦敦政治经济学院为期一年的访学。访学期间,我的主要精力都用在了翻译上。

在翻译过程中,我在书中遇到了来自哲学、社会学、新闻传播学、政治学、历史学、地理学等各个学科的思想家。由此可知,本书作者是在非常高的跨学科起点上展开自己的思考。不妨设想一个场景:两位作者与对谈人伯格和卢克曼共处一间超大的会客室(想想拉斐尔的《雅典学院》),讨论的核心问题是:日常现实是如何建构的?在对话过程中,有超过百位大师级学者应邀陆续进入这个房间发言——最先进来的是尼采,霍耐特最后一个离开。

其中一些大师我原来就熟悉(如埃利亚斯),但不熟的更多(如德勒兹、阿甘本)。翻译本身也成为重塑自我知识体系的提升过程。我按这本书的章节,在电脑中建了分类文献目录,将书中出现的思想家按学术脉络上下延展,以期一举两得,既精熟一部经典,又打造和梳理自己的核心文献脉络。

写到此处,我要感谢本书作者。在翻译过程中,我向两位作者请教本书的疑难超过百处。他们在我访学伦敦政治经济学院期间,尤其是疫情之下,给予我诸多帮助。访学期间,遇此师长,峥嵘岁月,共同度过,没什么可给你们,除了这本译著。

(二) 不妨旧事从头记，为有源头活水来

如前所述，我译这本书的缘起，可追溯到 2015 年参加复旦大学中外新闻传播理论研究与方法暑期学校时黄旦教授推荐的阅读文献。因此，译完后，我请黄老师写推荐语。在此，感谢黄旦教授对我译这本书的支持和交往十几年来对我的影响。

感谢胡翼青兄。2017 年，他将我拉入"传播思想史学会"微信群。正是在这个群里，我获得了许多与本书翻译相关的信息，例如吴璟薇老师组织的关于德勒兹、阿甘本等人的读书会，从而减少了包括"assemblage"（装置）在内的重要译名的鲁鱼亥豕之误。

这本译著的出版，离不开复旦大学出版社朱安奇编辑的付出。为做好这本书，敬业、专业的她与我沟通上百次。

在过去几年中，我陪女儿的时间极少。绝大多数时光都是夫人带女儿。我想把这本书献给我的女儿和夫人。没有她俩在时间资源方面提供的支持，这本书译不出来。同时，坚持到底才能译完这本书，我将"顽强的毅力可以征服世界上任何一座高峰"分享给女儿。

(三) 百年都是几多时？功名余事且加餐

在翻译过程中，我的父母刘有先生和胡秀芝女士先后逝世。对于善良朴实的父母，只有我知道自己有多感恩他们。当年，为了让生于农村的我通过考大学来改变命运过上幸福生活，他们在经济拮据乃至多年借贷的情况下，将我从初中起便送至县城就读。我今天能够以兴趣为职业，源于父母不惜一切代价供我读书，从而让我拥有了选择生活方式的权利，而他们一生绝大多数时间含辛茹苦都是迫于生计。及至 2017 年我和弟弟在家乡县城给父母买了房，让其安度晚年，但病魔并没有留给他们多少享受生活的时间。

父母逝世后，我更感到亲情的可贵。幸运的是，这些年一直有让我体验亲情温暖的师友。其中，既有忘年交方汉奇先生"与人为善"的感

召,有我的硕士、博士导师倪延年教授"不要忙着评职称,你要在国外做国内做不了的事"的教诲,也有博士后导师陈建云教授"生活艺术化"的熏陶,还有亦师亦友的骆正林教授"学问重要,生活同样重要"的关心。做好人、做少数人、做幸福的人,既是父母和师友教我的,也是我与自己的学生分享的做人原则与努力目标。

最后,本书作者在开篇引用过尼采的话,我在结尾愿意再次引用斯人:

> 一件事情的价值有时并不在于人们通过它获得了什么,而在于人们为它付出了什么,——它花费了我们什么。①

刘泱育

2022 年 12 月 12 日于南京

E-mail:nanjinglyy@163.com

微信公众号:研情偶寄

---

① [德]尼采:《偶像的黄昏》,李超杰译,商务印书馆 2013 年版,第 80 页。

图书在版编目(CIP)数据

现实的中介化建构/(英)尼克·库尔德利,(德)安德烈亚斯·赫普著;刘泱育译. —上海:复旦大学出版社,2023.1(2023.3 重印)
书名原文:The Mediated Construction of Reality
ISBN 978-7-309-16219-6

Ⅰ.①现… Ⅱ.①尼… ②安… ③刘… Ⅲ.①传播媒介-社会影响-研究 Ⅳ.①G206.2

中国版本图书馆 CIP 数据核字(2022)第 107622 号

Translated from THE MEDIATED CONSTRUCTION OF REALITY, First Edition by NICK COULDRY & ANDREAS HEPP, ISBN:9780745681306
First published in English by Polity Press in 2017.
This edition is published by arrangement with **Polity Press Ltd.**, Cambridge

上海市版权局著作权合同登记号:图字 09-2019-084

现实的中介化建构
XIANSHI DE ZHONGJIEHUA JIANGOU
[英]尼克·库尔德利 　[德]安德烈亚斯·赫普　著
刘泱育　译
责任编辑/朱安奇

复旦大学出版社有限公司出版发行
上海市国权路 579 号　邮编:200433
网址:fupnet@ fudanpress.com　http://www.fudanpress.com
门市零售:86-21-65102580　团体订购:86-21-65104505
出版部电话:86-21-65642845
江阴市机关印刷服务有限公司

开本 787×960　1/16　印张 21.5　字数 278 千
2023 年 1 月第 1 版
2023 年 3 月第 1 版第 2 次印刷

ISBN 978-7-309-16219-6/G · 2372
定价:98.00 元

如有印装质量问题,请向复旦大学出版社有限公司出版部调换。
版权所有　侵权必究